학문의 이해
2

정치사회학

국가, 권력, 정치갈등의 사회학적 이해

정치사회학

국가, 권력, 정치갈등의 사회학적 이해

초판 1쇄 인쇄 2019년 3월 4일

초판 1쇄 발행 2019년 3월 8일

지은이 김윤태

펴낸이 이방원

편 집 윤원진 · 김명희 · 안효희 · 강윤경 · 정조연

디자인 박혜옥 · 손경화 **영 업** 최성수 **마케팅** 이미선

펴낸곳 세창출판사

출판신고 1990년 10월 8일 제300-1990-63호

주소 03735 서울시 서대문구 경기대로 88 냉천빌딩 4층

전화 723-8660

팩스 720-4579

이메일 edit@sechangpub.co.kr

홈페이지 http://www.sechangpub.co.kr

ISBN 978-89-8411-804-1 93300

이 도서의 국립중앙도서관 출판시도서목록(CIP)은 서지정보유통지원시스템 홈페이지(http://seoji.nl.go.kr)와 국가자료공동목록시스템(http://www.nl.go.kr/kolisnet)에서 이용하실 수 있습니다. (CIP제어번호: CIP2019005015)

학문의 이해
2

정치사회학

국가, 권력, 정치갈등의 사회학적 이해

김윤태 지음

세창출판사

추천사

이 책은 과거부터 오늘날까지 인류 사회가 역사적으로 경험해 온 정치적, 사회적 변화를 정치사회학적 시각에서 깔끔하게 정리하고 있다. 이데올로기, 국가, 민주주의, 복지국가 등 오늘날 한국 사회에 대해 다시 생각하게 만드는 중요한 주제들을 망라하여 다루고 있다. 이 책은 탄탄한 이론적 논의에 바탕을 두고 있으면서도 빼어난 글쓰기와 흥미로운 사례의 제시로 인해 독자에게 읽는 재미를 준다. 읽기 쉽고 유익한 교양서로 많은 분들께 일독을 권한다.

– 강원택, 서울대학교 정치외교학부 교수, 『한국 정치론』의 저자

이 책은 한국의 사회학자가 최초로 출간한 정치사회학 교본일 뿐 아니라, 정치사상과 사회과학의 고전과 현대적 쟁점들에 관한 방대한 지식을 담고 있다. 연구자와 일반 독자에게 정치사회학의 큰 줄기들을 이해하기 위한 훌륭한 길잡이가 될 것이다.

– 신진욱, 중앙대학교 사회학과 교수, 『시민』의 저자

우리는 왜 정치사회학을 읽어야 하는가? 근대에서 탈근대로의 사회구조의 변동과 정치가 만나는 지점을 명징성과 깊이를 균형 있게 유지하며 탐색한 이 책은 우리에게 그 이유를 제공한다. 저자는 불멸의 거장인 베버와 토크빌에서 최근 새로운 스타인 웅거와 무페에 이르기까지 정치사회학의 지성들과 우리들의 대화를 촉진시킨다. 각 장마다 민주화 시대 이후 촛불시민혁명의 의미 등 한국 사회가 직면한 실천적 화두와 정치사회학적 이론의 긴장감 있는 만남을 통해 우리는 깨어 있는 시민으로 재탄생을 생생히 경험하는 느낌을 가질 수 있다.

– 안병진, 경희대학교 교수(정치학), 『미국의 주인이 바뀐다』의 저자

김윤태 교수는 참으로 많은 책을 쓰고 많은 일을 경험했다. 그동안 관통하는 고민은 복지와 평등, 민주주의, 진보다. 이번에는 범위를 더 넓혀서 정치사회학이란 우산으로 이들 주제를 아우르려는 동시에 전문가나 학생뿐 아니라 시민까지 품으려 했다. 이 책을 읽으며 현시대에 도전을 받는 이데올로기, 국가, 시민권, 혁명과 사회운동 등에 대하여 진지하게 고민하는 계기가 되기를 권한다.

– 이준한, 인천대학교 정치외교학과 교수

김윤태 교수는 사회학, 경제학, 정치학 등 사회과학 전반에 대해 폭넓은 지식을 가진 학자이다. 게다가 김윤태 교수는 일일이 접하기 쉽지 않은 그 지식들을 체계적으로 정리하여 대중들에게 쉽고 간명하게 전달하는 능력을 보여 왔다. 이번에 발간되는 『정치사회학』 역시 사회에서 정치에 이르는 다양한 사회과학적 주제들을 쉽고 간명하게 설명해 주고 있다. 그런 점에서 이 책은 대학생뿐만 아니라 일반 시민에게도 매우 유용한 사회과학 교양서라 할 수 있다.

– 정해구, 성공회대학교 사회과학부 교수,
(문재인 정부) 대통령 자문 정책기획위원회 위원장, 『전두환과 80년대 민주화운동』의 저자

이 책은 제목은 정치사회학이지만, 정치경제학으로서도 충분히 좋은 책이며, 정치학 교과서로서 진지하게 읽어도 좋다. 사회학자로서 이 책을 썼지만, 정치학자와 경제학자의 깊은 고민을 공유하고 있는 김윤태 교수의 내공이 그대로 녹아 있기 때문이다. 정치사회와 경제사회를 제대로 이해하고 싶어 하는 모든 청년에게 이 책을 추천한다.

– 최태욱, 한림국제대학원대학교 정치외교학과 교수, 『한국형 합의제 민주주의를 말하다』의 저자

감사의 글

내가 먼저 변하지 않으면 세상은 변하지 않는다.

- 마하트마 간디

우리가 살고 있는 사회에서 **정치**는 필수적이다. 개인과 집단의 삶 가운데 정치와 관련되지 않은 것이 없다. 독재와 민주주의뿐 아니라 경제와 복지도 정치적 과정을 통해서 결정된다. 사회의 문화, 미디어, 여가, 소비도 정치적 프로젝트로 작동한다. 한국에서도 민주화운동의 성공에 이어 주기적 선거, 정부의 교체, 국회의 입법과 예산은 모든 사람의 일상생활에 커다란 영향을 미치고 있다. 만약 우리가 더 좋은 삶을 살기를 바란다면, 정치에 대해 깊이 이해해야 한다. 정치를 외면하거나 그에 대해 잘못된 편견을 가진다면, 우리의 삶은 큰 어려움을 겪을 것이다. 좋은 사회를 만드는 일 역시 정치적 각성, 그리고 정당 참여와 투표, 집회와 시위 등 우리의 자발적 행동을 통해 이루어질 수 있기에 정치에 대한 깊은 관심은 시민적 권리이자 도덕적 의무이기도 한다.

나는 이 책이 단지 전문가를 위한 논문집이나 학술서 이상이 되길 원했다. 기본적으로 이 책은 정치사회학을 공부하는 대학생을 위한 전문서적으로 출간되었지만, 정치에 관심 있는 시민 등 일반 독자도 교양서로 읽을 수 있도록 쉬운 표현을 쓰려고 노력했다. 또한 해외 학자의 이론과 연구를 체계적으로 소개하는 동시에 한국적 맥락을 해석하기 위해 노력했다. 모든 정치 현상에는 개별 국가의 역사적 특수성과 함께 사회와 정치의 공통적 관계라는 보편성이 담겨 있기 때문이다. 이 책의 일부 내용은 학술지에 출간한 논문을 토대로 재구성하기도 했지만, 대부분은 최신 연구를 포함하여 다양한 정보를 제공하기 위해 노력했다.

정치사회학은 내가 30년 넘게 관심을 가졌던 학문 분야이다. 1980년대, 나는 군사정부에 저항하는 학생운동에 뛰어들면서 정치와 사회의 관계에 깊은 관심을 가졌는데, 그 시절에 임희섭 교수님의 집단행동론, 최장집 교수님의 정치사회학과 정치경제학, 서진영 교수님의 중국 정치론과 소련 정치론 강의를 통해서 많은 것을 배웠다. 1990년대에 영국에서 공부하는 동안 케임브리지대학의 앤서니 기든스, 존 던, 퀜틴 스키너, 런던정경대학(LSE)의 패트릭 던레비, 브라이언 베리, 존 그레이 교수의 강의에서도 많은 영감을 받았다. 대처주의, 제3의 길, 지구화와 국제정치에 관한 학문적 논쟁에서 스튜어트 홀, 에릭 홉스봄, 앤드류 갬블, 데이비드 헬드 교수로부터 중요한 학문적 통찰력을 배울 수 있었다. 특히 헬드 교수의 인터뷰는 중요한 지적 자극이 되었다. 2011년 독일 베를린자유대학에서 초빙교수로 지내는 동안 엔스 알버 교수, 훔볼트대학의 볼프강 메르켈 교수와 나눈 대화도 유익하였다.

이 책을 준비하는 시기에 촛불시민혁명이 갑작스럽게 일어났는데, 초고를 쓰는 동안에 한국과 해외의 학술대회와 토론회, 그리고 만남의 기회에서 다양한 학자들과의 대화와 토론을 통해 도움을 받았다. 특히 강원택, 문진영, 박명림, 성경륭, 신진욱, 윤홍식, 은민수, 이수희, 정해구 교수님 등 여러 분들에게 감사드린다(가나다순). 한국 정치와 사회에 대한 많은 대화를 나누고, 내 연구를 격려해 준 고려대 노길명, 정태환, 서용석 교수님에게도 깊은 감사를 드린다. 여러 분들의 도움에도 불구하고 이 책의 내용은 오롯이 저자의 책임이다. 한편 촛불시민혁명의 열광이 사라지면서 노골적으로 가난한 사람을 무시하고, 뒤로는 은밀하게 재벌의 향응과 접대를 제공받은 사이비 학자, 사이비 언론인, 사이비 종교인의 타락한 이중생활을 알게 되어 크게 실망하고 분노를 느꼈다. 그래도 이 책이 사회적 약자를 돕고, 사회정의를 추구하고, 순간적 쾌락과 돈의 유혹에 굴하지 않는 사람들에게 보탬이 되기 바라는 마음으로 힘겹게 집필을 마쳤다.

내가 고난을 겪을 때마다 격려해 주고, 나와 함께 정치와 사회에 대해 다양한 대화를 나눈 고영호, 김광신, 민귀식, 박성옥, 박종규, 박찬열, 양호선, 이경훈, 이병선, 이필주, 정기남, 정병호, 정준모, 황일민을 포함해 여기에 다 적을 수 없는 많은 친구들에게 감사의 마음을 전한다. 그리고 항상 나를 격려해 주고 도와준 군산의 많은 선배,

후배, 동료들에게도 깊은 감사를 드린다. 이 외에도 다양한 강연과 토론회에 나를 초청해 준 정부, 국회, 언론사, 시민단체, 노동조합, 기업인들의 모임에서 만난 많은 분들께 이 자리를 빌려 감사의 마음을 전한다. 이분들과의 대화와 토론에서 많은 것을 배울 수 있었다. 내 강의를 수강하고 함께 많은 주제를 논의한 고려대 공공사회학 전공 학부생과 대학원 학생들에게도 감사의 인사를 전한다. 초고 편집에 도움을 준 고려대 연구조교 김민경에게도 감사 인사를 전한다.

이 책의 출간을 제안한 세창출판사 김명희 실장과 책을 훌륭하게 만들어 준 편집부 선생님들에게 감사드린다. 부디 이 책이 정치를 통해 좋은 사회를 만들기 위해 노력하는 모든 분들에게 도움이 되기를 바란다.

2019년 1월

김윤태

차례

서론

현대 정치학의 창시자,
니콜로 마키아벨리

인간 사회와 공동체는 그 구성원 각자가 가장 친밀하게 결합되어 서로 최대의 호의를 베풀 때 가장 잘 유지, 보존될 것이다.

- 키케로, 『의무론』

인간의 조건은 만인 대 만인의 투쟁이다.

- 토머스 홉스, 『리바이어던』

이 책은 정치학과 사회학의 만남을 다룬다. 정치사회학은 정치 현상의 사회적 관련성을 탐구한다. 전통 정치학은 국가의 구조와 정치제도, 정당과 선거에 크게 관심을 가졌다. 이에 비해 정치사회학은 국가, 정치제도, 정당, 선거에 영향을 주는 **사회구조**가 작동하는 방식을 설명한다. 누가 국가를 통치하는가, 특정한 정치제도는 개인과 사회집단에 어떤 영향을 미치는가, 정당은 누구에 의해 어떻게 운영되는가, 상이한 선거제도는 어떤 사회적 결과를 만드는가, 혁명과 사회운동은 왜 발생하는가, 지구화 시대의 새로운 정치의 가능성은 무엇인가 등은 정치사회학의 중요한 연구 질문이다.

정치에 대한 관심은 고대 그리스의 플라톤과 아리스토텔레스, 로마의 키케로, 중국의 공자와 맹자에 의해 시작되었지만, 르네상스 시대의 마키아벨리를 거쳐 현대 혁명의 시대에 존 로크, 토마스 페인, 장 자크 루소 등 위대한 학자들에 의해 본격적으로 발전하였다. 정치사회학의 가장 고전적 이론은 19세기 말과 20세기 초 카를 마르크스와 막스 베버에 의해 체계적으로 제시되었다. 특히 정치 현상의 이면에 존재하는 사회적 관계, 즉 계급 관계의 본질에 대한 통찰력은 그들의 가장 중요한 이론적 공헌이다. 국가 관료제가 정치 활동에 미치는 효과에 관한 논쟁도 여전히 중요한 주제이다. 오늘날의 정치사회학 역시 고전적 사회학자들의 통찰력에 많은 빚을 지고 있다.

마르크스와 베버는 정치의 이면에서 계급이 작동하는 원리에 관심을 가졌지만, 두 사람의 이론적 강조점은 상당히 다르다. 마르크스는 노동자계급이 인간 해방이라는 역사적 임무를 가졌다고 보았지만, 베버는 계급을 시장 위치의 현재적 조건에 불과하다고 보았다. 두 위대한 사회학자의 견해 차이는 단지 학문적인 논쟁으로 그친 것이 아니라 현대 정치에도 많은 영향을 주었다. 마르크스와 베버의 이론은 현대 사회과학에 지대한 영향을 미쳤으며, 오늘날 정치사회학의 주요 이론인 다원주의, 엘리트주의, 네오마르크스주의, 현실주의, 사회적 협의주의, 자유지상주의, 포스트모더니즘에도 그들의 생각을 지지하거나 반대하는 주장들이 담겨 있다.

2차 세계대전 이후 정치사회학의 연구에서는 오랫동안 미국의 실증주의적 연구와 사회학의 기능주의, 정치학의 다원주의 이론의 조류가 큰 영향력을 유지했다. 그러나 1960년대 후반 학생운동, 베트남전쟁 반대운동, 흑인 민권운동, 제3세계 민족해방운동이 폭발하면서 기능주의와 다원주의 이론은 심각한 비판을 받았으며, 네오마르크스주의와 비판 이론이 새롭게 각광을 받았다. 한편 인류학, 언어학, 문화연구에서 큰 관심을 끌었던 포스트구조주의와 포스트모더니즘도 정치와 사회에 대한 연구에 영향을 미쳤다. 그러나 1970년대 후반부터 자유지상주의와 신자유주의가 학계와 정치권에 커다란 영향을 미쳤던 데 비해, 1980년대 후반 이후 동유럽 공산권과 소련이 갑자기 붕괴하면서 네오마르스주의 이론의 영향력은 급격하게 쇠퇴했다. 오늘날 정치사회학은 특정한 이론적 관점이 지배적 위치를 차지하지 못하고 다양한 패러다임이 경쟁하는 양상을 보이고 있다. 이렇게 다양한 이론적 부침이 거듭되는 가운데 여전히 전통적인 실증주의 연구도 지속적으로 학자들의 관심을 끌고 있다.

정치사회학의 연구 동향에서 유럽과 미국의 학풍에는 상당한 차이가 있다. 일반적으로 유럽의 학자들은 정치제도와 이데올로기에 관심이 큰 데 비해, 미국의 학자들은 유권자 의식과 투표 행위 등에 관한 실증적, 경험적 분석에 집중하는 경향이 있다. 매우 다양한 스펙트럼을 가진 학자들은 이론적, 경험적 연구를 통해 정치의 사회학적 토대에 대한 규범적, 설명적 차원의 연구를 제공한다. 여느 사회과학과 마찬가지로 정치사회학은 윤리, 도덕, 인권 등 일정한 가치와 관련된다. 동시에 실증적 연구를 통해 개인과 집단의 정치적 행위에서 나타나는 의미를 분석한다. 이를 통해 사회의 복잡한 정치 문제를 효과적으로 해석하고 더 좋은 사회를 만들기 위한 대안과 정책을 제시하려 노력한다. 특히 정치사회학은 민주적 사회를 만들기 위해 사회의 다양한 갈등을 설명한다. 또 이를 해결하기 위한 이론과 분석틀을 제공하고 효과적인 해결책을 모색한다.

이제 정치사회학은 정보화와 세계화에 의해서 새로운 패러다임과 방법론을 제시해야 하는 상황에 직면해 있다. 1990년대 이후 급속하게 전개된 정보기술혁명은 지구화 과정과 밀접한 관련을 가진다. 이러한 역사상 유례없는 거대한 사회 변동은 개인과 집단의 상호작용 방식에 영향을 줄 뿐 아니라 정치적 행동의 방식과 기능을 근본적으로 바꾸고 있다. 스마트폰과 소셜 네트워크 서비스(SNS)는 온라인 소통을 활성화하고 새로운 정치 활동의 영역을 창조했다. 신사회운동(new social movement)은 국경을 초월해 연대 활동을 벌이고, 전 지구적 차원의 네트워크를 확대하고 있다. 이제 모든 정치 현상은 과거처럼 개별 국가 차원이 아니라 전 세계적 차원의 관심을 촉구한다. 이러한 지구화 과정은 국민국가의 역할을 근본적으로 바꾸고 있다. 세계경제의 통합이 가속화되면서 경제와 무역정책뿐 아니라 조세와 사회정책도 지구적 차원의 압력에 직면하고 있다. 또한 기후 변화, 국제테러리즘, 이민, 이주에 공동으로 대응할 필요성도 급속하게 증가하고 있다. 이제 정치는 지구적 문제가 되고 있다.

세계의 급속한 변화 속에서도 고전적 정치사회학과 마찬가지로 현대 정치사회학 역시 본질적으로 정치와 사회의 관계에 대한 분석과 해석을 추구한다. 통찰력을 갖춘 사회학자라면 고대 로마의 키케로가 "퀴 보노(Cui Bono)"라는 질문을 강조한 것처럼, 특정한 정치적 결정으로 "누가 이득을 얻는가?"를 물어야 한다. 오늘날 정치사회학은 사회 내에서 왜 특정한 개인 또는 집단이 다른 사람보다 더 많은 권력을 행사하고 지배하는지, 왜 특정한 정부의 정책과 사회제도가 어떤 집단에게는 이익을 주고 다른 집단에게는 손해를 주는지 설명하고자 한다. 현대 민주주의는 어떻게 작동하는가? 사회제도와 정치제도는 어떤 관련이 있는가? 국가의 정책을 주도하는 세력은 누구인지, 사회의 다양한 분야에서 중요한 의사 결정이 어떻게 이루어지는지, 국제적 차원에서 거버넌스(governance)는 어떻게 운영되는지를 설명하려는 목표도 정치사회학의 중요한 과제이다.

이 책의 주요 주제는 현대 정치사회학의 이론적 관점, 국가의 구조와 기능, 민주주의, 불평등, 시민권, 복지국가, 정당, 선거, 혁명, 사회운동, 정보사회, 지구화 시대의 정치 등 다양한 내용을 포함한다. 일부 내용은 『담론 201』 등 전문학술지의 논문(5장, 6장)과 내가 출간한 저서 일부(8장, 9장)를 인용하고 보완했지만, 대부분 최신 주제를 비롯하여 새로운 내용을 포함하려고 노력했다. 정치사회학의 주요 주제인 빈곤과 불평등에 관한 논쟁은 『빈곤: 어떻게 싸울 것인가』(김윤태·서재욱, 한울, 2013)와 『불평등이 문제다』(김윤태, 휴머니스트, 2017)를 통해 살펴보기 바란다. 이 책 『정치사회학』에서는 각 주제에 관한 연구가 워낙 방대하기 때문에 모두 소개할 수 없는 경우가 많았다. 관심 있는 독자들은 이 책의 '더 읽을거리'와 '참고문헌'을 확인하기 바란다. 그리고 사회학의 다양한 이론과 경험적 분석에 관한 일반적 소개는

『사회학 입문』(김윤태, 휴머니스트, 2017)을 참고하기 바란다.

이 책은 정치사회학의 주요 주제를 각 장별로 서술하였으며, 앞에서 제시한 정치사회학의 기본적 문제에 답하기 위해 노력했다. 고전적 학자의 이론에서 현대 정치사회학자의 다양한 연구에 이르기까지, 정치에 대한 체계적 연구는 개인의 삶에 영향을 미치는 정치의 본질을 이해하려는 시도로 볼 수 있다. 동시에 프랑스 혁명 이후 현대 정치가 열렬하게 추구했던 인간의 자유, 평등, 우애의 가치를 실현하기 위한 지속적인 노력이기도 하다. 우리가 좋은 삶을 추구한다면, 정치에 대해 더 관심을 갖고 적극적으로 정치에 참여해야 한다. "만약 우리가 정치를 무시하면 우리보다 열등한 사람들의 지배를 받게 된다"는 말을 명심해야 한다. 부디 이 책을 통한 정치사회학의 지적 항해가 궁극적으로 더 좋은 사회, 즉 인간적이고 민주적인 사회를 만들기 위한 정치적 각성과 실천에 기여할 수 있기를 기대한다. 20세기 정치적 천재 마하트마 간디의 "세상을 바꾸고자 한다면 자신부터 바꾸라"는 주장은 지금도 의미심장하다. 언제나 정치적 이상과 행동이 여러분의 삶에 존재하기를 바란다. **정치는 어디에나 있다.**

1. 이론

자본주의의 비밀을 파헤친 사상가,
카를 마르크스

> 하지만 저는 신중한 것보다는 과감한 것이 더 좋다고 분명히 생각합니다. 왜냐하면 운명은 여성이고 만약 당신이 그 여성을 손아귀에 넣고 싶어 한다면, 그녀를 거칠게 다룰 필요가 있기 때문입니다. 그리고 냉정하고 계산적인 사람보다는 과단성 있게 행동하는 사람들에게 더욱 매력을 느낀다는 것은 명백합니다.
>
> \- 니콜로 마키아벨리, 『군주론』

정치란 무엇인가? 권력이란 무엇인가? 이 주제는 인류의 역사에서 가장 본질적인 질문 중 하나이다. 정치는 플루타르크의 『영웅전』에서처럼 인간과 사회를 구원하는 적극적이고 긍정적인 힘으로 묘사되기도 하고, 셰익스피어의 『리처드 3세』에서처럼 권력을 추구하는 인간의 악덕을 이끄는 불가사의하고 사악한 힘으로 묘사되기도 한다. 오늘날 정치는 〈웨스트 윙(West Wing)〉에서처럼 정책을 만드는 기관차로 보이기도 하지만, 『하우스 오브 카드(*House of Cards*)』에서처럼 권력 자체를 획득하기 위한 암투, 음모, 배신이 난무하는 장소이기도 하다. 실제로 정치는 두 개의 얼굴을 가진 야누스이다. 정치는 인간을 해방시키고 사회의 발전을 이룩하기도 하지만, 또 다른 한편으로는 다른 인간을 노예로 만들고 대량 학살이라는 끔찍한 범죄의 수단이 되기도 했다. 왜 정치는 상호 모순적 성질을 가지고 있는 것일까? 과연 좋은 권력이 존재할 수 있는가? 아예 인간 사회에서 권력이 없어진다면 자유와 해방이 가능할까? 그런 상황이 오면 오히려 더 큰 무질서와 혼란이 올 것인가?

정치와 권력에 대한 관심과 연구는 고대 그리스의 플라톤, 아리스토텔레스와 고대 중국의 공자, 맹자로 거슬러 올라갈 수 있다. 많은 사상가들은 정치의 본질, 정부의 형태와 함께 정치 공동체의 윤리적 가치와 원리에 대해 깊은 관심을 가졌다. 그러나 현대 정치학의 시조로 불리는 마키아벨리는 『군주론』에서 정치와 윤리를 구분하여 볼 수 있도록 새로운 관점을 제시했다(마키아벨리, 2015). 16세기에 출간된 마키아벨리의 책은 수많은 논쟁을 불러일으켰지만, 마키아벨리는 세상의 오해와 달리 개인을 위해 수단과 방법을 가리지 말아야 한다는 말을 남긴 적은 없다. 다만 권력이 사리사욕이 아니라 공동체를 위한 좋은 목적에서 사용되어야 한다고 주장했을 뿐이다. 다양한 해석에도 불구하고 마키아벨리 이후 본격적으로 정치는 인간 사회를 움직이는 현실적 힘으로 간주되었다. 비코와 스피노자에서 홉스와 로크를 거쳐 루소, 버크, 페인에 이르기까지 정치에 대한 지적 탐구는 사회과학의 발전에 중요한 영향을 미쳤다.

정치의 본질을 사회학적 관점에서 설명하려는 시도는 19세기 중반에 본격적으로 등장했다. 현대 사회가 본격적으로 형성되는 이 시기에 혁명, 의회, 국가, 민주주의의 등장은 많은 사상가들을 사로잡았다. 많은 학자들 가운데 오늘날까지 학문과 정치의 세계에 영향을 미치는 중요한 사회학자는 카를 마르크스(Karl Marx)와 막스 베버(Max Weber)이다. 특히 마르크스의 『공산당 선언』과 『프랑스에서의 계급투쟁』, 그리고 베버의 『소명으로서의 정치』와 『경제와 사회』는 정치사회학의 가장 유명한 고전이다. 두 위대한 지성은 독창적인 학문의 방법론을 제시하는 동시에, 매우 상이한 관점으로 정치의 본질에 대한 통찰력을 제공했다. 이들의 저작은 현대 정치학의 다원주의, 엘리트 이론, 현실주의, 네오마르크스주의, 사회적 협의주의, 자유지상주의, 포스트모더니즘 등 다양한 이론에 영향을 미쳤다. 이 장에서는 마르크스와 베버의 고전적 이론을 소개한 다음, 다양한 정치사회학의 이론적 조류를 평가할 것이다.

마르크스의 정치사회학

카를 마르크스는 철학자이자 경제학자로 유명하지만, 정치에도 깊은 관심을 가졌고, 직접 혁명적 노동운동을 이끈 실천가이기도 하다. 그는 친구인 프리드리히 엥겔스와 함께 정치 현상의 사회학적 토대에 대한 중요한 통찰력을 제공했다. 마르크스와 엥겔스는 1848년 유럽을 휩쓴 혁명 전후의 시기를 목격하면서 계급과 계급갈등에 주목했다. 마르크스와 엥겔스는 『공산당 선언』에서 "지금까지 존재한 모든 사회의 역사는 계급투쟁의 역사이다"라는 유명한 문구를 썼다 (마르크스·엥겔스, 2002). 그들은 자본주의 이전 사회에서도 서로 다른 집단들 사이의 투쟁이 존재했다고 주장했다. 마르크스는 "역사의 초기 단계에서도 사회의 서열과 사회 질서 내부의 배열이 존재한다"고 말했다. 부르주아 시대에는 사회가 부르주아지와 프롤레타리아 두 개의 집단으로 분리된다. 그들은 이러한 계급 구분이 생산수단의 소유관계에 의해 결정된다고 보았다. 또한 장기적으로 자본주의 사회의 계급들이 양극화되고, 중간계급도 불가피하게 양극 분해가 이루어진다고 예측했다.

마르크스의 주장은 사회 내 양극화된 계급들 사이의 계급투쟁이 불가피하다고 보았다는 점에서 독창적이다. 이 점은 마르크스주의 이론의 가장 중요한 주장인 동시에 상당수 학자들이 비판하는 쟁점이기도 하다. 마르크스와 엥겔스는 『공산당 선언』에서 "계급투쟁은 역사 발전의 원동력"이라고 주장했다. 그러나 오늘날의 사회학자들 중 항구적인 계급투쟁에 대해서 이견을 가진 사람들도 많다. 미국 사회학자 찰스 라이트 밀스(Charles Wright Mills)는 미국 사회에서 근본적인 계급갈등이 존재하지 않는다고 보았다(Mills, 1956). 지난 수십 년 동안 발생했던 동유럽 사회주의 국가의 저항운동과 서유럽 사회의 환경운동 같은 사회운동의 등장은 전형적인 계급갈등으로 보기는 어렵다. 현대 사회에서 전 세계적 인종, 종교, 종족, 지역 갈등이 증대되는 현상도 계급갈등으로 환원하기는 어렵다. 그럼에도 불구하고 정치의 표면적 현상 이면에 계급갈등이 존재한다는 시각은 지속적으로 많은 학자들의 관심을 끌었다.

마르크스는 자본주의 사회에서 국가란, 본질적으로 계급 지배와 착취를 유지하는 기능을 수행하는 제도라고 주장했다. 마르크스는 『공산당 선언』에서 "현대 국가의 행정부는 전체 부르주아지의 문제를 다루는 집행위원회"라고 썼다. 국가를 자본가계급의 도구로 본 마르크스의 주장은 독일 철학자 게오르크 헤겔의 주장을 근본적으로 뒤집은 것이다. 헤겔은 국가가 사회의 일반 이익을 구현한 것이며, 시민사회의 분리를 극복하는 존재라고 주장했다. 헤겔은 『법철학』(1821)에서 "국가는 절대정신의 구현체이고 인륜의 총체이며 윤리적 정신의 완전한 형태이다"라고 말했다. 헤겔의 주장에 맞선 마르크스는 『헤겔 법철학 비판』(1843)에서 국가는 실제 생활에서 일반 이익을 대표하지 않고 재산의 이익을 대표한다고 주장했다. 당연하게도 마르크스는 일반 이익을 위한 민주주의의 실현을 주장했고, 그 후에는 '정치적 해방'이 곧바로 '인간 해방'을 가져오지 않는다고 강조했다. 인간 해방을 위해서는 정치적 해방뿐만 아니라 사회의 재조직을 요구하고 사유재산의 제거를 포함한 '사회적 해방'이 필요하다고 주장했다.

마르크스는 사회적 해방을 추진하는 주체로 노동자계급에 주목하였다. 그는 '미래의 계급'인 노동자계급이 자본주의 사회에서 계속적으로 궁핍해질 수밖에 없다고 예언했다. 하지만 궁핍해진 노동자계급이 자동적으로 계급투쟁에 나서게 되는 것이 아니라, 오로지 계급의식을 가진 노동자들만이 계급투쟁에 참여하게 될 것이라고 보았다. 마르크스는 노동자계급을 계급의식의 소유 여부에 따라 '즉자적 계급'과 '대자적 계급'으로 구분했다. 즉자적 계급은 생산수단에 공통적 관계를 가지는 인간의 범주이고, 대자적 계급은 자신의 이익을 적극적으로 추구하는 조직화된 계층이다. 마르크스는 노동자계급 내부에서 혁명적 계급의식이 발전할 것이라고 예측했다. 이러한 계급의식의 구성은 환경적 요인도 포함하고 있다. 공장의 집중, 의사소통, 기계화, 독특한 생활양식과 문화 활동도 중요하다. 노동자계급은 '자본에 반대한 계급'으로서 다른 계급에 대항하고 갈등하게 된다. 마르크스에 의하면 이러한 객관적 특징은 생산 과정을 기반으로 하는 공통의 의식을 작동하고, 정치적 대표를 통해서 실제 행동을 유도한다.

현실 세계에서는 재산 관계를 둘러싼 프롤레타리아와 부르주아지의 양극적 대립보다는 이데올로기, 문화, 정치적 대표들 사이의 복잡한 상호 관계가 중요하게 나타난다. 예를 들어, 마르크스는 『루이 보나파르트의 브뤼메르 18일』에서 '계급 분파'는 특정한 재산 형태와 연결되어 있으며, 다양한 측면을 가지는 국가 아래에서 정치적 경쟁에 참여한다고 보았다(Marx, 1978). 계급 분파는 다양한 상징적 보편성을 가지고 경쟁적 담론을 사용한다. 마르크스는 그중에서도 불가피하게 계급의식을 추구하는 사회적 특성을 강조했다. 그는 소농과 프롤레타리아의 이익이 분리될 것이라고 보았고, 이에 따라 농촌계급은 어쩔 수 없이 쇠퇴할 것이라고 주장했다. 전통적 토지 관계에 순응하는 농민에 대해 마르크스는 '얼간이들'이라고 표현했다.

독창적 사고로 가득 찬 마르크스의 계급 이론은 근본적 문제점을 가지고 있다. 무엇보다도 마르크스는 자본주의 사회에서 노동자의 궁핍화가 필연적이라고 예측했지만, 노동자계급이 물질적 안락을 누릴 가능성을 지나치게 간과했다. 특히 2차 세계대전 이후 서유럽과 북미의 노동자계급이 누렸던 물질적 소비의 수준은 19세기 상류계급을 능가할 수준이었다. 세탁기와 텔레비전에서 개인주택과 자동차에 이르기까지, 여름휴가와 해외여행에 이르기까지 노동자계급은 부르주아지가 누리던 안락을 맛보기 시작했다. 그리스 미코노스섬에 가득한 영국의 노동자계급은 비행기를 타고 날아와 수블라키와 와인을 즐긴다. 동남아 휴양지에 가득한 한국 단체관광객 중에는 중산층보다는 노동자계급의 친목회가 훨씬 많다. 이와 같은 '풍요로운 사회'와 '고도의 대중적 소비 단계'에서 노동자계급은 사회의 급진적 변혁보다 점진적 개혁을 선호하는 경향이 나타난다. 민주사회가 발전할수록 위쪽으로의 사회 이동의 기회가 많아지고, 노동자계급의 계급의식과 집단행동보다 부르주아지의 가치라고 볼 수 있는 개인주의와 능력주의를 수용하는 경향이 강해졌다.

또 다른 문제로, 마르크스의 예견과 달리 중간계급이 소멸하거나 계급 양극화가 일어나지 않았다는 점도 주목할 만하다. 1950~1980년대 동안 중간계급이 계속적으로 증가했다. 비록 농촌의 소농은 감소했지만, 도시 자영업자 등 과거의 중간계급이 크게 축소되지 않은 것이다. 특히 한국의 자영업자 비율은 거의 30%가 넘는 매우 높은 비율을 유지하고 있다. 한편 선진 산업국가의 사무직 노동자 등 화이트칼라가 중간계급의 의식을 갖게 되면서 '신중간계급'으로 불리는 것은 주목할 만한 현상이다. 계급구조가 다원적으로 변화하면서 노동자계급의 '역사적 임무'를 강조하는 마르크스주의의 논리는 현실적 적합성을 상실하였다. 한편 유럽의 사회민주주의 정당은 선거에서 노동자계급의 지지 이외에 중간계급, 특히 화이트칼라의 지지를 얻기 위해 국유화, 높은 세금, 복지 확대 등 전통적 정책을 포기하거나 수정해야 했다.

더욱 심각한 문제는 1960년대 이후 극소전자혁명과 로봇의 자동화로 인한 탈산업사회의 등장이다. 산업혁명의 발상지였던 영국의 육체노동자들은 1940년대 중반에 전체 인구의 50%에 달하여 최고 비율에 도달했지만, 점차 감소했다. 현재 서유럽과 북미의 국가에서 육체노동자가 차지하는 비율은 약 20% 수준에 불과하다. 가장 탈산업화 속도가 빠른 영국과 미국에서 노동자계급은 전체 인구의 약 15% 이하로 감소했다. 더욱이 노동자들의 노동조합 가입률이 점차 감소하고, 노동자계급을 대표하는 사회주의 또는 사회민주주의 정당의 정치적 영향력이 약화되고 있다. 이처럼 기술의 진보로 인한 계급구조의 변화는 마르크스주의 이론에 중요한 도전이 되고 있다.

그러나 1980년대 이후 근로빈곤층이 증가하면서 중간계급이 약화되고 빈부 격차가 커졌다는 반론도 제기되었다. 프랑스 경제학자 토마 피케티(Thomas Piketty)는 1950~1980년대까지 복지국가에 의해 불평등이 줄어든 것은 역사적으로 일시적인 현상에 불과하다고 주장했다(피케티, 2014). 그에 따르면, 마르크스의 예견대로 지난 200년 동안 자본주의 사회에서의 불평등은 지속적으로 증가했다. 또한 부자의 상속을 통한 '세습 자본주의'의 출현은 민주주의를 위협하고 있다. 반면에 전통적 육체노동자계급이 사라지는 대신 서비스산업에서 저임금 노동자와 불완전 고용이 증가하면서 프레카리아트(precariat)가 출현하고 있다는 주장도 있다(Standing, 2011). 영국 경제학자 가이 스탠딩은 마르크스가 지칭한 룸펜 프롤레타리아트(lumpen proletariat)보다 새로운 프레카리아트가 자본주의 경제를 위협하고 사회 불안을 야기하는 계급이 되었다고 주장했다. 이렇듯 마르크스의 정치사회학적 주장과 예측은 지금까지도 많은 학문적 논쟁을 일으키고 있다.

베버의 정치사회학

독일 사회학자 막스 베버는 광범한 사회학 분야의 학문적 토대를 만든 대가이기도 하지만, 정치에 엄청난 열정을 가지고 참여했으며, 중요한 정치사회학 저서를 남겼다. 마르크스보다 약 40년 후에 태어난 베버는 마르크스의 이론에 지속적으로 큰 관심을 가졌다. 특히 계급에 관한 베버의 해석은 마르크스의 영향을 많이 받았다고 볼 수 있다. 베버에 따르면, 재산은 '계급 상황의 기본적 범주'를 구성한다. 계급은 마르크스의 지적과 마찬가지로 명확하게 경제적 이익을 기반으로 한다. 그러나 베버는 계급 위치가 시장에서 제공되는 서비스의 종류에 따라 분화된다고 지적한다. 이러한 점에서 계급 상황은 궁극적으로 '시장 상황'이다.

베버의 유명한 저서인『경제와 사회』가운데 '계급, 지위, 정당'에 관한 내용을 보면, 마르크스의 주장과 달리 베버는 계급이 단순하게 생산수단으로만 결정된다고 보지 않았다(베버, 2009). 계급은 공통적인 삶의 기회를 제공하는 '시장 위치'에 따라 결정된다. 기술 또는 시장에서 거래할 수 있는 자산의 소유 여부에 의해 규정되는 계급은 소유계급, 획득계급, 임금 노동자로 구분된다. 소유계급은 토지, 탄광, 공장 소유로 임대료를 받는 계급이다. 획득계급은 은행가, 금융인, 훈련에 따라 특권적 지위를 얻은 자유로운 전문직과 같이 시장에 서비스를 제공하는 전형적 기업가이며 '궁극적으로 특권적인' 계급이다. 임금 노동자는 노동력을 팔아 임금을 받으며, '특권이 없는' 계급이다.

베버는 마르크스가 강조한 '대자적 계급'이라는 관념을 부정했다. 베버는 현대 자본주의의 계층 체계가 노동자 계급, 소부르주아지, 인텔리겐치아(엔지니어, 관료, 화이트칼라 노동자와 같이 기술적 훈련에 관련된 사회적 위치를 가졌으나, 독립적 재산이 부족한 범주), 재산과 교육을 통하여 특권적 위치를 점유한 계급(기업가)으로 구분된다고 보았다. 이 복잡한 계층 시스템은 마르크스가 생각한 계급 상황과 계급의식 사이에 발생하는 단순한 관계와는 상당히 다르다. 계급은 의식의 형성에 결정적인 요소가 된다. 계급은 다양한 방법으로 개인의 삶의 기회에 영향을 준다. 그러나 마르크스의 주장과 달리 계급이 경제적, 사회적 이익을 가진 집단적 계급의식으로 자동적으로 전환하지는 않는다.

베버의 계층 이론 가운데 가장 독창적인 개념은 지위집단이다. 베버에 따르면, 지위집단은 계급과 함께 사회의 계층을 구분하는 중요한 요소이다. 지위집단은 명예, 평판, 위신 등 주관적 기준에 따라 구분되며, 여러 사람들이 함께 갖고 있는 공통의 라이프 스타일(life style)에 따라 결정되기도 한다. 인도의 경우 카스트(caste)에 의해 구분되고, 미국에서는 앵글로색슨·히스패닉·아시안 등 종족집단에 의해 구분되기도 한다. 현대 사회에서 지위집단은 소비 유형에 따라 차이가 나는 집단을 가리킬 수 있다. 히피(hippie), 여피(yuppie), 보보스(bobos)는 각자 독특한 소비문화를 가지고 있다.

정당은 계급과 지위집단만큼 명확하게 계층을 분리하지 않지만, 정당에의 소속 여부는 중요한 사회적 구분을 만든다. 베버는 권력을 갖기 위한 조직적 갈등은 사회생활의 중요한 요소이며, 반드시 경제적 갈등과 연결된 것은 아니라고 주장한다. 오늘날 북아일랜드의 민주연합당과 신페인당(Sinn Féin)은 계급의 구분이 아니라 신교와 구교의 구분에 따라 결정된다. 스코틀랜드 독립당(SNP)은 스코틀랜드인의 정체성을 강조하며, 영국에서 분리된 독립을 주장한다. 한국에서도 1987년 민주화 이후 민정당, 평민당, 통민당, 신공화당 등 4당 체제가 발생한 이후 지역 정체성에 기반한 지역주의 정당이 오랫동안 유지되었다.

베버에 따르면 계급, 지위집단, 정당은 "공동체 내부의 권력 분배"에 따른 현상이다. 베버는 마르크스의 주장과 달리 노동자계급이 사회 변동의 담지자라는 주장을 부정한다. 나아가 사회 발전의 객관적 법칙이라는 개념도 반대한다. 인간의 의식은 경험적인 시장 상황의 현재 위치에 의해서 구조화된다. 베버의 다원주의적 계층 모델은 이론적으로 양극화된 계급구조보다 다원적 시민사회가 존재한다고 가정한다.

베버에 따르면, 시민사회는 역동적인 힘을 가지고 있다. 시민사회에서 정치적 결사체인 정당이 발달한다. 이론적으로 정당은 계급과 지위를 토대로 정당을 구성하나, 실제로는 산업사회의 복잡한 구조 때문에 정당은 복합적인 형태가 될 가능성이 많다. 많은 나라의 정당은 종교, 지역, 인종과 밀접한 관련을 가지는 경우가 많다. 이러한 사회계층에 대한 다원주의적 접근은 이익집단의 갈등을 중시하는 동시에, 유동적이고 사회 이동이 가능한 개방적인 사회의 구성을 가정한다. 그러나 이러한 정식은 현대 산업사회에서 중앙집권적 관리가 생겨난다는 베버의 다른 주장과 대립되기도 한다.

베버는 다원적 계층구조의 등장과 함께 사회를 통합하는 국민국가의 등장에 주목했다. 베버는 독일제국의 장교 출신이었으며 독일의 민족주의를 적극 지지했다. 비록 그는 황제에 대해서 비판적이었으나, 1차 세계대전에 참가했으며, 독일이 강력해져야 한다고 믿었다. 특히 베버는 강력한 국민국가가 필요하다고 생각했다. 19세기에 폴란드 노동자가 동독으로 이주하자 독일 문화를 위협할 가능성을 지적하기도 했다. 당시 독일은 강력하고 독특한 국민문화를 가진 중앙집권적 국민국가로 발전하고 있었다. 베버는 독일이 진정한 현대적 산업국가로 발전하기 위해서는 새로운 정치 지도자의 지도를 받아야만 한다고 주장했다.

당시에는 독일의 지주계급인 융커(junker)가 모든 정치 활동을 통제하고 있었다. 그러나 베버는 융커를 역동적인 지도력을 발휘할 수 없는 쇠퇴하는 계급으로 보았다. 독일의 산업 부르주아지는 "소심하고 정치에 관심이 없으며 전적으로 융커의 지배를 받고 있는" 계급이었다. 산업 노동자계급은 "정치적으로 미성숙한 계급"으로, 지도력이 없었다. 사회민주당 지도자는 단지 "미숙한 아마추어"에 불과하였다. 베버는 정치적으로 성숙한 계급이 독일 국민 전체의 이익을 위해서 분파적 이익을 제거하는 계급이 되어야 한다고 보았다.

베버는 현대 국가에는 반드시 특정 개인들이 다른 사람들을 통치하는 지배구조가 필요하다고 보았다. 정치적 지배가 없는 사회를 상상하기는 불가능했다. 당연히 베버는 직접민주주의와 같은 유토피아적 정치의 개념을 부정했다. 또한 복잡한 현대 사회에서 직접민주주의는 기술적으로 불가능하다고 보았다. 물론 그는 현대 사회에서 민주적 권리의 확대가 필요하다는 견해는 수용했다. 그러나 관료적 국가기구가 합리적 규범에 따라 운영되는 민주사회에서도 불가피하게 권력의 관료화와 중앙집권화의 경향은 증가한다. 현대 사회의 행정적 기능이 규모에 의해서 결정되기 때문이다. 대규모 조직의 행정은 작은 조직의 개인적 행정과는 다르다. 현대 사회의 행정은 복잡한 과업을 수행하기 위해 뛰어난 기술력을 요구하는데, 이를 위해서는 훈련과 경험이 필요하다. 베버는 현대 사회의 정부, 기업, 군대 등 대규모 조직에서 전문적 능력을 가진 관료제의 지배는 불가피한 것으로 보았다.

베버는 마르크스와 마찬가지로 사회의 계급갈등을 인정했다. 그러나 그에 따르면 계급은 생산의 영역이 아니라 시장의 영역에서 결정되며, 계급구조의 기본 요소는 착취가 아니다. 또한 계급이 공동의 이익을 추구하는 것이 아니라 계급 내부의 이해관계도 영원히 분리될 것이다. 대신 베버는 서로 다른 생활양식을 가진 지위집단의 중요성을 강조했다. 그러나 지위집단이 자본주의 사회 등장 이전에 생겨나 이전된 것이라고 보는 견해는 비판했다. 귀족과 평민 사이의 구분이 현대 사회의 상류층, 중간계급, 노동자계급의 구분으로 그대로 전승되는 것은 아니다. 베버는 노사 간 갈등도 마르크스의 주장과 달리 자본의 논리와 착취의 형태에 대한 반발이 아니라 단지 노사 관계의 문제로 보았다.

정치사회학 연구에서 베버의 가장 독창적 기여는 국가와 관료제에 대한 연구이다. 베버는 인간이 다른 인간을 지배하는 현상이야말로 인간 사회의 중요한 본질적 특성이라고 하였다. 그는 '지배'를 '일정 조직 또는 사회 내부에서 명령에 복종할 가능성'으로 정의했다. 또한 "모든 순수한 형태의 지배는 최소한의 자발적 복종, 즉 복종에 대한 이해관계를 포함한다"고 보았다. 베버는 인간 사회에서 다른 사람을 지배하는 현상은 불가피하며 "인간의 의지, 순수한 인간의 의지는 내게 더 이상 존재하지 않는다. 인간의 인간에 대한 지배를 제거하려는 관념은 모두 유토피아와 같은 생각이다"라고 말했다.

베버는『경제와 사회』에서 역사적 지배의 형태를 세 가지로 분류했다. 지배양식은 전통적 권위, 카리스마(charisma), 합법적 권위에 따라 다르게 나타난다. 한 명의 최고 지도자가 가부장의 권위를 가지는 가산제와 같은 전통적 권위는 중국 제국에서 잘 나타난다. 서양의 봉건주의도 전통적 권위에 기반하고 있다. 카리스마는 초자연적 능력을 가진 개인에 의한 지배를 가리킨다. 마지막으로 합리적-법률적 관료제는 현대 사회의 가장 중요한 요소이다. 베버는 자본주의 사회에서 필연적으로 관료제가 확대되면서 전통적 권위와 카리스마는 점차 사라지게 된다고 보았다. 그는 관료제가 지배하는 정치에 대해 매우 비판적이었는데, 러시아 혁명이 현대 사회의 관료제화를 강화할 것이라고 보았다. 베버는 미래의 발전을 위해 서유럽 사회에서 덜 합리화된 요소가 나타나기를 바랐다. 자본가가 끝없이 이윤을 추구하는 시장경제와 관료화된 정당들이 존재하는 자유민주주의 체제에서 카리스마를 가진 정치 지도자가 출현하기를 기대했다.

베버는 1919년 1월 독일 뮌헨대학 사회학 교수로 임용된 다음 자유학생동맹의 초청으로 "직업으로서의 정치"라는 제목의 강연을 했다. 독일 혁명이 좌절된 격변기에 베버는 정치가의 역할을 설명하기 위해 '심정윤리'와 '책임윤리'를 구분하여 설명했다. 그는 두 개의 윤리가 끝없이 대립하지만, 정치가는 "(예측 가능한) '결과'에 대한 책임을 져야 한다는 책임윤리의 준칙에 따라 행위를 해야 한다"고 보았다. 또한 "이 세상의 어떠한 윤리라 할지라도 다음과 같은 사실, 즉 '선한' 목적을 달성하려면 우선 도덕적으로 의심스러운 수단, 어쩔 수 없이 위험한 수단을 사용해야 하며, 좋지 못한 부작용의 가능성과 개연성까지 각오해야만 한다는 사실을 회피할 수 없을 것이다"라고 말하며 조심스럽게 "윤리적으로 선한 목적이 어느 때, 어느 정도까지 윤리적으로 위험한 수단과 부작용을 '정당화'할 수 있는지도 거기서는 증명할 수 없다"고 덧붙였다(베버, 2007). 베버의 강연은 훗날 책으로 출간되었으며, 『직업으로서의 정치』는 정치사회학의 고전으로 인정받는다.

베버의 놀라운 통찰력은 정치와 국가의 관계에 대한 분석에서 빛을 발한다. 베버는 현대 정치가 개인으로서의 정치가뿐 아니라 관료제에 의존하는 현상에 주목했다. 관료제는 베버의 정치사회학에서 중요한 개념이지만, 베버가 처음 만든 단어는 아니다. 관료제(bureaucracy)라는 용어는 16세기 프랑스어에서 처음 등장했다. 뷰로(bureau)는 '책상' 또는 '서재'를 뜻하는 단어이고, 크라시(cracy)는 그리스어로 '권력' 또는 '지배'라는 의미를 가지고 있다. 즉 책상에서 권력을 행사한다는 뜻으로, 책상에서 국가 업무를 수행하는 정부 관료의 제도를 가리킨다. 베버는 관료제가 합리성과 비인격성을 기반으로 하고 기술적 우월성을 가진 전문적, 효율적 조직이라고 정의했다. 관료제의 합리성은 기술적 효율성을 극대화한다.

그러나 베버는 현대 사회의 합리화 과정과 마찬가지로 관료제에 대해 매우 비관적으로 생각했다. 베버가 '합리성의 철감옥'이라고 본 거대한 규모를 가진 관료제의 성장은 현대 사회의 합리화 과정에서 가장 중요한 특징이다. 베버는 러시아 혁명이 자유시장을 제거하면서 카를 마르크스가 예언한 대로 "국가가 소멸되는" 것이 아니라 반대로 지나치게 관료화되는 현상을 우려했다. 실제로 베버의 예언은 현실에서 적중했다. 스탈린 정권의 경찰국가는 역사상 가장 강력한 전체주의 체제를 만들었다.

베버의 관료제에 대한 견해는 시간이 지나면서 많은 비판을 받았다. 관료제의 전문화가 새로운 문제를 해결하지 못하고 미래를 너무 협소하게 바라보는 문제가 나타났다. 프랑스 사회학자 크로지에는 『관료적 현상』에서 관료제 내부에는 효율성을 감소시키는 '사악한 서클'이 존재한다고 주장했다(Crozier, 1964). 실제로 모든 국가 공무원이 반드시 위계질서의 지시와 명령을 따르는 것은 아니다. 관료제가 발전해도 조직 내부에 학벌, 지역 연고, 친소 관계에 따른 다양한 비공식적 관계가 존재한다. 국가 관료제는 단일한 통합적 제도라기보다는 그 내부에 다양한 부처, 엘리트 집단, 파벌의 서로 다른 이해의 구분이 존재한다.

20세기 후반에는 고정적·위계적·하향식 의사 결정구조를 가진 관료제와 달리 유동적·상향식 의사 결정을 강조하는 네트워크 조직이 등장했다. 베버가 말한 고정적이고, 위계질서를 가진 관료제와 상당한 차이가 있는데, 관료제 자체가 네트워크 조직의 특성을 상당히 수용하는 경우도 있다. 대부분의 정부에서 팀 조직과 태스크 포스와 같은 네트워크 조직이 널리 확산되고 있다. 그러나 네트워크 조직이 발전해도 관료제의 특성이 완전히 사라지지는 않는다. 조직 내부에서 네트워크와 위계질서의 성격이 다양한 형태로 결합하는 혼합형 조직의 새로운 유형이 등장하고 있다. 관료제 또는 네트워크가 어떻게 사회적 관계를 바꾸고 지배의 효과는 어떻게 작동하는지에 대한 연구가 지속적으로 관심을 끌고 있다. 베버의 관료제와 국민국가에 대한 연구는 지금까지도 가장 중요한 학문적 공헌으로 평가받는다.

두 명의 위대한 사상가 마르크스와 베버는 현대 정치사회학에 커다란 영감을 제공했으며, 오늘날에도 엄청난 영향을 미치고 있다. 마르크스와 베버는 정치를 현대 사회의 중요한 특징으로 간주하고, 특히 정치가 경제적, 사회적 관계의 영향을 받는다는 중요한 통찰력을 제시했다. 그러나 이 두 위대한 사상가의 주장에는 도시를 둘로 가르는 거대한 강처럼 커다란 차이가 존재한다. 특히 베버는 끊임없이 마르크스의 주장을 비판하고, 자신의 주장을 설명하기 위해 노력했다. 베버가 활발히 연구했던 시기는 마르크스가 사망한 이후였기 때문에 베버는 마르크스의 저작을 통해 그의 주장을 잘 파악하고 있었다. 이는 베버 스스로 "마르크스의 유령과 논쟁한다"라고 표현한 것에서 잘 나타난다.

마르크스와 베버가 역사를 보는 관점은 매우 상이했다. 마르크스는 역사와 사회 발전에 철의 법칙이 존재한다고 믿었다. 반면에 베버는 역사의 법칙이라는 관념 자체를 부정했다. 베버는 사회학이란 사회적 행동에 대한 해석적 이해라고 보았다. 베버는 사회적 행동의 원인과 결과에 대한 설명에 관심을 가졌다. 당연하게도 마르크스와 베버는 현대 사회가 변화하는 동태와 주요 요소에 대해 매우 다른 견해를 가졌다. 마르크스는 현대 사회의 등장이 주로 자본주의 경제의 등장으로 이루어졌다고 본다. 이에 비해 베버는 현대 사회의 중요한 특성은 인간 생활의 합리화라고 보았다. 두 사람 모두 현대 사회를 움직이는 강력한 힘으로서 단일한 요소를 강조했지만, 그 성질은 전혀 달랐다.

어떤 사람들은 베버가 마르크스가 제기한 문제를 다른 방식으로 설명했다고 보고, 베버를 '부르주아 마르크스'라고 부르기도 한다. 그러나 이는 베버에 대해 피상적으로만 이해한 것에 불과한 주장이다. 베버는 마르크스의 주장 중 상당 부분에 동의했으며, 특히 자본주의 사회가 계급의 구분에 의해 분리되고 지속적으로 계급갈등이 발생한다는 주장에 공감했다. 그러나 베버는 계급이 생산의 영역이 아니라 시장의 영역에서 결정되는 것으로 보았으며, 계급구조의 기본 요소가 착취가 아니라고 보았다. 또한 자본가 또는 노동자 계급이 공동의 이익을 갖는 대신 영원히 분열될 것이라고 보았다.

마르크스는 현대 사회에서 계급 간 불평등이 심화되고 있으며, 이를 자본주의 사회의 필연적 성격으로 보았다. 이에 비해 베버는 계급이 다양한 불평등의 원인 가운데 하나에 불과하다고 보았다. 경제적 계급 이외에도 교육(지위), 정당, 종교, 남녀의 차이가 여러 가지 불평등을 만든다고 보았다. 마르크스는 인간의 사회적 차이와 불평등과 권력 관계는 기본적으로 경제적 불평등에서 생기는 것이라고 보았다. 이에 비해 베버는 경제 체계에서의 권력은 다른 다양한 요소와 구별된다고 보았다. 그에 따르면 인종, 종교, 또는 남녀의 차이도 경제적 관계로 설명하기 어렵다.

마르크스는 자본주의가 지속적으로 확대해야만 하는 자체적인 논리로 인하여 전 세계적으로 확산될 것이라고 날카롭게 분석했다. 마르크스는 서유럽에서 출발한 자본주의가 결국 전 세계로 확산되고, 이 과정에서 특히 자본주의 기업이 중요한 역할을 할 것이라고 보았다. 이에 비해 베버는 서유럽 사회가 전 세계에 영향력을 확대하는 과정에서는 산업 생산뿐만 아니라 국민국가의 군사력이 중요한 역할을 한다고 강조했다. 국민국가들의 경쟁과 군사적 대결과 갈등은 어느 정도 경제의 지구화를 제한하기도 한다.

마르크스와 베버는 미래 사회의 성격에 대해서도 서로 다른 견해를 제시했다. 마르크스는 현대 사회가 급속하게 자본주의 사회로 변화되지만, 과도적인 단계를 거쳐 궁극적으로 사유재산이 없는 공산주의 사회가 도래할 것이라고 예상했다. 그러나 베버는 현대 사회의 합리화가 지속적으로 확대되면서 사회조직과 경제조직 등 사회생활의 모든 측면을 동일한 형태로 변화시킬 것이라고 보았다.

마르크스와 베버의 견해 차이는 단지 학문적인 논쟁으로 그친 것이 아니다. 이 두 위대한 사회학자들은 현대 사회를 분석하는 시각과 학문적 패러다임뿐만 아니라 현실 정치에도 많은 영향을 주었다. 마르크스의 이론은 공산주의 이론과 좌파 정당에 많은 영향을 주었다. 베버의 이론은 자유주의 이론과 중도파 정당에 많은 영향을 주었다. 이처럼 학문적으로 두 학자는 다양한 형태로 다원주의, 네오마르크스주의 등 현대 정치학의 이론적 발전에 영향을 주었다. 그러나 현실적으로는 두 학자의 이론을 종합하여 수용하는 경향이 나타나기도 한다.

다원주의

2차 세계대전 이후 현대 정치학에서 다원주의(pluralism)의 영향력은 막강했다. 1950년대와 1960년대는 다원주의 이론의 전성기로 볼 수 있으며, 특히 미국에서 행태주의 정치학의 발전과 함께 지배적 패러다임으로 널리 인정을 받았다. 행태주의 정치학은 경험적 관찰을 통한 실증적 분석을 중시했다. 다원주의 이론은 매우 다양하지만, 일반적으로 국가의 역할을 강조하는 전통적 이론에 반대하는 대신 다양한 사회집단의 역할을 강조하는 공통점을 가지고 있다. 다원주의 이론은 전통적 이론이 사회의 다양한 결사체와 이익집단의 활동과 성과를 무시하거나 충분하게 설명하지 못하고 있다고 비판했다.

다원주의 이론가들은 사회 내 어떤 단일한 제도 또는 제도적 집합체도 지배적인 힘을 가진다고 본다. 사회는 서로 상충되는 목표를 가진 수많은 이익집단들로 구성되거나 특정 이슈를 중심으로 일시적으로 연합하는 변화무쌍한 연합체로 구성되어 있다. 기업가단체, 노동조합, 전문직협회 등 이해관계가 상충하는 이익집단들이 정치적 영역에서 경쟁하거나 협상하는 과정이 중요하다. 공공정책은 경쟁하는 이익집단들 사이의 타협과 협상의 결과이며, 대중은 정당과 이익집단에 조직적으로 참여하고 선거를 통해 대표를 선출하여 정책 결정 과정에서 상당한 영향력을 가진다. 대표적으로 미국 정치학자 로버트 달은 '폴리아키(polyarchy)'의 개념을 제시하며 다원적 정치 모델을 분석했다(Dahl, 1971). 이러한 관점은 설명적 차원에서 이익집단의 활동을 주목하는 것뿐 아니라 규범적 차원에서 다원적 정치 모델이 우월하다는 인식을 전제로 한다. 특히 그는 미국의 다원주의적 정치 모델을 가장 민주적인 모델로 간주한다. 그러나 1960년대 이후 다원주의 이론은 엘리트 이론과 네오마르크스주의 이론에 의해 격렬하게 비판받았다.

엘리트주의

엘리트주의(elitism)는 상당히 오랜 역사적 배경을 가지고 있다. 19세기 말 이탈리아 정치학자이자 정치가였던 가에타노 모스카는『지배계급』에서 어느 사회에서나 소수의 지배 엘리트와 다수의 피지배 대중이 존재한다고 주장했다(Mosca, 1980). 모스카가 주장한 엘리트 이론은 베버의 관료제 연구에서 새로운 형태로 더욱 발전했다. 막스 베버는 사회 내부의 경제적 조직이 자동적으로 권력의 분배를 바꾸는 것은 아니라고 지적했다. 베버는 합리화의 과정이 소수에 의한 다수의 지배와 중앙집권화를 촉진한다고 주장했다. 비슷한 맥락에서 미헬스는 『정당론』에서 독일 사회민주당(SPD)을 분석하면서, 민주적 의사 결정보다 당내 소수의 지도부에 의한 과두제가 등장하는 경향이 철칙과 같다고 주장했다(미헬스, 2015).

엘리트 이론을 사회구조에 대한 분석에 적용한 것으로는 19세기 이탈리아 경제학자이자 사회학자인 빌프레도 파레토가 유명하다. 파레토는 이탈리아 귀족 출신으로 로잔대학의 정치경제학 교수였는데, '엘리트의 지배'가 불가피하다고 주장한 것으로 유명하다. 파레토는 유럽 도시들의 세금 자료를 이용해 통계적 규칙을 발견했다. 상위 20%의 사람이 소득의 80%를 차지한다는 점이다. 그는 '20 대 80의 사회'가 필연적이라고 주장했다. 파레토는 아무리 평등을 주장해도 엘리트의 존재는 불가피하며, 사회의 급격한 변동도 지배세력의 교체를 통한 '엘리트의 순환'에 불과하다고 믿었다. 이것은 무계급사회를 만들겠다는 마르크스주의와 사회주의 혁명을 반박한 파레토의 핵심 주장이었다. 그는 마르크스의 '인류 역사는 계급투쟁의 역사'라는 말을 풍자하여 '인류 역사는 귀족 계승의 역사'라고 표현했다. 그는 당시에 노동운동을 이끌었던 평등주의적 사회주의 이념에 반대했다. 프롤레타리아 독재나 사회주의 정부가 집권해도 또 다른 엘리트가 등장하여 평등한 사회를 이루려는 목표는 결국 배신당할 것으로 보았기 때문이다.

2차 세계대전 이후 엘리트 이론은 분석적 차원에서 다원주의 이론을 비판하는 대안적 이론으로 관심을 끌었다. 미국 사회학자 플로이드 헌터는 지역정치제도의 형식적 구조 외부에 있는 기업과 다양한 엘리트 집단이 통제하는 미국 도시의 계층화된 권력 피라미드를 분석하면서, 개방적이고 민주적인 도시정치라는 다원주의적 개념을 비판했다(Hunter, 1953). 1956년 미국 사회학자 찰스 라이트 밀스는 전국적 차원에서 형성된 '파워 엘리트(power elite)'라는 개념을 발전시켰다(Mills, 1956). 밀스는 파워 엘리트가 유사한 사회적 배경에서 충원되며 상당한 통합성을 유지한다고 주장하면서 대기업인, 군부, 정치인들로 형성된 단일한 권력복합체가 존재한다고 주장했다. 그러나 밀스의 주장과 달리 미국의 파워 엘리트는 통합적 조직으로 운영되기보다 서로 다른 엘리트 집단이 서로 경쟁하고 때로는 갈등을 일으키고 있다. 엘리트 집단 또는 국가 관료제가 항상 단일한 성격을 가진다는 주장은 경험적 연구에 의해 비판을 받았다.

네오마르크스주의

20세기에 들어서서 마르크스주의 이론은 경제결정론에서 벗어나 문화와 이데올로기의 효과 등 새로운 주제에 관심을 가지기 시작했다. 특히 1917년 러시아 혁명 이후 서유럽에서 혁명이 성공하지 못한 이유가 무엇인지 분석하는 데 관심을 기울였다. 이탈리아의 마르크스주의자이자 사회당 국회의원이었던 안토니오 그람시는 자본주의 사회에 존재하는 지배계급의 헤게모니(hegemony)를 강조했다(Gramsci, 1971). 그는 모든 지배에는 강제와 동의가 동시에 존재한다고 주장했고, 자본주의 사회에서 강제를 담당하는 정치사회와 동의를 담당하는 시민사회를 구분했다. 지배계급이 직접적으로 지배하는 정치사회는 경찰, 군대, 법률제도 등으로 구성된다. 피지배계급이 자발적으로 운영하는 시민사회는 가족, 교회, 학교, 언론, 기업, 노동조합 등으로 이루어진다. 자본주의는 사회의 동의를 만들고, 개인의 사고와 판단을 규정하고, 대안적 전망과 담론을 제시한다.

그람시는 볼셰비키 혁명이 가능했던 러시아와 달리 서유럽의 시민사회에서는 자본가계급이 지적, 문화적, 도덕적 지배력을 갖고 있다고 주장했다. 이러한 자본가계급의 헤게모니에 노동자계급이 동의하면서 서유럽에서 사회주의 혁명이 불가능해지거나 지연되고 있다고 보았다. 레닌은 볼셰비키 혁명이라는 기동전을 주장했지만, 그람시는 노동자계급의 헤게모니가 약한 나라에서는 진지전이 필요하다고 주장했다. 정치권력을 강조하는 기동전에 비해 진지전은 광범위한 대중의 지지를 강조한다. 시민사회의 헤게모니를 장악하기 위한 진지전은 장기적 혁명이며, 대중의 의식, 문화, 사고방식, 상식을 바꾸는 지속적 활동을 요구한다. 프롤레타리아 계급의 헤게모니를 갖기 위해서는 노동자계급 대중의 지적, 도덕적 지도력이 필요하다. 가톨릭교회가 성직자 지식층을 창출한 것처럼, 자본가계급은 기술자, 경제학자, 법률가 등 자본주의 경제를 유지하는 지식층을 창출했다. 가톨릭 성직자는 봉건 지주와 특정한 계급 관계를 상실하고 사회계급과 상관없이 존재하는 전통적 지식인이 되었다. 프롤레타리아는 자기 계급과 연결된 유기적 지식인을 창출해야 한다.

그람시에 따르면, 자본주의의 지배계급은 정치적 수준에서 도덕적, 지적 수준까지 통합하는 공통의 집단의지를 창출하여 '역사적 지배블록'을 형성한다. 지배계급은 경우에 따라 '변형주의'를 수용하는데, 이는 지배세력이 동맹세력의 능동적 요소뿐 아니라 적대세력의 요소도 점진적으로 흡수하고, 반대를 무력화하는 과정을 가리킨다. 지배계급은 수동적 동의를 통해 궁극적으로는 기존 지배질서의 유지를 추구한다. 이러한 과정에서 만들어지는 '확장적 헤게모니'는 진정으로 다양한 계급의 동맹, 융합의 범위를 확대하여 궁극적으로 민족적, 민중적 의지가 되는 헤게모니를 가리킨다. 그람시가 정의한 '수동혁명'은 민중적 저항으로 위기에 처한 지배세력이 위기를 극복하기 위한 지배의 혁신을 추구하는 과정을 가리키는 중요한 개념이 되었다.

2차 세계대전 이후 아도르노와 호르크하이머가 이끄는 프랑크푸르트학파 역시 정치에 영향을 미치는 이데올로기와 문화의 역할에 주목했다(아도르노·호르크하이머, 2001). 아도르노와 프랑크푸르트학파는 문화산업이 대중이 스스로 요구하지도 않는 대중문화를 만들어 자본주의의 지배를 강화한다고 보았다. 대표적인 문화산업은 텔레비전, 라디오, 책, 잡지, 신문, 대중음악을 생산하는 조직을 가리킨다. 이는 또한 박물관, 광고회사, 스포츠단체와 같은 문화조직도 포함한다. 아도르노와 호르크하이머는 문화산업이 대중으로 하여금 자본주의 체제에 대한 비판을 거부하게 하거나 무관심하게 만들어 현상유지를 위한 수단으로 이용된다고 본다. 그러나 최근의 연구에 따르면,

현대 자본주의 사회의 문화산업은 지배문화의 이데올로기에 부합하는 문화만 생산하는 것이 아니라, 때로는 자본주의와 모순되거나 심지어는 자본주의에 저항하는 문화를 만들기도 한다.

1960년대 이후 네오마르크스주의 이론이 주도한 국가에 관한 논쟁은 많은 학자의 이목을 끌었다. 랄프 밀리밴드(Ralf Miliband)와 니코스 풀란차스(Nicos Poulantzas)가 주도한 네오마르크스주의 국가론 논쟁은 경험적 연구가 충분하게 제시되지 않았기 때문에 추상적 논의에 그친다는 비판을 받기도 했다. 그러나 다원주의 패러다임이 지배하던 시기에 국가론 논쟁은 많은 학자들의 관심을 이익집단의 경쟁에서 국가의 역할로 돌리는 데 중요한 영향을 미쳤다.

다른 한편 미국 사회학자 해리 브레이버먼은 여러 인터뷰를 통해서 미국의 화이트칼라 노동자의 탈숙련화가 진행되면서 그들이 블루칼라 노동자계급과 동질화된다고 주장하였다(Braverman, 1974). 미국 사회학자 에릭 올린 라이트도 노동자계급이 소유, 권위, 노동 현장의 자율성을 상실하고 있다고 보았다. 그는 통계 분석을 통해 자본주의 생산에서 계급의 위치를 결정하는 요소로 소유, 권위, 노동 현장에서의 자율성을 강조했다(Wright, 1978). 마르크스주의 학자는 자본주의 사회의 계급구조를 분석함으로써 사회 내 계급의 중요성을 강조했다.

1970년대 부흥했던 네오마르크스주의 이론은 한때 상당한 인기를 얻었지만, 1991년 소련의 붕괴 이후 마르크스주의의 이론적 영향력은 급속하게 약화되었다. 서유럽의 마르크스주의자들은 포스트모더니즘의 영향 속에서 사라지거나 다원주의적 경향의 이론과 연계를 갖기 시작했다. 미국과 영국의 일부 학자들 사이에서 합리적 선택

(rational choice) 이론과 분석마르크스주의(analytical Marxism)가 명맥을 유지하고 있다(Roemer, 1986). 분석마르크스주의는 좋은 사회를 추구하는 마르크스의 사고를 제외하고 마르크스의 노동가치설, 정치경제학, 계급투쟁론을 대부분 부정한다. 네오마르크스주의의 정치적, 학문적 영향력이 급속하게 쇠퇴하는 것은 현대 사회 이론의 가장 중요한 특징 가운데 하나이다. 하지만 일부 네오마르크스주의 이론은 비판 이론의 전통으로 계승되었으며, 19세기 자본주의를 비판했던 마르크스의 통찰력은 정치사회학 연구에서 여전히 중요한 요소로 간주된다.

현실주의

정치사회학의 현실주의(realism)는 국가의 기능과 역할에 커다란 관심을 가진다. 특히 국가의 제도와 엘리트의 역할에 따라 경제와 사회에 미치는 영향을 체계적으로 분석한다. 1970년대 후반 이후 많은 사회학자들이 자본주의 사회에 존재하는 국가의 권력과 기능에 관심을 가졌다. 그들은 고전적 엘리트 이론과 함께 네오마르크스주의 이론이 주장하는 자본주의 국가의 상대적 자율성(relative autonomy) 개념으로부터 많은 영향을 받았다. 미국 사회학자 시다 스코치폴(Theda Skocpol)은 국가와 지배계급이 지배적 생산양식을 보존하기 위한 공통의 이해관계를 갖고 있으나, 국가는 자본가계급과 생산양식의 이해로부터 자율성을 가지고 있다고 주장했다(Skocpol, 1979). 막스 베버의 영향을 받은 스코치폴은 국가를 "행정 당국과 … 자체적인 이해와 논리를 가진 자율적 구조에 의해서 조절되는 행정과 경찰, 군사 조직의 복합체"로 정의했다(Skocpol, 1979: 27, 29~30). 그는 이러한 관점에서 국가는 사회로부터 분리되고 제한된 수의 독립적인 국가 엘리트가 국가를 통제한다고 주장했다.

미국 사회학자 피터 에번스, 시다 스코치폴, 디트리히 뤼시마이어는 국가를 자본주의 발전에 관한 중요한 연구 주제로 제시했다(Evans, Skocpol and Rueschemeyer, 1985). 이들은 자본주의 체계가 국가에 일정한 한계를 부여함에도 불구하고, 국가 엘리트가 일정한 자율성을 갖고 있다고 주장했다. 그리하여 더욱 적극적이고 상대적으로 자율적인 국가가 경제 발전을 이룩하는 데 필수적인 요소라고 주장했다. 이러한 분석은 국가의 역할을 강조하는 현실주의 이론에 토대를 두고 있지만, 국가주의 또는 신제도주의라고 불리기도 했다. 경제학의 제도주의가 제도의 경로 의존성(path dependence)을 강조하는 데 비해, 사회학에서는 제도의 유지와 변화를 역동적 과정으로 보는 경향이 강하다.

그러나 현실주의 또는 국가 중심적 이론은 심각한 비판에 직면했다. 무엇보다도 막스 베버의 관점에서 국가를 통합적이고 단일한 행위자로 규정함으로써 국가 내부에 존재하는 제도적 다양성을 소홀하게 취급했다. 신고전파 경제학자들이 개인을 다루는 접근법과 같이 국가 중심적 분석은 국가를 불가분의 분석 단위로 취급하는 경향이 있다. 그러나 권위주의적 정치 체제에서도 국가와 사회계급은 완전하게 분리될 수 없다. 국가 관료들은 항상 자율적인 행위자라기보다는 일반적으로 지배계급의 이해에, 또는 종종 저항적인 하층계급의 요구에 다양한 형태로 반응해야 한다(Domhoff, 1967). 국가와 사회는 대부분의 나라에서 권력을 상호 분점한다.

국가가 사회에서 분리되어 자율적 권력을 갖고 있다는 국가주의 이론의 주장을 극복하기 위하여 다양한 이론적 설명이 제시되었다. 첫째, 내부 조직(internal organization) 이론은 국가와 대기업 사이의 행정 과정에서 진행하는 거래(transaction)를 관리하는 위계적인 내부 조직의 형성에 주목한다(Williamson, 1985). 예를 들면, 한국과 동아시아 발전국가의 정부 관료와 기업 엘리트는 다양한 위원회나 협의회 같은 중간 조직(intermediate organization)을 통해서 서로의 입장과 이해관계를 조절한다. 둘째, 사회적 네트워크 이론은 국가와 사회 사이에 공식적, 비공식적, 유기적(가족, 친족, 지연) 네트워크 등 구체적인 사회적 연결망(social tie)이 존재하고 있음을 강조한다. 이러한 네트워크 분석을 보면 국가와 기업 간의 관계는 다양한 공적, 사적 연결망을 형성하는 것으로 나타난다. 국가와 사회의 관계에 대한 이론적 논쟁은 전통적 국가 이론의 수정이 필요하다고 강조했다.

영국 사회학자 마이클 만은 국가주의적 분석을 새롭게 정식화하여, 국가가 자율성을 가지는 동시에 사회에 침투하여 결정을 내리는 능력 즉 하부구조적 권력(infrastructural power)을 가지고 있다고 주장했다(Mann, 1986). 자본주의 사회를 운영하는 국가의 역량은 국내 자본가와 협조하는 능력, 교육과 훈련의 사회적 하부구조를 제공하는 능력, 세계경제의 변화에 적응할 수 있도록 유연성을 높이는 계급 간 타협의 조건 등과 밀접한 관련을 가진다. 마이클 만에 따르면, 동아시아 국가는 이전과 비교하여 "전제적으로는 약하지만 하부구조적으로 매우 강력하다”(Mann, 1986). 에번스는 관료제가 항상 독립적이어야 한다고 주장했던 막스 베버의 주장보다는 덜 독립적인 국가의 유형을 제시했다. 그는 마크 그래노베터(Mark Granovetter)의 ‘배태성’ 개념을 이용하여, 사회가 집단행동을 해결할 수 있는 사회적 연결과 밀접히 관련되어 있다는 배태적 자율성(embedded autonomy)을 강조했다(Evans, 1995). 이러한 관점은 국가의 역량이 사회에서 분리되어 자율적으로 생성되는 것이 아니라 다양한 사회집단과 연결되고 협력하는 사회적 관계에서 비롯되는 것이라 강조한다.

사회적 협의주의

다원주의가 이익집단에 관심을 갖고, 엘리트주의가 엘리트 집단에 관심을 가진 데 비해 사회적 협의주의(social consociationalism)는 정부와 엘리트 집단의 사회적 관계에 주목한다. 사회적 협의주의는 영어로 코퍼러티즘(corporatism, 노사정 3자의 정치적 연합)이라고 불린다. 1970년대 정치사회학에서 커다란 인기를 얻은 코퍼러티즘이라는 용어는 경제적 이익집단과 정치 과정에 참여하는 정부 및 조직화된 사회집단 간의 특정한 관계 유형을 가리킨다. 미국 정치학자 필립 슈미터의 정의에 따르면, 코퍼러티즘의 개념은 “구성적 단위가 소수의 단일한, 강제적, 비경쟁적, 위계적 질서를 갖고 기능적으로 분화된 범주에서 정부에 의해 인정 또는 허가를 받으며, 각 범주에서 대표적 독점체로서 조직화된 이익대표의 체계”이다(Schmitter and Lehmbruch, 1979: 13). 슈미터는 그것을 사회 코퍼러티즘과 국가 코퍼러티즘의 두 가지 형태로 구분했다. 그리고 전자는 사회 내에 자연적으로 형성된 반면, 후자는 억압적 정부에 의한 지배를 받는다고 주장했다.

사회 코퍼러티즘은 주로 자유민주적 정치 체제에서 나타난다. 국가의 제도적 특징이 점점 모호해지고 다양한 엘리트들은 사회 내에서 협력해야만 한다. 국가의 개념은 사회 내 주요한 기능을 하는 기업, 노동자, 전문직 종사자, 농업 엘리트들에 의해 약화된다. 스웨덴, 노르웨이, 덴마크 등 스칸디나비아 국가, 오스트리아, 독일과 같은 나라에서 엘리트 집단은 정부에 참여하거나 다양한 위원회를 통해서 국가의 정책 과정에 직접 참여하는 대표적 결사체를 형성한다.

반면에 국가 코퍼러티즘은 대개 권위주의적 정치 체제에서 강력한 국가 엘리트에 의해 형성된다. 국가 코퍼러티즘은 1964년 이후의 브라질, 멕시코, 페루 등 남미의 권위주의적 정치 체제에서 주로 발견된다(Malloy, 1977). 또는 동아시아의 일본을 비롯해 1980년대 한국, 대만 등 권위주의 국가에서도 국가 코퍼러티즘의 성격이 나타났다. 국가 코퍼러티즘은 사회집단과 계급이 국가의 지도 아래 그들의 역할을 수행하는 위계적 사회구조를 발전시킨다. 이러한 코퍼러티즘의 성격을 가진 제도는 자본주의 경제에서 기업 이익을 보호하고 노동운동을 통제한다. 코퍼러티즘의 성격을 가진 국가는 노동·농민운동 등 민중 부문을 배제하고, 대규모 공적·사적 조직을 위한 자본 축적의 메커니즘을 재구성한다. 그리하여 이러한 체계 속에서 정치 엘리트들은 코퍼러티즘의 노선을 따라 이익단체의 재구성을 시도한다.

동아시아는 사회적으로 발전된 형태보다 훨씬 더 국가 주도적인 코퍼러티즘 사회 체계를 가지고 있다. 동아시아의 코퍼러티즘에 관한 정치적 수사는 유교적, 권위주의적 사회 교리를 반영하고, 때로는 서유럽의 자유주의와 의회민주주의에 대한 이데올로기적 대안을 추구하기도 한다. 이러한 유교적 또는 권위주의적 코퍼러티즘의 성격을 가진 국가는 사회에 대한 유기적 이론을 강조하고, 조화로운 이익대표 체계를 기반으로 하는 권위주의적 국가를 통해 상호 이익을 얻을 수 있다고 주장한다. 산업화된 동아시아 국가에서는 권위에 대한 존중, 가족주의를 기반으로 하는 사회적 안정, 차이보다는 동의를 선호하는 유교적 가치가 산업화와 현대화 과정에 큰 영향을 주었다.

일반적으로 코퍼러티즘은 경제적 차원에서 자유주의의 자유방임을 포기하고 약간의 경제계획을 선호한다. 하지만 1940년대 독일과 이탈리아의 파시즘(Fascism)과 달리, 노동자계급의 조직화와 대표체계를 허용하는 동시에 자본주의적 사유재산제를 유지한다. 코퍼러티즘의 운영은 대부분 정부, 고용자, 노동조합의 3자주의(tripartism)로 이루어진다. 그러나 다원주의 모델과는 달리, 이익집단들은 경쟁적이지 않으며 서로 협력하여 작동한다. 3자주의는 대개 경제성장, 국민 통합성, 계획, 산업 규율 등을 강조하는 의제를 포함한다. 정부는 이익집단의 정책 형성에 중요한 영향을 미치고, 정부는 누가 정책에 명확한 견해를 갖고 있는지, 또는 자문을 할 것인지 결정하는 역할을 수행한다. 그렇다고 국가가 반드시 기계적 균형과 중립을 추구하는 것은 아니다. 결과적으로 1970년대 영국에서는 기업에 편향된 정책을 추진하기도 했지만, 1980년대 호주의 경우 노동조합에 편향된 정책을 선택하기도 하였다.

코퍼러티즘 성격을 가진 국가의 과제는 본질적으로 합의정치를 추구한다. 그러나 3자주의는 그 자체에서부터 파괴의 씨앗을 갖고 있다. 코퍼러티즘의 본성은 그것이 가장 가치를 발휘해야 할 경제위기 상황에서 가장 취약한 것으로 드러났다. 1980년대 이후 신자유주의 경제정책의 갑작스러운 등장은 거시적 차원의 코퍼러티즘을 위한 전제조건을 근본적으로 약화시켰다(Goldthorpe, 1984). 특히 영국에서는 노동조합이 정책 형성 과정에서 거의 배제되었을 때 코퍼러티즘이 사라졌다. 자본과 노동의 이익 간 역사적 타협에 기초한 코퍼러티즘의 쇠퇴와 몰락은 영국 대처 정부의 등장과 밀접한 관련이 있다. 대처 정부는 노동조합 대신 다른 집단의 이익을 선호하고, 이를 위해 다원주의적 경쟁으로부터 일부 이익단체들을 격리시켰다. 이러한 편향은 주로 노동조합에 대한 억압으로 나타나며, 결과적으로 계급갈등을 격화시키기도 한다.

그러나 1990년대 후반 아일랜드, 네덜란드, 독일에서 노사정의 사회적 협의가 다시 등장하여 사회협약(social pact)이 중요한 정치적 의제가 되었다(선학태, 2006). 이런 점에서 사회적 협의는 정치경제적 조건의 영향을 받는 동시에 계급 간 역학 관계와 정당과 정부의 전략적 선택에 의해 좌우되기도 한다.

자유지상주의

1970년대와 1980년대에 자유지상주의(libertarianism)는 사회과학에서 중요한 이론적 관점으로 부상했다. 자유지상주의는 처음에는 경제학에서 주목을 받았으나, 점차 사회과학의 모든 분야에 커다란 영향을 미쳤다. 1970년대 경제위기와 함께 케인스 경제학이 쇠퇴하면서 통화량 통제와 재정 축소를 주장하는 통화주의 경제학이 새로운 관심을 끌었는데, 밀턴 프리드먼(Milton Friedman)과 시카고학파가 주도적 역할을 수행했다. 정부의 경제 개입을 옹호하는 케인스 경제학과 달리 시카고학파는 탈규제와 자유방임을 지지했다. 정치철학에서는 로버트 노직이 국가의 지나친 간섭이 개인의 자유를 침해한다고 비판하며 적극적 감세를 주장했다. 이들은 공통적으로 기업과 개인의 자유를 강조했고, 사회주의뿐 아니라 복지국가와 사회민주주의도 격렬하게 공격했다.

개인과 기업의 자유를 강조하는 자유지상주의의 등장을 고전적 자유주의의 새로운 부활로 보는 견해가 있다. 신자유주의의 역사적 기원은 1940년대 케인스 경제학에 맞섰던 프리드리히 폰 하이에크(Friedrich von Hayek)로 거슬러 갈 수 있다. 1944년 하이에크는 『노예의 길』에서 국가의 경제 개입이 개인을 노예 상태로 이끌 것이라고 경고하였다(하이에크, 2006). 그는 "수백만 명의 복지와 행복은 크고 작은 하나의 척도로 측정될 수 없다"고 주장했고, 소련 공산주의의 통제경제를 비판하였다. 그는 "'프롤레타리아의 진정한 독재'는 비록 그것이 형식적으로는 민주적일지라도 일단 그것이 경제 체제를 중앙에서 통제하기 시작하면 지금까지 어떤 독재가 개인의 자유를 파괴한 것보다도 더 철저하게 개인의 자유를 파괴할 것"이라고 예견하였다. 나아가 어떤 종류의 "자유주의적 사회주의도 그 실천은 어디서든 전체주의가 될 것"이라고 하였으며, 사유재산제야말로 "자유의 가장 중요한 보증수단"이라고 강조하였다.

1980년대, 대처와 레이건이 이끄는 신우익(New Right)은 자본주의와 민주주의의 원리를 통합하려는 복지국가의 이념을 공격했다. 복지재정의 지나친 확대로 근로 의욕이 사라지고 복지에 의존하는 현상이 발생하면서 저축과 투자가 감소되고, 경제성장이 둔화된다고 주장하였다. 신우익은 실업 수당과 사회보장을 축소하고 개인의 책임과 시장의 기능을 강조하는 복지개혁을 강조했다. 그러나 1980년대 이후 영국과 미국에서는 구조 조정과 복지 축소로 실업률과 빈곤율이 증가하고, 노숙자와 범죄 인구가 증가하면서 사회 해체의 징후가 나타났다. 만성적 실업 상태에서 복지 수당에 의존하며 사는 극빈층이 증가하면서 '언더클래스(underclass)'라는 용어가 관심을 끌었다.

신우익 사회학자 찰스 머레이는 복지제도가 빈곤층의 자립심을 약화시키고 미혼모를 증가시킨다고 주장하였다(Murray, 1984: 220~227). 언더클래스는 사회계급의 구조적 문제가 아니라 소수의 일탈문화가 만든 라이프 스타일로 축소된다. 영국 사회학자 루스 리스터는 언더클래스라는 용어가 낙인 효과를 가지고 있으며, 빈곤층을 도덕적으로 비난하는 이데올로기 효과를 가진다고 주장하였다(Lister, 2004: 24~26). 신우익은 빈곤을 경제적 조건이 아니라 도덕적 기준으로 평가했고, 빈곤층이 빈곤에 대해 스스로 책임을 져야 한다는 19세기 엘리자베스 시대의 관점을 부활시켰다.

1980년대 이후 등장한 신우익 이론가는 사회집단이 정치적 행동의 자연적 단위가 아니라고 주장했다. 미국 경제학자 맨서 올슨은 합리적 개인들은 그들이 공유하는 집단적 이익을 위해서 투쟁하는 것이 아니기 때문에 집단 또는 계급의 내부에서 적극적으로 활동하지 않는다고 주장했다(Olson, 1965). 대신에 각 개인들이 활동적이든 아니든 전체 집단을 위한 양보에서 이익을 얻는 한, 종종 합리적인 개인의 이익은 제대로 추구되지 않는다. 올슨은 이를 '무임승차자' 문제라고 불렀다. 올슨은 무임승차가 정책 형성에서 자본가의 이익이 성공하는 이유라고 설명했다. 노동자는 단지 특별한 상황에서만 조직화되지만, 기업 이익은 일반적으로 자발적으로 직접 조직화되고 공동이익을 위해 행동한다고 보았다(Olson, 1965: 143). 물론 올슨은 경제성장이야말로 모든 이익집단을 위한 공공재가 된다고 보았다. 그러나 그는 모든 이익집단의 입장에서는 경제의 전반적 성장을 확대하기보다 정부예산의 더 큰 지분을 얻어 내는 것이 더욱 합리적이라고 하였다.

이러한 관점에서 올슨은 왜 어떤 국가는 번영하고 다른 국가는 쇠퇴하는지를 그의 집단행동 이론으로 설명할 수 있다고 주장했다. 그에 따르면, 이익집단이 증가할수록 더욱 광범위한 이익을 위해 활동할 수 있는 정부의 능력이 손상되고, 결국 나라의 활력이 막혀 버린다. 그는 바로 이러한 이유 때문에 2차 세계대전 이후 모든 제도가 거의 그대로 남은 영국은 급속히 쇠퇴한 반면, 이익집단이 심각하게 몰락한 일본과 독일은 경제성장을 이루었다고 주장했다(Olson, 1982). 신자유주의 이론가들도 신고전파 경제학자의 가정을 이용하여 이익집단에 참여하는 활동은 사회의 자원 배분을 왜곡하는 비자연적 현상이라고 보았다. 그들은 정부의 정책에 거부권을 행사할 수 있는 이익집단의 권력이 궁극적으로 경제성장을 저해한다고 보았다.

자유지상주의 이론은 사회민주주의 또는 사회적 자유주의와 크게 구별된다. 홉하우스, 케인스, 베버리지, 마셜의 전통은 붕괴되고, 개인의 자유를 극단적으로 지지하는 새로운 관점이 중요한 이론으로 부상했다. 자유지상주의는 다양한 정치 이데올로기와 밀접한 관련을 가졌다. 대표적으로 영국의 대처 총리는 고전적 자유주의와 보수주의가 결합한 신보수주의(neoconservatism) 이데올로기를 제창했다. 신보수주의는 고전적 자유주의가 강조한 자조와 개인적 책임을 넘어서 선별주의, 열등 처우의 원칙을 강조한다. 신보수주의의 등장은 소련에 대한 비판이자 사회민주주의 정당이 제시한 복지국가에 대한 이념적 공격이었다. 평등보다 자유가 중요하고, 재산권은 신성한 권리가 되는 한편, 시민권은 심각한 공격을 받았다. 결국 자유지상주의 이론에서 보편적 시민권은 공민권과 정치권의 영역으로 축소되었고, 사회권의 영역은 심각하게 훼손되었다.

포스트모더니즘

1980년대에 포스트모더니즘(postmodernism)이 지적 영역에서 커다란 인기를 얻었으며, 사회과학에도 영향을 주었다. 포스트모더니즘은 현대 사회의 인간생활이 불가해성과 비결정성에 의해 특징화될 수 있는 새로운 세계로 진입했다고 주장한다. 포스트모더니즘은 현재의 변화를 인식론의 해체로 보고, 현재의 사회적 변화에서 탈중심적 경향과 혼란을 강조하며, 사회의 토대로 구조적 특성이 존재한다는 가정을 부정한다. 또한 사회적인 것의 존재를 부정하고, 실재(리얼리티)에 대한 분석보다 이미지 또는 하이퍼리얼리티(hyperreality)에 관심을 가진다. 포스트모더니즘은 궁극적으로 현대 사회가 탈현대성의 시대로 진입했다고 보고, 현대성 프로젝트로서 사회학의 가능성을 부정한다.

프랑스 사회학자 장 프랑수아 리오타르는 최소한 1960년대 이후 우리 사회가 포스트모던 사회로 변화되었다고 주장한다(리오타르, 1992). 그들은 200년 동안 신봉해 온 과학적 활동을 정당화한 거대 서사의 종말을 선언한다. 이러한 견해는 패러다임 변동을 주장한 토머스 쿤의 주장과 유사하다. 리오타르는 지식이 상품화되면서 거대 담론이 실종되고 있다고 주장한다. 포스트모더니즘은 지식과 정보의 상대주의를 강조한다. 이들은 지식을 상대적 기준으로 평가하고, 진리 자체 대신에 진리에 대한 다양한 견해만이 존재한다고 주장한다.

프랑스 사회학자 장 보드리야르는 포스트모던 사회의 도래를 강조하는 대표적 사회학자로, 대중매체를 통해 현대 문화가 가상현실의 특징을 가진다고 주장한다(보드리야르, 2001). 그는 대중매체가 만든 하이퍼리얼리티와 시뮬라시옹(simulation)을 통해 현대 사회에서 실재가 사라지고 있다고 본다. 대중매체의 지배를 받는 사람들은 시뮬라시옹이 된 경험과 느낌을 통해 실재를 이해하지 못한다고 본다. 그에 따르면, 자연적 현실은 더 이상 존재하지 않으며, 원본이 존재한다는 생각 자체가 철학적으로 불가능하다. 가상이 현실을 대체하는 시뮬라시옹 현상이 극에 달하고 있으며, 다양한 가상현실이 서로 영향을 주고받으며 세계를 구성해 나간다. 이제 역사라는 개념, 하나의 단일하고 독특한 세계가 존재한다는 개념은 더 이상 설 자리가 없다.

1980년대 포스트모더니즘 논쟁이 서유럽의 인문학과 사회과학에 커다란 반향을 일으켰다. 포스트모더니즘은 사회학적 연구의 주요 개념인 구조, 계급, 집합행동(collective behavior) 대신 개인의 정체성과 문화와 이미지에 대한 연구를 강조했다. 그러나 포스트모더니즘의 사회학이 독점자본주의 문제를 심도 있게 비판하지 못하고 표면의 분석만 추구한다는 비판도 있다(Jameson, 1991). 포스트모던 시대에는 문화의 이미지를 지나치게 강조하는 현상이 발생했다. 텔레비전, 영화, 비디오는 다양한 이미지를 제조하고 복사하고 유통한다. 다양한 사고 및 가치와 접촉하지만, 무엇이 옳고 그른지 분명하게 판단하기 어려운 시대에 살고 있다. 포스트모던 세계는 극단적으로 다원적이며 다양한 사회이다. 포스트모더니즘이 1968년 서유럽 학생운동의 실패, 보수와 진보를 망라한 기성 가치 체계의 붕괴, 생태학적 위기, 장기적인 경제 쇠퇴 등으로 표현되는 서유럽의 좌절과 허무가 만연한 사회적 분위기 속에서 확산되었다는 지적도 있다.

포스트모더니즘은 마르크스주의 이론에도 상당한 영향을 주었다. 에르네스토 라클라우와 샹탈 무페는 『헤게모니와 사회주의 전략』에서 계급 정체성과 경제 결정을 중심으로 하는 마르크스주의의 흐름을 비판했다(라클라우·무페, 2012). 그들은 마르크스주의의 본질주의를 비판하고, 기존 지배질서에 반하는 헤게모니 구축에 주목한다. 이러한 헤게모니적 접합을 통해 좌파는 급진적인 민주주의와 다원주의를 추구해야 한다고 강조한다. 마르크스는 프롤레타리아를 인간 해방과 역사적 변화의 담지자로 보았지만, 포스트마르크스주의는 주류에서 배제된 사람들이 새로운 정치의 주체가 된다고 주장한다. 네그리와 하트, 지젝, 바디우, 아감벤, 랑시에르 등의 이론과 철학은 급진적 해방의 정치적 담론으로 부상했다.

포스트모더니즘 이론과 직접 연계되어 있지는 않지만, 프랑스 철학자 미셸 푸코(Michel Foucault)는 국가권력에 대한 중요한 이론적 통찰력을 제시했다(푸코, 2003). 푸코는 국가권력을 정치와 계급의 영역에서 벗어나 지식과 권력의 관계에서 보려고 시도했다. 그는 현대 국가가 만든 거대한 감시와 처벌의 체계가 지식과 권력의 결합에 의해 유지된다고 보았다. 국가는 정신병원과 감옥을 통해 광기와 일탈을 통제한다. 국가가 정상적이라고 규정한 관념을 벗어난 성 관념은 모두 비정상이 되고, 정신병으로 간주된다. 현대 사회의 이성적 권력은 일상적 문화와 언어에 깊숙하게 침투하고 있다. 권력, 광기, 성은 모두 하나로 결합되어 당대 지식의 기준이 되고, 정상과 비정상을 구분하는 경계선을 만들어 거기서 벗어나는 사상과 행동은 억압되고 있다. 이러한 국가의 통치성은 지식과 권력의 관계를 독창적으로 분석하며 현대 사회의 미시적 권력에 대한 새로운 시각을 제공하여 사회학 이론에 엄청난 영향을 미쳤다.

푸코는 지식과 권력의 관계에서 인간의 담론을 지배하는 권력에 대하여 분석을 시도했다. 푸코의 영향을 받은 포스트모더니즘은 많은 경우 현실 사회에서 권력의 관계를 비판하거나 권력 자체를 인정하지 않는다. 그러나 인간 사회에서 권력은 불가피하게 존재하며, 권력의 사용이 반드시 인간에게 해악을 끼치는 것은 아니다. 즉 권력이 반드시 분파적 이익을 대변하거나 억압의 수단으로만 사용되는 것은 아니다. 권력은 사회의 공통 목표를 달성하는 수단이 될 수 있고, 사회를 통합하는 기능을 수행할 수 있다. 사회적 약자를 배려하고 공정한 정의를 실행하거나 내전과 국제분쟁을 종식하는 평화협정을 만드는 과정에서 권력은 필수적이다. 영국 사회학자 앤서니 기든스는 현실을 비판하는 사회학 이론이 사회에 기여하기 위해서는 정치적 전략, 좋은 사회 모델, 해방정치와 생활정치의 통합이 필요하다고 주장했다(Giddens, 1990: 161). 이런 점에서 포스트모더니즘의 주장대로 국가를 해체하는 대신 좋은 사회를 만드는 국가의 적극적 역할을 강조해야 한다. 국가가 시장 및 시민사회와 협력하여 새로운 거버넌스를 만드는 과정에서 더 많은 해방의 과제가 실현되어야 한다.

이론적 전망

20세기 정치사회학의 가장 중요한 패러다임으로 다원주의와 네오마르크스주의를 꼽을 수 있으며, 서로 다른 관점은 학계의 연구를 두 개의 진영으로 구분했다. 그러나 시간이 지날수록 두 패러다임은 서서히 영향력을 잃게 되고 현실주의, 사회적 협의주의, 자유지상주의, 포스트모더니즘 등 다양한 패러다임이 등장하면서 정치사회학 연구에서 방법론적 다원주의의 경향이 나타났다. 상이한 이론적 관점은 정치 현상의 복잡한 성격을 그대로 보여 주기도 한다. 다양한 이론은 정치 현상, 정부와 정당의 조직과 구조, 정치적 행동에 관한 단편적 분석보다 정치 현상에 대한 종합적 시각의 중요성을 일깨운다. 동시에 정치사회학 연구에서 서로 다른 이론적 관점을 둘러싼 논쟁이 지속되고 있다.

다원주의 이론은 권력의 분산과 다양한 이익집단 사이의 균형을 전제한다. 반면에 네오마르크스주의는 자본주의 사회를 주도하는 지배계급, 특히 경제 엘리트의 역할을 강조한다. 엘리트주의는 정부와 기업의 권력을 지배한 소수의 엘리트에 관심을 집중한다. 현실주의 이론은 국가의 역할에 주목하고, 특히 관료제의 기능에 대한 분석을 제공한다. 반면에 사회적 협의주의 모델은 다양한 사회집단을 주도하는 엘리트 집단의 사회적 관계와 상호 협의 과정에 주목한다. 자유지상주의는 국가나 이익집단보다 자유로운 개인과 시장의 기능을 중시한다. 포스트모더니즘은 결정론적 해석을 거부하고 탈중심성과 비결정성을 사회 현상의 중요한 특징으로 간주한다. 이러한 다양한 관점은 권력, 지배, 국가, 이데올로기, 정당, 민주주의 등에 대한 정치사회학적 분석에서 커다란 영향력을 행사한다.

전통적인 정치사회학은 정치 현상을 분석하는 데 유용한 관점과 방법론을 제공했지만, 현실을 개혁하는 수단으로는 부족하다는 지적이 있다. 이러한 문제의식으로 정치철학 또는 공공정책 분석이 새로운 연구 분야로 관심을 끌고 있지만, 이론적 차원에서도 새로운 관점이 제기되었다. 브라질 정치학자 로베르트 웅거는 수퍼 이론(supertheory)과 울트라 이론(ultra-theory)을 구분한다(웅거, 2012). 수퍼 이론은 사회구조를 바꾸기 위한 노력, 즉 "부정의 능력"(존 키츠의 시에 따온 문구)에 따른 것이다. 수퍼 이론은 끊임없는 부정의 노동을 수행하지만, 현실적 대안을 제시하지는 않는다. 미셸 푸코가 대표적이다. 반면에 울트라 이론은 체계적인 대안과 프로그램을 만들려고 노력한다. 이는 "모든 것이 정치"라는 주장으로 발전한다. 사회는 미리 설정된 각본이나 법칙에 따라 결정되는 것이 아니라 정치적 행위를 통해 다시 상상하고 바꿀 수 있기 때문이다. 이런 점에서 정치는 운명을 거스른다.

웅거는 사회를 자연적 질서의 결과가 아니라 인간이 만들고 상상하는 것, 즉 인공물로 보았다. 그는 자유주의 사회, 사회주의 사회, 공산주의 사회가 자연적으로 만들어진 것이 아니라 사람이 만들어 가는 것이라고 강조했다. 그러나 이러한 아이디어는 어느 정치 사상에서도 제대로 구현되지 못했다. 웅거는 자신의 이론을 초자유주의(superliberalism)라고 정의했다. 그는 기능주의와 마르크스주의의 구조결정론을 넘어서고, 자유주의가 신봉하는 대의민주주의와 시장경제를 재구성하려고 시도했다. 민주주의의 새로운 대안을 찾으려는 웅거의 노력은 이러한 문제의식의 산물이다.

웅거는 1980년대를 풍미한 포스트모더니즘에 비판적이었으며, 리처드 로티의 표현대로 "항상 사람들을 위해 새로운 아이디어를 제시하는" 학자였다. 이러한 지적 작업은 그를 현실 정치로 이끌었다. 1990년 브라질 국회의원 선거에 출마하기도 했으며, 2007년에 룰라 정부의 전략문제 장관으로 활동했고, 브라질 주정부의 사회 발전 프로젝트에도 참여했다. 그에게 학문과 정치의 경계는 없다. 웅거는 경제적 장치와 기회를 급진적으로 분산하고, 국가와 기업의 상호 관계를 민주적으로 개혁하고, 혁신적 사회로 바꾸어야 한다고 제안한다(웅거, 2012). 또한 전통적 사고와 지적 식민주의라는 멍에를 벗어 버릴 것을 촉구하면서 과거에 존재하지 않았던 것을 상상할 것을 요청한다.

더 읽을거리

드라이젝, 존 S.·패트릭 던리비, 2014,『민주주의 국가이론』, 김욱 옮김, 명인문화사.

마키아벨리, 니콜로, 2015,『군주론』, 강정인 외 옮김, 까치.

베버, 막스, 2007,『직업으로서의 정치』, 전성우 옮김, 나남.

아리스토텔레스, 2009,『정치학』, 천병희 옮김, 숲.

한국정치학회, 2007,『현대 정치학 이론의 발전』, 인간사랑.

헤이우드, 앤드루, 2016,『정치이론』, 권만학 옮김, 명인문화사.

2. 이데올로기

이데올로기와 정치,
어디로 갈 것인가?

철학자들은 세계를 다양하게 해석해 왔을 뿐이다. 중요한 것은 세계를 변화시키는 것이다.

- 카를 마르크스, 『포이어바흐에 관한 테제』

"고생은 날 적부터 나온 제 팔자다. 가난한 것은 이미 아무렇게도 하는 수 없는 것이었고, 잘못 만난 서방 탓으로, 밤낮 속으로 썩히는 것에도, 이제는 완전히 익숙하였다." 1938년 박태원의 『천변풍경』이 묘사한 시대상이다. 오랫동안 가난은 타고난 팔자나, 부모나, 남편에 의해 결정되는 운명의 굴레였다. 때로는 죽은 조상의 묫자리가 자신의 운명을 결정한다고 믿기도 했다. 언제나 빈곤은 존재했고 누구도 빈곤을 없앨 수 없다고 생각했다. 그리하여 "가난은 나라님도 어쩔 수 없다"는 말이 당연하게 받아들여졌다.

반면에 1978년 조세희의 『난장이가 쏘아올린 작은 공』에서 주인공은 빈곤에 대해 다른 관점을 제기한다. "우리 삼남매는 죽어라 공장 일을 했다. 우리는 우리의 생산 공헌도에 못 미치는 돈을 받았다. 네 명의 가족을 둔 그해 도시 근로자의 최저생계비는 팔만 삼천 사백팔십 원이었다. 어머니가 확인한 삼남매의 수입 총액은 팔만 이백삼십일 원이었다." 주인공은 빈곤이 공장에서 받은 임금에 의해서 결정된다고 생각하는데, 자신의 생산 공헌도에 비해 적게 받는다고 생각한다. 그리고 정부가 정한 최저생계비 이하의 임금을 받으면 빈곤에서 벗어날 수 없다는 것을 알고 있다. 빈곤이 개인의 운명으로 주어지는 것이 아니라 사회적 조건에서 만들어지는 것이라는 생각의 변화는 어떻게 가능한 것일까?

세상을 보는 눈에 따라 사회 현상의 해석이 달라지는 이유는 무엇일까? 사회학에서는 사회를 보는 관점 또는 다양한 사회 현상을 인식하고 해석하는 일정한 가치와 신념의 체계를 이데올로기(ideology)라고 부른다. 이데올로기는 사람들의 사회에 대한 인식과 태도를 형성하는 데 커다란 영향을 미친다. 사람들은 자신의 가치와 신념 체계의 관점에서 사회적 현실을 바라본다. 그런 점에서 이데올로기가 형성되는 과정과 결과를 연구하는 것은 정치사회학의 중요한 과제이다.

현대 사회에서 이데올로기는 사회의 역사적 배경, 종교적 교리, 문화적 특성의 영향을 받는 동시에 다양한 담론, 언술, 이미지의 기호화를 통해 표현된다. 이데올로기는 곰팡내 나는 책 속에만 있는 것이 아니라 텔레비전 드라마, 영화, 인기 소설, 심지어 아이돌 그룹의 노래를 통해서도 대중의 의식에 침투한다. 무엇보다도 이데올로기는 다양한 사회정치적 힘에 의해 만들어지고 확산되는 동시에, 사회정치적 세력의 권력에 영향을 주기도 한다. 이 장에서는 상이한 정치 이데올로기가 제시하는 사회와 정치를 바라보는 관점의 주요 특징을 역사적으로 간략히 살펴보고자 한다.

개념과 이론

이데올로기라는 용어는 프랑스 철학자 드트라시(Antoine Dustutt de Tracy)가 처음 만들었다. 그는 계몽주의 사상가로서 종교나 형이상학과 다른 합리적, 진보적 사고를 위한 사고 체계를 가리키는 말로 이데올로기라는 단어를 고안했다. 그러나 19세기 말, 카를 마르크스는 이데올로기의 개념을 부정적 의미로 사용했다. 마르크스는 그의 저서인『독일 이데올로기』에서 이데올로기를 경제적 하부구조에 조응하는 상부구조를 가리키는 용어로 사용하면서 그것을 '왜곡된 사고'로 간주했다. 그에 따르면, 이데올로기는 계급 이익의 방어를 위해 실제적인 관계를 신비화하는 '허위의식'이다. 이데올로기적 사고는 실재를 '뒤집어 놓은 것'이고 인간 세계를 규정하는 종교는 사회적 산물이다. 이러한 이데올로기에 관한 마르크스의 정의는 오늘날까지 많은 논쟁이 되고 있다.

오늘날 사회학에서는 마르크스의 비판적 주장과 달리 이데올로기의 개념을 가치중립적 의미로 사용한다. 일반적으로 이데올로기는 특정 주제에 대해 일관성을 가진 사고 체계 또는 세계관을 가리킨다. 이는 복잡한 사회 현상을 설명하고 사람들을 정치적으로 동원하기 위해 의식적이고 체계적인 프로그램으로 작동한다. 그러나 이데올로기가 반드시 중립적이거나 객관적인 것은 아니다. 이데올로기는 많은 경우 사회에서 권력, 부, 지식을 많이 가진 영향력이 큰 사람들에 의해 만들어지고 유지된다. 한 사회의 지배계급은 피지배계급을 설득하기 위해 자신들의 경제적 특권을 공동선을 위한 것으로 정당화하는 다양한 상징, 언어, 신화, 담론을 생산한다. 이들이 가진 권력은 여러 가지 저항에도 불구하고 이데올로기를 강화하는 능력을 가진다. 동시에 이데올로기는 사회의 모든 성원들이 자발적으로 동의하고 복종하도록 직간접적 수단을 통해 지속적으로 지배구조를 형성한다.

한 사회의 지배구조는 불평등한 자원 배분과 권위의 위계질서를 정당화한다. 지배구조는 경제적 자원과 자본의 형성뿐 아니라 언론, 대학, 정당에 중요한 영향을 미치고, 대중적 신념, 학술적 담론, 정치적 이데올로기를 재생산하며 사회적 관계와 법률적 관계를 구축한다. 이러한 이데올로기는 사회적 관계를 구성하는 모든 요소와 상호교차하며 작용한다. 한편 모든 지배에는 저항이 존재하듯이 지배구조에 대응하는 저항구조가 형성될 수 있다. 불평등을 합리화하는 지배이데올로기는 반증할 수 있는 증거에 의해 허위가 폭로되기도 하고, 대안적 담론의 도전을 받기도 하고, 대중의 저항에 직면할 수도 있다. 그래서 사회의 지배세력은 지속적으로 대중의 사고와 행동에 영향을 미치는 지배구조를 강화하면서 강제와 동의를 동시에 추구한다.

20세기 초 이탈리아의 마르크스주의자 안토니오 그람시는 이데올로기와 지배의 관계에 관한 중요한 통찰력을 제시했다. 그는 헤게모니의 개념을 이용해 권력과 이데올로기의 관계를 분석했다(Gramsci, 1971). 그에 따르면 지배계급은 헤게모니를 가지는 이데올로기를 생산하고 전파한다. 전통사회에서 종교의 권위, 순응과 순종, 근검과 절약, 공동체 윤리를 강조하는 데 비해 현대 사회에서는 물질적 성공에 대한 선망, 더 많은 부를 획득하려는 도전 정신, 소비주의, 개인의 선택과 자유 등이 새로운 문화와 이데올로기가 되었다. 그러나 지배계급의 헤게모니는 여러 차원에서 도전에 직면한다. 지배적 담론은 피지배계급의 자발적 동의를 얻기도 하지만, 때로는 저항에 부딪히기도 한다. 모든 사회에는 현상유지를 추구하는 지배적 담론이 존재하는 동시에 항상 새로운 변화를 추구하는 저항이 발생하기 때문이다.

많은 역사적 연구를 보면, 허위의식처럼 지배 이데올로기가 일방적으로 피지배계급의 이데올로기를 지배한다는 마르크스의 주장과 달리, 피지배계급의 문화는 일정한 자율성을 가지는 경우가 많다. 이런 관점에서 구조주의를 마르크스주의에 적용한 프랑스 철학자 루이 알튀세르는 경제, 정치, 이데올로기 등 다양한 심급에서 '중층적 결정'이 이루어진다고 보았다(Althusser, 1969). 그는 최종 심급에서 경제가 결정적 역할을 수행한다고 주장했으며, 국가뿐 아니라 대학, 언론, 심지어 노동조합도 일종의 '이데올로기 국가기구'로 보았다. 그러나 알튀세르가 제시한 개념은 상당히 모호하며, 상부구조가 얼마나 상대성을 갖는지 충분히 설명하기도 어렵다.

1970년대 베버주의 사회학자들은 마르크스주의의 지배 이데올로기 이론을 반박했다(Abercrombie, Hill and Turner, 1990). 그들은 중세 유럽 사회에 기독교문화와 다른 문화가 존재했으며, 자본주의 사회에도 자본주의 문화가 아닌 다른 문화가 존재한다고 주장했다. 이들은 마르크스와 달리 한 사회에는 지배문화 이외에도 다양한 문화가 공존한다고 주장했다. 그러나 다원주의적 관점과 달리 한 사회에서 다양한 문화가 동등한 영향력을 가진다고 보기는 어렵다. 지배문화는 어떤 상황에서는 하위문화와 상호 공존하지만, 다른 상황에서는 경쟁과 갈등을 일으킨다.

지배문화와 하위문화의 관계는 불균등한 권력을 표현하면서도 역동적으로 서로 영향을 주며 변화한다. 세계적 차원에서도 지배문화와 하위문화의 관계는 역동적으로 변화한다. 서유럽문화와 비서유럽문화, 또는 헤게몬(hegemon) 문화와 서벌턴(subaltern) 문화의 관계는 불균등하지만 항상 역동적으로 변화할 수 있다. 예를 들어 흑인 노예의 블루스 음악은 백인을 포함한 모든 미국인이 즐기는 재즈 음악으로 변화했다. 재즈는 단순히 흑인의 문화적 정체성을 나타내는 것이 아니라 미국의 문화적 정체성이 되었다. 문화의 지구화는 국민적, 민족적, 집단적 정체성에 영향을 준다. 이로 인해 기존의 집단적 정체성이 약화되는 동시에 지구화에 대한 저항을 통해 특수한 집단적 정체성이 강화되거나 새로운 혼종문화(hybrid culture)가 등장하기도 한다(Hall, 1992).

1980년대 마르크스주의의 지배 이데올로기 명제가 쇠퇴하고 포스트모더니즘과 문화적 상대주의가 반향을 일으키면서 문화와 담론의 역동성에 관한 논쟁이 등장했다. 푸코는 지식에 관한 담론 분석에서 권력의 효과에 주목했다. 그는 광기, 감옥, 성에 관한 과학적 담론을 분석하고, 담론에 대한 권력의 지배를 역사적으로 탐구했다(Foucault, 1990; 1995). 또한 억압의 가설을 살펴보고, 억압이 출현한 배경, 또는 억압을 만든 권력의 전략을 분석하여 억압이 갖고 있는 허구성을 폭로했다. 푸코는 몸을 통제하는 기술을 가리켜 '규율'이라고 불렀다. 그에 따르면 규율적 권력이 동원하는 "관찰, 규범적 판단, 검사"는 신체의 혈관처럼 사회를 관통하면서 모든 것을 감시하고 규율하는 사회를 만든다(Foucault, 1995). 결국 인간의 정체성을 창출하는 장소가 바로 규율사회가 된다.

푸코가 말한 규율사회에서 개인의 자율성이 거의 사라지면서 해방을 위한 어떠한 노력이나 탈출구도 발견하기 어려워졌다. 푸코는 생애의 후기에 개인에 대한 자유주의의 통치성이 어떻게 변화했는지 분석하면서 담론이 부르주아의 지배를 받을 수 있는 상황을 극복하기 위해 모든 진실을 말하는 용기, 즉 '파레시아'라는 개념을 강조했다(푸코, 2017). 그러나 푸코의 자유주의 비판은 사회적 현실의 역동성에 대하여 체계적인 분석을 제공하지 않는다. 푸코의 주장에서 사회계급 또는 재산 소유 관계의 구분이 모호해지면서, 부유층이 더 많은 자유를 가지는 반면에 빈곤층의 자유는 형편없이 작아지는 이유가 충분히 설명되지 않았다. 위와 같은 다양한 비판에도 불구하고 지배 이데올로기를 분석하는 방법으로 푸코의 담론 분석은 중요한 통찰력을 제공했다.

미국 정치학자 앨버트 허시먼은 1980년대 미국에서 세력을 얻어 가는 신보수주의자들을 분석하며, 정치적 신념 대신 담론, 주장,

수사법과 같은 언어적 현상이 발휘하는 힘에 주목해야 한다고 주장했다(허시먼, 2010). 허시먼은 현상유지를 추구하는 보수파의 시도를 세 가지 명제로 설명했다. 즉 혁명이나 개혁이 정반대의 결과를 만들 것이라고 주장하는 '역효과' 명제, 기존 체제가 변화하지 않을 것이라는 '무용' 명제, 자유와 민주주의가 위험해질 것이라는 '위험' 명제이다. 허시먼이 시도한 역사적 전환기에 작용하는 반동의 수사학(rhetoric of reaction)에 대한 분석은 이데올로기가 실현되는 구조적 틀에 대한 시각을 제시한다. 아도르노의 문화산업론이 권력의 문화적 연계를 분석하려고 시도한 것처럼, 허시먼은 권력의 이데올로기 연계에 대한 분석을 제공하려고 시도했다. 그러나 허시먼은 이데올로기의 부정적 차원에 초점을 맞추면서 어떻게 이데올로기가 광범한 대중의 동의를 이끌어 내는지에 대해 충분한 설명을 제시하지는 못했다.

사회 불평등의 문제

정치적 차원에서 이데올로기는 사회 불평등의 문제와 밀접한 관련을 가진다. 역사상 많은 학자와 사상가들은 사회의 불평등에 관한 대안을 담아 다양한 담론과 이론을 제시했다. 플라톤은 『국가』에서 지나친 불평등을 우려했으며, 부자와 가난한 사람의 소득 차이를 4배 이내로 제한하자고 제안했다(플라톤, 2005). 루소는 『인간 불평등 기원론』에서 사유재산이야말로 불평등을 만드는 근본적 원인이라고 주장하였다(루소, 2003). 루소는 사유재산의 폐지를 주장하지는 않았지만 프랑스 혁명가들에게 큰 영향을 미쳤다. 영국 명예혁명의 이론가 존 로크(John Locke)가 사유재산을 절대화한 데 비해, 프랑스 혁명의 지도자 로베스피에르는 공익을 위해서 사유재산도 제한할 수 있다고 주장했다. 이와 같이 불평등을 비판하는 주장은 현대 정치의 중요한 주제가 되었으며, 많은 논쟁을 일으켰다.

한편 불평등을 정당화하는 담론과 이데올로기도 오랫동안 존재했다. 농업문명은 귀족, 평민, 노예의 계급제도를 유지했으며, 철학적, 종교적 담론을 통해 정당화되었다. 산업혁명은 전통적 귀족을 약화하고 부르주아지가 주도하는 민주적 정치제도를 만들었지만, 경제적 불평등을 정당화하는 담론을 오랫동안 유지시켰다. 18세기에 버나드 맨더빌 등 중상주의 학자들은 빈곤과 불평등을 사회의 필요악으로 보았다(맨더빌, 2010). 19세기에 파레토는 모든 사회에 반드시 엘리트가 존재하며, 혁명이 일어나도 엘리트의 순환이 발생한다고 주장했다(Pareto, 1961). 파레토의 주장은 20세기 중반, 사회의 현상유지가 이루어지는 기능을 설명하는 파슨스의 시스템 이론에 영향을 미쳤다. 그러나 이런 관점은 왜 많은 사람들이 보상이 공정하지 못하다고 불평하고, 더 많은 임금과 지위를 가진 계층으로 이동하려고 애쓰는지 충분하게 설명하지 못했다.

함무라비 법전은 "정의가 지상에서 널리 퍼지고 강자가 약자를 억압하는 것을 방지하는 임무"를 적었지만, 귀족, 평민, 노예의 계급제도를 당연시했다. 공자와 맹자는 인간이 선한 특성을 가진다고 보았지만, 군주, 귀족, 평민이 존재하는 사회를 인정했다. 고대 사회에서도 평등을 주장하는 기독교와 불교 등 일부 종교가 존재했지만,

현실 정치에서 불평등한 계급질서는 계속 유지되었다. 모든 인간이 평등하다는 관념은 18세기 미국과 프랑스에서 혁명이 발생한 이후에야 본격적으로 확산되었다. 1776년 미국의 『독립선언문』은 "모든 사람은 평등하게 창조되었다"고 선언했으며, 1789년 프랑스의 『인권선언』은 "사람은 평등한 권리를 가지고 자유롭게 태어났으며, 그러한 상태로 존재한다"고 천명했다. 하지만 두 문서는 구체적으로 어떤 평등인지에 대해서는 밝히지 않았으며, 지금까지 그와 관련된 논란이 계속되고 있다.

20세기 중반 평등주의의 전성기에 리처드 토니는 "평등의 개념은 하나의 의미만 가지는 것이 아니라 수많은 의미를 가진다"고 지적했다(Tawney, 1952). 오늘날 정치철학자의 논쟁은 계속되고 있지만, 평등은 대개 형식적 평등, 기회의 평등, 결과의 평등의 세 가지 범주로 구분된다(Turner, 1986; Giddens and Diamond, 2005). 형식적 평등은 재판을 받을 권리와 투표권 등 법률적 평등을 가리킨다. 기회의 평등은 모든 사람에게 동등한 삶의 기회를 제공하는 의무교육과 공중보건을 강조한다(Rawls, 1971; Sen, 1999). 결과의 평등은 개인의 특성과 상관없이 최종적인 결과가 평등해야 한다는 관념을 의미한다. 평등의 개념을 둘러싼 논쟁은 학문뿐 아니라 정치 이데올로기에도 영향을 미쳤다.

첫째, 특권의 철폐를 주장하는 법률적 평등은 보수주의뿐 아니라 자유주의, 사회민주주의 등 모든 이데올로기의 지지를 받는다. 한때 공산주의가 법률적 평등보다 공산당의 리더십과 프롤레타리아 독재를 우위에 두었지만, 그들은 20세기 말에 이르러 역사 속에서 사라졌다. 그러나 법률적 평등은 사실상 많은 한계를 가지고 있다는 지적을 받는다. 누구나 백화점에 가서 물건을 살 수 있는 평등한 권리가 있다고 해서 모두 그 권리를 누리는 것은 아니다. 돈이 없는 사람은 물건을 살 수 없다. 결국 법률적 평등은 형식적 평등에 불과하고, 사회의 다양한 불평등을 외면한다는 비판을 받는다. 실제로 빈곤층, 여자, 장애인, 소수민족, 이민자들이 사회적으로 배제되고 차별받는 현실을 법률적 차원으로 한정하는 것은 매우 제한적인 생각에 불과하다.

둘째, 기회의 평등 역시 모든 정치 이데올로기의 지지를 받는다. 특히 자유주의자는 기회의 평등을 열렬하게 옹호한다. 국가는 결과의 평등보다 기회의 평등을 추구해야 한다고 믿는다. 결과적으로 성인의 재산 소유 관계는 그대로 유지하는 대신, 아동과 청소년의 의무교육이 그들에게 가장 중요한 목표가 되었다. 이에 비해 보수주의자와 사회민주주의자는 기회의 평등에 대해 상당한 의구심을 가지고 있다. 보수주의자는 교육, 보건 등 기회의 평등을 제공하기 위한 조세의 부담이 결국 개인의 자유를 침해할 수 있다고 두려워한다. 사회민주주의자는 기회의 평등이 평등을 충분하게 보장하지 못한다고 불만을 터뜨린다. 실제로 서양에서 모든 학생들에게 고등학교까지 의무교육이 도입된 후에도 중간계급 자녀들이 노동자계급 자녀들보다 학업 성과가 더 좋고 대학 진학률도 높다는 점은 사회적 세습이 여전히 유지되고 있음을 증명한다.

셋째, 결과의 평등은 사회민주주의자가 가장 중요하게 생각하는 평등의 차원이다. 사회민주주의는 사유재산제의 철폐와 국유화를 주장하지는 않지만, 다양한 방법으로 결과의 평등을 추구해야 한다고 주장한다. 증가하는 불평등이 사회의 통합을 저해하고 사회갈등을 유발하여 부정적 결과를 가져올 수 있다고 우려한다. 사회민주주의자는 자본주의 경제 속에서도 누진세와 보편적 사회보장을 통해 적절한 수준으로 결과의 평등을 추구해야 한다고 역설한다. 이에 비해 보수주의자와 자유주의자는 결과의 평등이 개인의 자유를 침해하고 획일적 사회를 만들 수 있다고 반박한다.

이와 같이 평등을 둘러싼 이데올로기의 경쟁과 갈등은 오랜 역사를 가지고 있다. 역사적으로 거슬러 가면 모든 정치 이데올로기는 1789년에 발생한 프랑스 혁명에서 파생되었다. 프랑스 혁명은 프랑스만의 사건이 아니라 유럽, 아니 전 세계적 사건이 되었다. 프랑스 혁명을 어떻게 볼 것인가에 대한 서로 다른 견해들은 격렬한 논쟁을 통해 정치적 당파와 새로운 정치적 이념으로 발전했다. 프랑스 혁명을 반대하는 사람들은 보수주의 정치 이념을, 지지하는 사람들은 자유주의 또는 사회주의 정치 사상을 발전시키고자 했다. 이제부터는 오늘날 정치적으로 가장 강력한 영향력을 가지고 있는 보수주의, 자유주의, 사회주의의 역사적 형성과 주요 특징을 차례대로 살펴보겠다.

보수주의

보수주의의 흐름을 대표하는 인물은 영국의 정치가이자 정치철학자인 에드먼드 버크(Edmund Burke)이다. 버크의 보수주의는 오늘날 우리가 생각하듯 과거를 무조건 미화하고 현상유지에 집착하는 반동적 사고와는 다르다. 1776년 미국 혁명이 발생했던 당시 영국의 국회의원이었던 버크는 자유주의적인 휘그당 소속으로서 미국의 독립을 지지했다. 그는 미국 식민지에 사는 사람들이 영국 왕에 저항하고 독립을 요구하는 것은 정당한 이유를 가진다고 생각했다. 그랬던 그가 1789년 프랑스 혁명을 보고는 경악을 금치 못하며 "진정한 위험은 자유가 사리사욕으로 조각조각 찢겨 사라지는 것이다"라고 비판했다(버크, 2017). 특히 그는 로베스피에르가 이끄는 자코뱅당이 자유를 파괴했다고 보았다. 버크는 개인의 재산권을 위협하는 자코뱅당의 평등주의에 대해서도 반대했다. 버크는 프랑스 혁명은 재산권뿐 아니라 인간 사회의 복잡한 현실과 동떨어진 실험을 통해 전통과 권위를 파괴하는 폭력적인 반란이라고 비난했다.

버크의 주장은 격렬한 논쟁에 휩싸였다. 버크의 숭배자였던 미국의 토머스 제퍼슨과 휘그당 신파이자 급진파인 제임스 폭스는 버크를 반동으로 단죄하고 민주주의의 적이라 비난했다. 어떻게 1776년의 미국 혁명을 지지한 자유주의자 버크가 1789년의 프랑스 혁명에 대해서는 이토록 무자비한 비판을 가할 수 있었는가? 이는 자유를 주장하는 버크의 이론과도 일치하지 않았다. 버크는 영국의 명예혁명에서 발견한 원칙으로 두 개의 역사적 사건을 판단하고자 했다. 버크는 의회로부터 왕실을 독립시키려 했고, 미국 식민지에 대한 영국 정부의 정책을 비판했다. 그래서 영국 왕에 저항한 미국 식민지 민중은 정당화할 수 있었으나, 프랑스 혁명이 주장하는 급진적 평등주의는 영국 명예혁명이 제시하는 원칙에 위배된다고 보았다. 이런 점에서는 버크를 명예혁명을 옹호하고 재산권을 절대화한 존 로크의 계승자로 볼 수 있다.

그러나 20세기 전반기에 격렬한 계급투쟁과 대공황의 위기로 보수주의는 커다란 위험에 직면했다. 특히 파시즘과 공산주의는 새로운 정치 이데올로기로 많은 사람들의 관심을 끌었다. 2차 세계대전 이후에는 사회민주주의가 유럽 정치를 지배하면서 보수주의는 또다시 새로운 한계에 부딪혔다. 그러나 1970년대 이후 신자유주의가 등장하면서 보수주의는 새로운 변화를 경험했다. 신자유주의는 평등에 관한 사고를 정면으로 공격했다. 평등보다 불평등이 오히려 자연적 질서에 가깝고, 어떠한 형태의 평등을 위한 노력도 부정하는 시각이 확산되었다. 프리드리히 폰 하이에크와 로버트 노직과 같은 정치철학자들은 불평등을 당연하게 생각하고 심지어 자연적 현상으로 옹호했다(Hayek, 1960; Nozick, 1974). 이들의 주장은 영국과 미국에서 큰 인기를 얻었으며, 정치와 언론뿐 아니라 대학에도 커다란 영향을 미쳤다. 기업의 광고비에 의존하는 신문과 방송 등 언론도 마찬가지이다. 오늘날 신자유주의 이데올로기는 대중의 의식과 태도를 형성하는 메커니즘에서 막강한 권력을 가지고 있다.

신자유주의는 무엇보다도 국가의 인위적인 시장 개입이 오히려 경제성장을 가로막는다고 주장했다. 오스트리아 태생의 영국 경제학자 프리드리히 폰 하이에크는 대표작 『노예의 길』에서 분배정의란 존재하지 않는다고 주장했다(하이에크, 2006). 왜냐하면 특정한 집단에 대한 보장은 다른 집단들에 대한 비(非)보장이기 때문이다. 달리 말하면 빈곤이 발생할 때 시장질서를 교란해 지원을 하려 한다면, 생산성이 저하되어 모두가 피해를 보게 된다는 주장이었다. 다만 그는 노동력이 없는 노인, 장애인 등에 대한 매우 제한적인 지원은 정당화될 수 있다고 하였다. 미국 경제학자 밀턴 프리드먼도 복지국가에 대해 매우 비판적이었다. 그는 최저임금제와 같은 인위적 개입이 더 많은 실업자를 양산할 뿐이라고 주장했다(Friedman, 1962).

하이에크와 프리드먼의 주장은 1980년대 이후 영국의 대처 정부와 미국의 레이건 행정부에 커다란 영향을 미쳤다. 대처와 레이건의 정치적 신조는 경제적 자유를 강조하는 신자유주의 사상에 가족, 전통, 안보를 강조하는 보수적 가치를 결합하여 신보수주의라고 불리기도 했다. 대처와 레이건이 주도한 신자유주의는 신속하게 전 세계로 확산되었다. 국제통화기금과 세계은행 등 국제경제기구도 탈규제, 감세, 공기업의 사유화, 자유무역의 정책을 추구하면서 신자유주의 이데올로기는 사실상 국제사회를 지배했다. 하지만 신자유주의가 득세했던 동안 불평등이 크게 늘어났고, 빈곤은 전반적으로 악화되었다.

자유주의

자유주의라는 용어가 처음 사용되기 시작한 시기와 장소는 17세기 유럽이다. 어원으로 보자면 '리버럴(liberal)'이다. 고대 로마 시대로 거슬러 올라가면 리버럴의 어원은 휴머니즘, 관용, 열린 마음을 뜻하는 고전적 덕목인 '리버럴리티(liberality)'에서 파생되었다. 라틴어

'리베르'는 '자유로운' 상태라는 뜻을 가진다. 르네상스 시대의 '리베랄'은 '좁은 편견에서 벗어난' 상태를 가리킨다. 이 시기에 새로운 지식인들은 신앙의 자유, 사상의 자유, 믿음의 자유 등을 중요하게 강조했으며, 차이에 대해 관대하거나 열린 마음을 가져야 한다고 생각했다. 자유주의는 17세기 계몽주의의 영향을 많이 받았다. 종교의 편협함에서 벗어난 다양한 사상에 대한 관용은 개인의 이성과 합리성을 존중하는 계몽주의의 정신이 반영된 것이다. 그런 면에서 자유주의는 계몽주의의 자식으로 볼 수 있다.

홉스와 로크의 전통을 계승한 영국의 자유주의는 프랑스에 큰 영향을 주었다. 프랑스의 판사 출신 지식인이자 철학자인 몽테스키외는 영국을 방문한 후, 영국의 종교적 관용에 대해서 찬양하였다. 가톨릭국가인 프랑스는 30년 가까운 종교전쟁에 시달렸으며, 프랑스의 개신교들은 베를린 등 독일 도시로 이주해야 하는 상황이었다. 몽테스키외는 가톨릭교회나 프랑스 군주제가 유지하는 구체제(앙시앵 레짐)에 대해서 강하게 비판하였다. 그는 종교의 자유를 주장하고, 1748년에 출간한 『법의 정신』에서 법을 통해 자유를 수호할 수 있다고 주장하였다(몽테스키외, 2006). 그는 국가의 권력을 왕에게 집중하는 것이 아니라 입법, 사법, 행정의 삼권 분립을 지지하였는데, 특히 사법부의 독립이 민주주의의 중요한 원리라고 강조했다. 법의 정신도 초월적, 보편적 명령이 아니라 사회적 관계 속에서 표현된 정치적 지성으로 평가했다. 이후 몽테스키외의 사상은 미국 및 다른 나라의 자유주의에 영향을 주었다.

프랑스 혁명에 커다란 영향을 준 장 자크 루소는 '일반 의지'의

매개를 통한 민주주의를 강조했다(루소, 2003). 루소는 사유재산제의 철폐를 주장하지는 않았지만, 지나친 불평등을 제한해야 한다고 생각했다. 이러한 사고는 콩스탕(Benjamin Constant), 토크빌(Alexis de Tocqueville) 등 프랑스 자유주의자들의 비판을 받았다. 프랑스 자유주의자들은 대체로 비타협적 개인주의와 자유의 중요성을 역설했다.

한편 급진적 자유주의자인 토머스 페인은 영국 출신이었지만, 프랑스 혁명 이후 등장한 급진적 자유주의를 적극적으로 옹호하였다. 페인은 미국 혁명이 발발한 1776년에 『상식』을 출간하고 군주제를 폐지해야 하는 이유를 조목조목 열거하면서 미국의 독립이 가져오는 이익을 주장했다(페인, 2004). 그 후 페인은 프랑스로 건너가 국민회의 의원이 되었으며, 『인권』에서 평등이 자유주의 사상에서 가장 중요하다고 강조했다. 책의 부제는 '프랑스 혁명에 대한 버크 씨의 공격에 대한 답변'이다. 그는 『인권』에서 프랑스 혁명으로 "'귀족'이나 '고귀한 신분'이라고 불리는 애매모호한 모든 세대의 계급이 사라지고, 동등한 사람들은 '인간'이 되었다"고 선언하였다(페인, 2004). 페인에게 평등이 없는 자유주의는 공허한 말이었다. 페인의 사상이야말로 복지국가 사상의 원조로 볼 수 있으며 기본소득과 노인연금, 사회보장제도, 누진세도 그의 아이디어이다.

위에서 살펴보았듯이 고전적 자유주의는 계몽주의의 유산인 인간의 합리성에 대한 낙관주의를 물려받았지만, 하나의 사상 체계가 아니라 국가별로 상이한 전통을 만들었다. 대체로 영미권의 자유주의와 프랑스의 자유주의에는 큰 차이가 있다. 영국의 자유주의는 고대의 선례를 강조하는 데 비해, 프랑스의 자유주의는 자연권이라는 추상적 개념을 중요하게 내세운다. 하지만 영국의 자유주의자 가운데 성경의 권위를 토대로 자연권 사상을 강조하는 사람도 있다. 미국의 『독립선언문』에서도 "천부적이고 양도할 수 없는 권리"를 언급하며 추상적 개념을 활용했다. 미국 헌법이 주장하는 생명, 자유, 행복 추구권은 모두 신이 만든 것이며, 로크와 마찬가지로 자연법에 기초한 것이다. 이러한 자연권 사상은 자유주의의 보편적 경향을 강화했으며, 만인의 평등을 강조하는 논리로 확대되었다. 그 후 스코틀랜드 계몽주의와 애덤 스미스의 정치경제학을 통해 발전한 영국 자유주의는 19세기 말 영국의 제러미 벤담 등 공리주의자와 마르크스를 비롯한 사회주의자의 급진적 도전에 직면하였다.

역사적으로 보면 자유주의 사상의 발전은 개인주의(individualism)와 밀접한 관련을 가진다. 개인주의 사상은 신의 존재, 국가 또는 국왕보다 개인인 '나' 자신이 중요하다고 본다(Lukes, 1973). 개인주의를 강조하는 사회적 분위기는 17~18세기 영국에서 본격적으로 등장했다. 영국은 유럽의 다른 국가들에 비해 왕권이 약했으며, 영주와 귀족들의 지배력도 약했고, 일찍이 자유로운 소농들이 상대적으로 많은 편이었다. 영국은 유럽의 어떤 사회보다도 핵가족이 발전되었으며, 거주 이전의 자유가 있는 곳이었다. 당시에는 외국인도 여권 없이 자유롭게 영국을 돌아다닐 수 있었다. 영국에서는 개인을 국가가 구속하지 않는 경향이 강했으며, 이는 개인주의 사상이 영국에서 발전하는 중요한 조건이 되었다. 왕의 폭정에 저항하는 시민혁명이 17세기 영국에서 발생하면서 자유주의가 본격적으로 발전하였다.

자유주의는 영국만의 전유물은 아니었다. 18세기에 미국 혁명과 프랑스 혁명이 발생하였고, 19세기 후반에는 사회주의 노동운동의 도전이 있었다. 2차 세계대전 이후 양대 진영으로 분할된 냉전의 시대에는 공산주의에 맞서는 자유주의가 강력한 반공주의 성향을 보이기도 했다. 영국 정치철학자 이사야 벌린은 자유를 소극적 자유와 적극적 자유로 구분하고, 소련의 전체주의를 날카롭게 비판하면서 외부의 간섭을 받지 않는 소극적 자유의 중요성을 강조했다(Berlin, 1958). 자유주의는 오랜 역사를 거치면서 다양한 사상적 분화를 겪었다.

자유주의 사상은 영국에서 출발했지만, 시대에 따라 다양한 변화를 겪었다. 첫째, 17세기 토머스 홉스, 존 로크, 애덤 스미스 등 고전적 자유주의(classical liberalism)가 영국에서 태동한 이래 자유주의는 유럽과 미국에 널리 확산되었다. 이들은 개인의 자유를 지지했지만 사회적 책임에는 관심이 적었다. 둘째, 20세기 초반에 들어서 영국의 존 스튜어트 밀(John Stuart Mill), 토머스 힐 그린(Thomas Hill Green), 레너드 홉하우스(Leonard T. Hobhouse) 등이 제창한 사회적 자유주의(social liberalism)가 등장하면서, 사회적 책임에 대한 관심이 본격적으로 확산되었다. 사회적 자유주의는 1940년대 영국 복지국가를 설계한 윌리엄 베버리지(William Beveridge)와 존 메이너드 케인스(John Maynard Keynes)에 커다란 영향을 미쳤다. 셋째, 1970년대 이후 프리드리히 폰 하이에크가 주창한 신자유주의(neoliberalism)는 케인스, 베버리지, 복지국가, 그리고 심지어 모든 종류의 정부 개입을 격렬하게 비판했다. 이들의 주장은 보수적 정당과 정치인에 의해 환영을 받으면서 신보수주의 사상의 등장과 긴밀한 관련을 가지기도 했다.

20세기를 거치는 동안 자유주의의 다양한 분화에도 불구하고 자유주의 사상은 공통적 특징을 지닌다. 영국 정치철학자 존 그레이는 『자유주의』에서 자유주의의 네 가지 요소를 지적했다(Gray, 1986). 첫째는 '개인주의'로 사회적 집합성에 맞서 개인의 도덕적 우위를 강조한다. 둘째는 '평등주의'로 모든 사람은 동일한 도덕적 가치를 보유한다고 본다. 셋째는 '보편주의'로 인류의 도덕적 단일성을 강조한다. 특정한 역사적 결사체와 문화적 형태는 부차적 지위일 뿐이라고 간주한다. 네 번째는 '개량주의'이다. 인간이 사회를 인위적으로 개혁할 수 있다고 믿으며, 사회적 제도와 정치적 배치의 교정 가능성과 개선 가능성을 지지한다(Gray, 1986: 14). 이러한 네 가지 요소는 서로 이질적인 요소이며, 상호 갈등적 성격도 가지고 있다. 그리고 자유주의 사상은 국가마다 다르게 발전하며, 특히 영국과 프랑스에서 매우 다른 특징을 가진다. 개인주의는 자유주의 사상의 중요한 뿌리이지만, 반드시 모든 나라에서 강조되는 것은 아니다. 평등주의는 사회주의와 상당 부분 겹친다. 그래서 현대 사회에서는 일반적으로 보편주의와 개량주의를 자유주의 사상의 핵심 요소로 간주한다.

자유주의라는 용어 자체는 역사적으로 매 시기 다르게 사용되었으며, 지금도 나라별로 다양하게 이해되고 있기 때문에 하나의 명확한 정의가 쉽지 않다. 오늘날도 자유주의자라고 스스로 주장하는 사상가와 정치인이 많지만, 모두 동일한 것은 아니다. 예를 들어, 유럽과 미국의 자유주의는 어감이 조금 다르다. 미국에서 리버럴(liberal)은 정치적으로 보면 민주당에 가까우며 국가의 복지정책을 지지한다는 성향을 가리킨다. 그러나 유럽에서 리버럴하다는 것은 자유시장경제를 지지하고, 사유재산제를 중시한다는 뜻이다. 다시 말하면, 유럽의 리버럴은 자유를 중시하는 반면, 미국의 리버럴은 평등을 강조하는 인상을 준다. 정치적으로 구분하면 미국에서는 중도좌파, 유럽에서는 중도우파에 가깝다. 한국에서는 이승만 정부 시대에 자유당이 집권당이었지만, 자유주의와는 거리가 멀었다. 지금도 스스로 리버럴을 자처하는 정치세력이나 정당은 거의 존재하지 않지만, 공동체 자유주의 또는 진보적 자유주의라는 용어가 소개되기도 한다. 그러나 한국의 자유주의는 미국과 유럽에서의 개념과는 사뭇 다르며, 그다지 대중적인 정치 용어로 알려져 있지도 않다.

사회주의

자유주의와 마찬가지로 사회주의도 다양한 이념적 분화의 과정을 겪었다. 그러나 역사적으로 보면 사회주의는 19세기 자본주의 경제 발전에서 불평등이 커지면서, 평등을 추구하는 노동자계급의 대중운동이라는 공통의 자양분에서 출발했다. 19세기 후반 유럽에서 산업사회가 고도로 발전하고 노동자계급의 인구 규모가 급증하자, 사회주의의 영향력이 급속하게 증대되었다. 산업화 시기, 도심으로 밀려든 노동자들의 열악한 생활환경에 주목한 다양한 형태의 공상적 사회주의자들은 고전적 자유주의 경제학의 견해에 반대하였다. 그들은 빈곤과 불평등의 원인을 사적 소유에서 찾았다. 영국의 사회개혁가 로버트 오언(Robert Owen), 프랑스의 사회주의 사상가 생시몽(Saint-Simon)과 푸리에(Fourier) 등은 사적 소유를 극복하고 경제 체계를 근본적으로 재편함으로써 노동자계급의 빈곤을 해소할 수 있다고 보았다. 그들은 협동을 운영 원리로 채택하는 공동체를 대안으로 제시하였으나, 대부분 성공을 거두지 못했다.

사회주의 사상 가운데 마르크스주의는 정치적으로 가장 큰 영향력을 가졌다. 마르크스주의는 다른 각도에서 노동자계급이 빈곤한 원인을 분석하였다. 19세기 공산주의 이론을 제시한 마르크스는 노동자들이 빈곤한 원인이 자본가들의 생산수단 점유, 무정부적인 시장 경쟁과 이윤율 저하 경향에 있다고 보았다. 자본가들은 경쟁에 필요한 첨단기계(자본)를 도입해 더 많은 이윤을 창출하고자 한다. 그러나 가치는 오직 노동자들이 만들어 내므로 기계(자본)를 투입하는 비용에 대한 이윤의 비율, 즉 이윤율은 저하되는 경향이 있다. 이렇게 저하된 이윤율은 주기적으로 공황을 초래하며, 공황의 깊이와 기간은 갈수록 악화하기 때문에 노동자계급은 갈수록 궁핍에 내몰리게 된다는 것이다.

마르크스의 대안은 사회주의 혁명으로 시장 대신 계획을 통해 자원을 생산하고 분배하는 체제를 이룩하는 것이었다. 그러나 마르크스와 엥겔스가 1848년에 『공산당 선언』을 쓴 이후 노동자계급의 생활수준은 상당히 나아졌다. 자본주의 경제의 공황은 계속 발생했지만, 노동자계급의 경제적 지위는 향상되었다. 노동자계급의 정치 참여에 따른 선거의 압력은 더 이상 위기의 고통을 노동자계급에게 전가하기 어렵게 했다. 물론 자본주의가 노동자계급의 지속적인 생활수준 향상과 양립할 수 있는지에 대해서는 여전히 의문이 제기되고 있다. 그럼에도 아직까지 마르크스가 예언했던 것처럼 노동자계급의 궁핍화는 일어나지 않았다고 할 수 있다.

19세기 후반 영국의 철학자이자 경제학자 존 스튜어트 밀은 자유시장의 생산성 향상은 분명한 장점이지만, 생산된 것이 어떻게 분배되는지는 또 다른 문제라고 지적했다(밀, 2018). 즉, 생산의 영역은 효율성의 영역이지만, 분배는 사회적 합의의 영역이라는 것이었다. 그는 근면하게 일하는 노동자들이 정당한 대가를 받지 못하는 경우가 많다고 지적하면서, 공상적 사회주의자들의 대안에도 관심을 기울였다. 그는 자본주의 경제 대신 사회주의의 도입을 제창했지만, 사실상 개인의 자유가 공동체의 선과 조화를 이룰 수 있다고 보았다는 점에서 사회적 자유주의의 선구자로 평가될 수 있다. 밀은 사유재산제의 개선, 근로에 따른 정당한 임금의 지급을 통해 가난한 노동자들의 처지를 개선할 필요가 있다고 강조했다.

사회민주주의

공상적 사회주의, 마르크스주의, 사회적 자유주의에 모두 영향을 받은 사회민주주의(social democracy)는 인간의 노동력을 상품화하는 자본주의가 불평등을 만든다고 본다. 하지만 사회민주주의자들은 마르크스주의자들과 달리 자본주의의 철폐를 통해 불평등을 해결할 수 있다고 보지 않았다. 19세기 말 독일 사회민주당의 에두아르트 베른슈타인은 『사회주의의 전제와 사민당의 과제』에서 마르크스주의가 예견한 노동자의 궁핍화, 중간계급의 양극 분해, 경제 공황의 발생, 자본주의 붕괴의 불가피성, 사회주의 혁명에 관한 주장은 오류라고 반박하고, 자본주의 경제에서 노동자의 생활수준이 점차 개선되었다고 주장했다(베른슈타인, 1999). 그는 사회주의 혁명과 사유재산제의 철폐보다 노동자의 임금과 복지 수준을 향상시키는 것을 노동운동의 목표로 정해야 한다고 주장했다.

다양한 사회민주주의자들은 노동자계급의 정치권력 참여를 통해 점진적으로 자본주의의 병폐를 해결해 나갈 수 있다고 보았다. 사회민주주의는 공산주의와 달리 계급투쟁, 폭력혁명, 프롤레타리아 독재도 포기하고 의회를 통한 점진적 개혁, 산업의 평화, 개인의 자유를 중시한다. 대표적으로 1959년 독일 사회민주당은 고데스베르크 전당대회를 통해 프롤레타리아 독재를 포기하고 사회적 시장경제를 지지하는 강령을 채택했다. 사회민주주의는 복지국가의 여러 제도를 활용하여 시장경제와 민주주의를 조화시키며 불평등을 줄일 수 있다고 보았다. 그들은 복지가 유효수요를 만드는 케인스주의 경제학을 하나의 방안으로 여겼고, 정부의 시장 개입을 통해 완전 고용을 달성할 수 있다고 보았다. 그러나 1960년대 이후 제조업 노동자의 수가 줄어들고, 지구화의 진행으로 국가적 차원에서의 시장 개입이 어려워지면서 전통적 사회민주주의는 새로운 어려움에 직면했다(기든스, 1997).

1990년대 후반에 등장한 제3의 길(The Third Way) 정치는 사회민주주의의 최신 모델이다. 제3의 길은 신자유주의와 전통적 사회민주주의를 비판하면서 사회민주주의의 새로운 쇄신을 주창했다(Giddens, 1998). 신자유주의가 지나치게 경제적 효율성을 강조하고, 사회민주주의는 지나치게 사회적 형평성을 강조하는 데 비해, 제3의 길 정치는 효율성과 형평성을 동시에 추구하는 목표를 제시했다. 제3의 길이라는 용어는 1950년대 스웨덴에서 처음 쓰였는데, 소련 공산주의와 미국 자본주의의 대안으로 혼합경제, 복지국가, 노사 간 타협을 강조했다. 1990년대 후반에 미국 민주당과 영국 노동당이 제안한 제3의 길은 유럽 사회민주주의와 미국의 신자유주의에 대한 대안을 제시했기에 훨씬 시장 중심적 성향을 갖고 있었다. 클린턴 정부의 근로연계복지(workfare)와 블레어 정부의 노동을 향한 복지(welfare to work)는 소득보장보다 근로동기를 중시하고 실업 급여의 수준을 낮추고 조건부 수급제도를 도입했다. 독일에서도 슈뢰더 정부가 노동시장 개혁을 통해 노동 유연화를 도입하고 실업 수당의 조건부 수급제도를 강화했다.

제3의 길 정치는 많은 논쟁을 불러일으켰다. 특히 독일에서는 사회민주당이 분당되었으며, 강경파는 탈당하여 좌파당(Die Linke)을 결성했다. 제3의 길 정치의 철학은 경제적 효율성과 사회적 형평성을 동시에 강조했지만, 결과적으로 사회적 형평성이 희생되었다는 비판이 제기되었다. 제3의 길 정치가 법인세, 소득세 인하 등 기업의 요구를 수용한 반면 사회에서는 저임금 비정규직 노동자가 증가하면서 노동시장의 소득 불평등은 지속적으로 악화되었다. 또한 금융시장의 규제 완화와 자유무역을 추진하면서 지구화의 부작용을 지나치게 과소평가했다는 비판이 제기되었다. 2000년대 이후 영국, 독일, 프랑스의 사회민주주의 정당은 선거에서 참패하여 야당이 되었으며, 현재 유럽의 사회민주주의 정당은 이제 제3의 길 정치를 제창하지는 않는다. 한편 프랑스 사회당은 2017년 대선과 총선에서 제3의 길보다 진보적 노선을 내걸었지만, 참패하고 만다. 유럽의 사회민주주의가 커다란 지적 위기에 봉착했다는 비판이 커지고 있다.

사회적 자유주의

20세기에 등장한 정치 이데올로기 가운데 주목할 만한 현상은 사회적 자유주의이다. 이는 자유주의의 변형으로서 재산권과 시장경제를 강조하는 한편 기업과 정부의 사회적 책임을 동시에 강조한다. 사회적 자유주의는 자유주의가 사회정의를 포함해야 한다고 본다. 고전적 자유주의와 달리 실업, 보건, 교육 등 경제와 사회 문제를 다루는 국가의 역할을 인정하며, 사회적 권리의 확대를 지지한다. 또한 공동선(Common Good)과 개인의 자유가 조화를 이루어야 한다고 본다.

2차 세계대전 이후 사회적 자유주의는 유럽과 북미의 많은 나라에서 확산되었으며 주로 중도 정당, 중도좌파 정당에서 영향력을 가지고 있다. 존 스튜어트 밀 이래 새로운 자유주의를 제창한 토머스 힐 그린, 레너드 홉하우스, 존 A. 홉슨 등은 개인의 자유가 사회경제적 환경과 밀접한 관련을 가진다고 주장하였다. 이는 당시에 '새로운 자유주의(new liberalism)'라고 불리기도 했다. 독일의 루조 브렌타노, 막스 베버 등 사회정책학회 회원들, 프랑스의 에밀 뒤르켐도 비슷한 견해를 가졌다.

대표적으로 영국 사회학자 레너드 홉하우스는 사회는 사익을 추구하는 개인들의 단순한 집합이 아니라 상호 작용하고 상호 의존하는 부분의 '유기체'로, 인간 생활은 근본적으로 '관계성'을 갖는다고 주장하였다. 그는 "완전한 자유는 완전한 평등을 포함한다"고 주장하며, 불평등에 기초한 자유는 특권과 권위의 불평등한 분배에서 비롯되기 때문에 특권에 상응하는 책임과 의무를 부여하는 강제 조치가 필요하다고 보았다. 또한 그는 완전 고용, 여성 참정권, 의무교육, 노약자 보호시설 확대 등 사회 개선 프로그램과 자유로운 복지국가를 지지하였다(Hobhouse, 1911). 홉하우스는 국가와 노동조합의 협력을 근로자의 구조적 불리함을 도와주는 행동으로 정당화하였다. 그는 재산의 사회적 차원을 주장하며, 재산은 개인의 노력뿐만 아니라 사회조직에 의해 획득된다고 보았다. 따라서 재산을 가진 사람은 그들의 성공이 사회에 빚을 지고 있으며, 다른 사람에 대한 의무를 가지게 된다고 주장했다(Hobhouse, 1911). 이는 국가를 통한 재분배를 정당화하는 것으로, 재산권을 절대적 권리로 간주하는 로크와 사유재산제의 폐지를 주장하는 마르크스의 견해에 반대된다. 그는 개인의 재산 형성 과정에는 다른 사람의 도움이 개입되니, 누진세를 통해서 사회에 기여해야 한다고 주장하였다.

사회적 자유주의의 철학적 토대로서 공리주의(utilitarianism)는 중요한 영향을 미쳤다. 제러미 벤담 등 공리주의 철학자들은 사회의 발전을 위한 척도로 '최대 다수의 최대 행복'이라는 핵심 원리를 제시했다. 20세기 초 사회적 자유주의의 영향을 받은 공리주의는 사회 구성원의 총효용을 극대화할 수 있도록 자원을 분배해야 한다고 주장했다. 이처럼 가난한 사람에게 복지를 제공하려는 공리주의 철학은 19세기 국가의 사회적 책임을 강조한 사회적 자유주의의 등장에 커다란 영향을 주었을 뿐 아니라 사회주의적 성향의 페이비언 협회(Fabian Society)에도 커다란 영향을 주었다. 하지만 제러미 벤담의 공리주의는 시간이 지나면서 많은 비판을 받았다. 쾌락의 양보다 질을 강조하기 위해, 만족하는 돼지보다 불만을 느끼는 소크라테스가 더 낫다고 한 존 스튜어트 밀의 비유는 유명하다. 밀은 『공리주의』에서 앞선 세대의 쾌락적 공리주의와 차별화된 최대 다수의 행복을 이야기하며, 특히 인간이 천성적으로 지닌 사회성, 즉 타인을 배려하는 마음을 강조했다(밀, 2018). 이러한 생각은 20세기 사회적 자유주의의 등장에 커다란 영향을 주었다.

공리주의 철학에 따르면, 사회 전체적 차원의 복지를 극대화하기 위해서는 두 가지 조건이 필요하다. 첫째, 재화가 효율적으로 생산되고 분배되어야 한다. 둘째, 반드시 평등한 분배는 아니더라도 형평성의 원칙에 따라 분배가 이루어져야 한다. 공리주의자들은 가난한 사람의 1만 원이 부자들의 1만 원보다 훨씬 더 효용이 크기 때문에, 부자들이 더 많은 세금을 정부에 납부하여 가난한 사람을 위한 복지로 제공한다면 사회 전체 차원에서 총효용이 증가할 수 있다고 보았다. 이러한 관점에서 노동시장의 소득 분배가 평등하지 않을 경우 국가의 재분배 활동은 정당성을 가질 수 있다. 그러나 이러한 정책은 종종 개인의 자유를 제한한다는 점에서 반자유주의적이라는 지적을 받기도 했다.

1970년대 미국 정치철학자 존 롤스는 『정의론』을 통해 공리주의적 철학을 체계적으로 비판했다. 그는 공리주의가 개인의 특성을 무시하는 전체주의적 특성을 가지고 있기 때문에 사회의 최대 행복을 위해 개인의 권리를 침해할 가능성을 우려했다(Rawls, 1971). 이런 점에서 롤스는 공정한 절차에 의해 합의된 규범을 정의(justice)의 기본적 토대라고 보았다. 공정한 정의의 원칙을 도출하는 기본적 원리로 최소극대화 원칙(Maximin Principle)을 제안했는데, 이는 사회적으로 가장 열등한 상황에 있는 소득계층의 복지를 극대화하는 분배가 최적의 재분배라는 주장이다. 롤스는 사회가 개인의 안전과 자유를 지켜 주어야 하며, 개인이 자신의 이익을 극대화할 수 있는 방법은 무엇인지에 대해 스스로 합리적인 판단을 할 수 있어야 한다고 주장했다. 그래서 공정한 정의를 보장하기 위해서는 먼저 균등한 시민적 자유권이 필요하다(자유의 원칙). 또한 모든 사람이 균등한 직위와 직책을 가질 기회의 평등이 필요하며(차등의 원칙과 균등한 기회의 원칙), 사회의 최대 취약계층에게 최대의 이익을 제공해야 한다(최소극대화 원칙). 다시 말해, 모든 사람에게 최소한의 기본적 자유를 인정하되, 사회적 약자에게 더 많은 이익이 돌아가는 경우는 사회적, 경제적 불평등을 정당한 것으로 허용한다는 입장이다. 이는 모든 사람이 능력대로 보상을 받을 수 있다는 고전적 자유주의의 원칙과는 다르다. 만약 이 원칙이 지켜지지 못한다면 모든 사람에게 평등한 분배를 제공하는 것만도 못할 수 있다. 롤스는 공정한 정의를 통해 자유롭고 평등한 시민들로 이루어진 안정되고 정의로운 사회를 오랜 기간 유지하는 방도를 찾아야 한다고 주장했다. 롤스의 이론은 20세기 정치철학에서 가장 중요한 공헌으로 평가를 받았으며, 사회적 자유주의와 사회민주주의에 커다란 영향을 주었다.

인도 경제학자 아마르티아 센(Amartya Sen)은 개인의 역량(capability)의 관점에서 분배적 정의를 강조했다. 센은 1940년대 인도의 기근이 농업 수확량의 부족이 아니라 분배의 실패에 의해 발생했다고 주장했다. 당시 영국이 통치하던 벵갈 지역에서는 모든 사람을 먹일 수 있을 만큼 충분한 식량 생산이 이루어졌다. 그러나 많은 농촌 노동자들이 실직하여 식량을 구매할 수 없게 됨으로써 그 가족까지 굶주릴 수밖에 없었다. 결국 자원의 풍족은 기근을 해소할 수 있는 가능성만 보여 줄 뿐이지 반드시 기근을 해결하는 것은 아니다. 실제 기근, 빈곤, 기아를 결정하는 핵심적인 요소는 개인과 집단이 가진 권리이다. 이를 센은 인타이틀먼트(entitlement)라고 불렀으며, 개인과 집단이 가지는 일정한 권리 또는 자격으로 정의했다(Sen, 1999). 결국 기근, 빈곤, 기아는 자연적 재해가 아니라 사회적 재앙이며, 공동체의 성원이 민주적 권리를 갖지 못한 결과이다. 일할 수 있는 권리와 노동시장에 참여할 권리를 박탈당한다면 인간다운 삶을 누릴 수 없다.

센은 낮은 소득이 빈곤의 한 원인이고, 사회의 불평등을 만들 수 있다는 점은 인정했다. 그러나 연령, 성별, 장애, 거주 지역 등 개인이 통제할 수 없는 조건도 빈곤과 불평등을 만들 수 있다. 이런 점에서 센은 모든 개인이 각자의 조건 속에서 자유롭게 능력을 발휘할 수 있도록 하는 적극적 자유가 중요하다고 강조했다. 정부의 간섭을 받지 않는 소극적 자유만으로는 빈곤과 불평등을 줄이기에 충분하지 않다(Sen, 1999). 이렇게 적극적 자유를 중시하는 관점은 롤스의 주장과 차이가 있다. 센은 빈곤층을 지원하기 위해 현금 급여만으로 충분하지 않으며, 일자리를 포함하여 사회에 참여할 수 있는 역량을 강화하는 것이 중요하다고 강조했다. 센의 주장은 불평등의 경제적 차원뿐 아니라 사회적 차원으로 인식의 지평을 넓혔다. 이는 1990년대 이후 소득뿐 아니라 교육과 기대수명을 조사하는 유엔의 인간개발지수(Human Development Index)에 영향을 미쳤다. 소득은 다양한 불평등 가운데 한 가지 요인일 뿐이며, 소득 격차는 특정한 환경과 그에 따른 기회의 차이가 만든 결과로 이해해야 한다.

이데올로기와 한국 정치

정치 이데올로기는 주로 유럽의 정치에서 탄생했으며, 이후 전 세계에 확산되었다. 특히 프랑스 혁명 이후 자유주의, 보수주의, 사회주의의 등장은 정치 이데올로기의 역사에서 중요한 의미를 가진다. 프랑스 혁명을 이끄는 이념은 자유주의였으나, 혁명이 진행되면서 영국의 고전적 자유주의와 급진적 자유주의, 그리고 사회주의 사상이 등장했다. 그 후에도 자유주의는 사회적 자유주의와 신자유주의로 분화되었다. 한편 프랑스 혁명에 반대하는 보수주의는 버크에 의해 제창된 이래 20세기를 거치면서 심각하게 쇠퇴했지만, 20세기 후반 신자유주의 또는 신보수주의의 등장으로 새로운 시대를 맞이했다. 사회주의 역시 역사의 부침을 겪었다. 공상적 사회주의 또는 소생산자 사회주의 이후 마르크스주의와 사회민주주의로 분화되었으며, 오랫동안 노동운동과 사회주의 정당에 큰 영향을 미쳤다. 한편 사회적 자유주의는 20세기 후반 롤스와 센에 의해 체계적으로 발전했으며 현대 정치의 중도진보 정당에 커다란 영향력을 발휘하고 있다.

한국 정치에서는 상대적으로 이데올로기의 영향이 제한적이다. 한국 사회를 지배하는 보수주의 이데올로기는 사실상 체계적 내용을 가지고 있지 않으며, 유럽의 것과 역사적 뿌리가 매우 다르다. 한국전쟁 이후 보수주의는 미국 자유민주주의와 시장경제의 도입을 지지했지만, 실제로는 권위주의 정부와 관치경제를 유지했다. 특히 북한과 군사적으로 대치하는 분단 상황에서 반공주의를 이데올로기 수준으로 활용하고 사회의 모든 자유주의적, 사회주의적 경향의 정치적 활동을 철저하게 억압했다. 군사정부의 정치적 도구인 공화당과 민정당이 대표적인 보수 정당으로 활동했다. 야당인 민주당도 이념적으로 보수적 성향이 강했지만, 군사정부에 지속적으로 저항하며 민주화운동을 주도했다. 특히 김대중과 김영삼의 정치적 리더십으로 민주주의와 인권을 강조하고 도시 중산층의 지지를 얻기 시작했다. 1987년 민주화운동 이후 김대중의 평민당은 상대적으로 진보적이었으며, 중소기업과 노동조합의 활동을 지지했다. 2000년대 이후 김대중이 주도하는 민주당과 노무현이 주도하는 열린우리당은 상당한 정도로 사회적 자유주의에 가까운 강령과 공약을 선택했다.

한편 한국전쟁 이후 냉전 구도 속에서 사회주의 세력은 거의 제거되었다. 한국에서 사회민주주의는 대중적인 정치적 기반을 갖지 못했다. 해방 직후 여운형의 근로인민당과 백남운의 신민당이 비슷한 이념을 지향했지만, 공산당과 합당하면서 사실상 소멸하였다. 1960년 4·19혁명 이후 사회대중당 등 혁신계 정당이 등장하면서 사회민주주의가 관심을 끌었지만, 1961년 군사쿠데타 이후 정치적 탄압으로 정치권에서 사라졌다. 1987년 민주화 이후 재야세력과 민중운동이 주도한 민중당이 등장했으나 원외 정당에 머물다가, 2004년 총선에서 사회민주주의 성향을 가진 민주노동당이 처음으로 원내로 진출하였다. 그 후 진보 정당은 유럽의 사회민주주의와 비슷한 강령과 공약을 내세웠지만, 많은 이합집산을 거듭하면서 군소 정당의 지위에서 벗어나지 못했다.

많은 사람들은 정당이 이데올로기보다 정권 장악을 위해 실용주의로 변화하고 있다고 보지만, 사실상 대부분의 정당은 당헌, 강령, 선거 공약을 통해 자신들이 신봉하는 정치 이데올로기를 제시한다. 대부분의 선거에서 정당은 당리당략에 따라 이데올로기의 일관성이 약화되거나 유권자의 지지를 확대하기 위해 캐치올(catch-all) 정당을 추구하는 경향이 나타나지만, 이데올로기를 완전히 무시하는 정당과 정부는 거의 존재하지 않는다. 대부분의 국가에서 정당은 보수와 진보, 좌파와 우파의 성향으로 구별된다. 이탈리아의 정치학자 노르베르토 보비오의 구분에 따르면 보수우파 정당은 대개 자유를 강조하는 반면, 진보좌파 정당은 평등을 강조하는 경향이 강하다(보비오, 1998). 부유층과 기업을 대변하는 보수우파 정당은 기업의 자유, 감세, 복지 축소를 주장하는 데 비해, 저소득층과 노조를 대변하는 진보좌파 정당은 사회 통합, 누진세, 복지 확대를 강조하는 경향이 강하고, 이러한 가치의 차이는 정치 이데올로기를 통해 표현된다. 유권자들도 선거에서 자신들이 선호하는 가치를 표방하는 정당을 선택하는 경향이 강하다. 즉 이데올로기는 여전히 정당과 선거에 큰 영향을 미치고 있으며, 집권 정당이 장악하는 정부의 정책 결정에도 커다란 영향을 미친다.

더 읽을거리

니스벳, 로버트, 2007, 『보수주의』, 강정인 옮김, 이후.

박호성, 2005, 『사회민주주의의 역사와 전망』, 책세상.

스미스, 스티븐, 2018, 『정치철학』, 오숙은 옮김, 문학동네.

아블라스터, 앤서니, 2007, 『서구 자유주의의 융성과 쇠퇴』, 조기제 옮김, 나남.

월린, 셸던, 2007, 2009, 2013, 『정치와 비전』 1, 2, 3, 강정인 외 옮김, 후마니타스.

톰슨, 윌리, 2017, 『20세기 이데올로기』, 전경훈 옮김, 산처럼.

3. 국가

홉스는 강력한 국가를 괴물에 비유하고, 시민의 동의를 얻은 국가가 강제력을 통해 내전과 혼란 상태를 종식하고 시민의 안전을 지킬 수 있기를 기대했다.

국가는 일정 영토 내에서 물리력을 단독으로, 그리고 합법적으로 사용할 수 있게 되는 상황을 만드는 데 성공한 인간의 조직이다.

- 막스 베버, 『직업으로서의 정치』

국가란 무엇인가? 왜 우리는 국가를 만들었는가? 국가는 어떤 역할을 수행해야 하는가? 국가는 정치사회학의 가장 중요한 주제일 뿐 아니라 현대 정치에서 가장 중요한 역할을 수행한다. 역사적으로 국가는 두 개의 극단적 평가 사이에 존재한다. 17세기 영국 사상가 토머스 홉스는 『리바이어던』에서 국가를 괴물에 비유했지만, 나쁜 의미로 사용한 것은 아니었다. 홉스는 상비군과 관료제를 갖춘 강력한 국가가 오랜 내전과 혼란 상태를 종식시키고 시민의 안전을 수호할 것이라고 기대했다. 반면에 20세기 영국 작가 조지 오웰은『1984』에서 과거의 역사와 일상적 언어가 철저히 조작되고, 성욕은 오직 당에 충성할 자녀를 생산하는 수단으로 통제되며, 획일적 기준과 집단 히스테리가 지배하는 전체주의 사회를 묘사한다. 실제로 우리는 현대사 속에서 국가안보의 명분을 내세운 무서운 괴물도 보았고, 인간의 모든 사회생활을 통제하는 끔찍한 독재국가도 목격했다. 다양한 현대 국가의 공통적 성격은 고도로 집중화된 관료제의 지속적 확대이다.

중앙집권적 국가의 형성 과정은 현대 사회의 가장 중요한 특징 중 하나이다. 전통사회의 국가는 군주와 왕실의 측근으로 이루어진 조직에 불과했고, 유럽의 절대주의 국가도 실제로는 왕에 종속된 행정기구에 그쳤다. 17~18세기에 영국의 명예혁명과 프랑스 혁명을 거치면서 서유럽을 비롯한 많은 나라에서 국민국가(nation-states)가 잇달아 등장하였다. 국민국가는 군주 대신 국민을 대표하는 의회의 통제를 받았다는 점에서, 전통적 국가와 명백하게 구별된다. 국민국가는 중앙집권적 규칙 제정을 담당하는 권한을 입법부에 부여했기 때문에 본질적으로 행정부는 국민을 위한 공복이 되어야 한다. 동시에 국민국가는 중앙집권적 군사력의 통제를 통해 모든 무력수단을 독점했으며 일정한 지리적 영역에서 평화와 안정을 유지하는 기능을 수행했다(Giddens, 1985). 국민국가는 사유재산을 보장하여 국가와 경제를 분리하는 동시에 민간기업의 자율적 활동을 인정하면서 급속한 경제성장을 이룩할 수 있었다.

현대적 국민국가는 정치적, 법률적, 경제적 차원에서 뚜렷한 역사적 전환을 이룩하였다. 정치적 차원에서 보면 군주제에서 의회민주주의로, 법률적 차원에서는 개인적 지배에서 법에 의한 지배로 변화했다. 무엇보다도 경제적 차원에서 봉건제 또는 소농사회 등 전(前) 자본주의 경제에서 산업자본주의 경제로 변화하는 거대한 전환을 이루었다. 국민국가가 강화되는 과정에서 국가의 보호를 받는 자본가계급이 급속하게 성장하고 경제 발전에서 주도적 역할을 수행했다. 국민국가는 정치적, 경제적, 군사적 권력의 토대를 강화하기 위해 새로 부상하는 자본가계급과 긴밀하게 협조했다. 국민국가는 자본가계급의 이익을 보호하기 위해 19세기에 이르기까지 자유시장의 영향력을 점차 증가시키는 한편, 대외적으로 중상주의적 전략을 추진했다(Mann, 1993). 이러한 과정을 거치며 유럽의 국가들은 식민지 약탈과 정복을 통해 세계적 차원의 제국으로 팽창했다. 이에 저항하는 식민지와 종속국에서도 독립 이후 유럽의 국민국가와 비슷한 국민국가를 형성하였다.

20세기에 이르러 국민국가는 전 세계적 차원에서 다양한 변화의 과정을 거쳤다. 1929년 자본주의 대공황의 위기를 극복하기 위한 케인스주의 경제정책이 확산되면서 국가의 경제 개입이 급속하게 강화되었다. 2차 세계대전이 진행되는 가운데 국가가 보유하는 군사력의 급속한 팽창과 종전 후 국가의 복지 기능이 지속적으로 확대되면서 국민국가가 더욱 발전했다. 종전 이후 대부분의 국민국가는 경제계획을 추진하거나 기간산업을 국유화하거나 다양한 방법으로 경제활동을 규제했다. 특히 임금, 근로조건, 노사 관계를 조정하기 위하여 국가, 자본가, 노동자 사이의 3자 관계를 이용하였고, 이러한 계급

간 타협의 정치 과정은 국가 기능의 핵심 영역이 되었다(Korpi, 1983). 1950년대 이후 자본주의적 산업화 과정에 뛰어든 제3세계 신생국도 미국식 자유방임경제보다 소련식 경제계획을 채택했으며, 국가의 경제 개입은 널리 발견되는 현상이었다.

그러나 1980년대 이후 국민국가의 역할에 근본적 변화가 일어났다. 영국 보수당과 미국 공화당을 장악한 신우익(New Right)은 국가의 개입이 경제 실패를 야기했다고 비판하고 시장 지향적 정책을 적극적으로 추진하였다. 대처 정부와 레이건 정부가 노동운동을 억압하고 파업에 강력하게 대처하면서 노동조합의 역할은 급속하게 약화된 반면에, 기업의 영향력은 급속도로 증가했다. 대처와 레이건이 제시한 신보수주의 이데올로기는 케인스주의 경제정책, 코퍼러티즘, 복지국가에 관한 정치적 합의를 폐기하고 탈규제, 감세, 임금 억제, 복지 축소를 제창했다(Pierson, 1991). 국가는 더 이상 계급투쟁의 중재자 또는 일반 이익의 대변자임을 자임하지 않고, 기업의 이익이 장기적으로 경제성장에 도움이 된다고 주장했다. 국제통화기금(IMF)과 세계은행도 신자유주의 이데올로기를 따르고 기업의 구조 조정을 적극적으로 지지했다. 신자유주의 이데올로기의 지배력은 세계경제의 성격을 바꿀 뿐 아니라 국민국가의 역할과 역량을 근본적으로 약화시켰다.

이 장에서는 국민국가의 개념과 기능이 무엇인지 살펴보고, 국가의 다양한 유형을 평가할 것이다. 20세기를 거치면서 국민국가의 성격이 어떻게 변화했는지 분석하고, 특히 국가의 경제 개입이 어떤 역사적 변화를 만들었는지 평가하고자 한다. 이 장은 케인스주의 복지국가(Keynesian Welfare State)에서 슘페터주의 근로복지국가(Schumpeterian Workfare State)를 향한 국가의 전환에 주목하지만, 미국, 유럽, 동아시아의 다양한 국가별 특성도 비교한다. 1960년대 이후 급속한 경제성장을 이룬 일본과 동아시아 국가들은 서양의 국가와 명백하게 다른 특징을 보여 주었는데, 이에 관한 발전국가 논쟁도 다룰 것이다. 20세기 말에 정보통신기술이 급속하게 발전하고 세계경제가 통합되면서 국민국가의 역할이 근본적으로 약화되고 있다는 논쟁도 중요한 주제이다. 마지막으로 지구화 과정이 어떻게 국민국가의 역량과 범위에 영향을 미칠 것인지 검토할 것이다.

국가의 개념

국가라는 개념은 비교적 최근에 등장한 용어이다. 영어, 프랑스어, 독일어의 라틴어 어원인 스타투스(status)는 '조건, 상황'이라는 의미를 가졌다. 로마 시대에는 사람들의 법률적 조건을 가리키는 용어로 사용되었지만, 로마 철학자 키케로가 공적 영역의 조건을 가리키는 의미로 사용하면서 특정한 집단보다 사회 전체의 법률적 질서와 관련이 있는 용어로 변화되었다. 16세기 피렌체의 마키아벨리는 국가라는 용어가 널리 사용되는 데 중요한 영향을 미쳤다. 마키아벨리는 저서 『군주론』에서 "사람들에 대하여 명령권을 가지고 있었고 또 현재 가지고 있는 통치 영역은 국가이며, 그것은 공화국이나 군주국 가운데 하나"라고 표현하면서 국가라는 단어를 처음으로 학문에 도입하였다(마키아벨리, 2015). 동양에서 국가는 비교적 늦게 번역되어 사용되었으며, '나라의 집(國家)'이라는 뜻을 가진다. 이 개념은 서양에서 사용한 국가의 의미와는 매우 다르다.

역사적으로 국가에 대해 다양한 의미가 있었지만, 오늘날 일반적으로 국가는 현대 사회에서 사회를 통치하는 규칙을 만드는 권위를 가진 제도를 가리킨다. 좁은 의미에서 행정부를 가리키기도 하지만, 사회학에서는 행정부뿐 아니라 입법부, 사법부, 군대까지 포괄한 광범한 제도적 장치를 국가라고 부른다. 국가는 지리적 영역을 가리키는 나라(country)나 문화와 역사를 공유하는 공동체의 구성원을 가리키는 국민(nation)과는 다른 의미를 가진다. 오늘날 학계에서 국가의 정의는 학자마다 매우 다르다. 이 가운데 막스 베버의 정의가 널리 사용되는데, '특정한 영역에서 합법적 폭력의 독점을 유지하는 중앙집권적 정부를 가진 정치적 조직'을 가리킨다.

현대 사회의 국가의 운영에서 권위, 정당성, 권력은 매우 필수적인 요소이다. 권위(authority)는 정부가 정당성을 가지고 권력을 사용하는 것을 가리킨다. 여기서 정당성(legitimacy)은 정부의 권위가 사람들의 동의를 얻어야 한다는 것을 의미한다. 동의가 없다면 권위를 인정받을 수 없다. 권력(power)은 사회의 모든 사회적 관계에서 발생한다. 권력은 개인과 집단이 이익을 추구하는 과정에서 상대가 동의하지 않거나 저항해도 강제할 수 있는 능력을 가리킨다. 예를 들어 1980년 광주에서 시민에게 무력을 사용하는 전두환 군사정부는 권력을 행사했다고 볼 수 있다. 그러나 이는 정부의 정당한 권력 사용이라고 볼 수 없다. 민주화운동이 발생하면서 군사정부가 시민을 투옥

하거나 고문하는 행위는 권력의 행사라고 볼 수 있지만, 이러한 부당한 권력 행사를 통해 정부의 권위는 상실된다. 현대 국가의 형성에서 사회 구성원의 동의에 기반한 권위는 매우 중요한 의미를 갖는다.

전통적 국가와 현대적 국민국가의 조직 형태도 매우 다르다. 군주제와 절대왕정의 시대에서도 지배계급 또는 왕실을 위한 행정기구나 조직이 있었지만, 현대적 의미의 관료적 국가와는 다르다. 과거제를 통해 중앙집권적 관료제를 유지했던 중국의 행정기구도 현대적인 국가와는 다르다. 현대적 국가는 전통적인 국가와 몇 가지 중요한 차이점을 가지고 있다.

첫째, 전통적 국가는 다른 국가와의 지리적 경계가 불분명한 경우가 많았으나, 현대적 국가는 명확한 영토(territory)의 경계를 규정했다. 또한 영토 내부의 지방 귀족들이 가지고 있던 폭력수단을 제거하거나 억압적으로 통제하며, 군사력을 독점적으로 지배하기 시작했다. 현대 국가는 일정한 영토 안에 살고 있는 국민들의 생활을 독점적으로 통제하는 권력, 즉 주권(sovereignty)을 가진 국가가 되었다.

둘째, 현대적 국민국가는 보편적 시민권(citizenship)이라는 관념을 통해 국민적 통합을 시도했다. 전통사회의 국가는 왕실과 지배귀족의 이익을 추구할 뿐 영토 안에 있는 모든 사람의 권리에 대해서는 거의 인식하지 못했다. 중국의 유교 사상은 왕의 인치와 덕치를 강조했지만, 사실상 모든 재산은 황제에게 속했으며 1인에 의한 지배가 가능했다. 17세기 이후 유럽에서는 왕권과 신흥 자본가계급 사이에 세금을 둘러싼 지속적인 갈등이 발생했다. 영국, 미국, 프랑스에서 혁명이 발생하면서 국가는 국민에 투표권을 부여하고 의회를 통해 조세에 관한 규칙을 제정했다. 또한 군주가 자의적으로 조세에 관한 규칙을 집행할 수 없도록 법률을 제정했다. 의회가 등장하면서 일정한 영토 내부의 정치적 공동체에 살고 있는 사람들의 권리와 의무를 규정하는 시민권의 개념이 중요하게 자리 잡았다.

셋째, 현대적 국민국가는 정치적 공동체로서 국민의 결속을 강조하는 국민주의(nationalism)를 강조했다. 국민국가의 등장으로 일정한 영토 안에 살고 있는 국민들이 공통의 문화와 정체성을 갖게 되었다. 국민국가는 국가의 상징, 국기, 국가를 만들었으며 단일한 공동체를 만들기 위해 노력했다. 특히 프랑스 혁명 이후 유럽에 급속하게 전파된 국민주의는 강력한 정치 이데올로기가 되었다. 프랑스에서 국민은 자유, 평등, 박애의 혁명 이념을 지지하는 사람들을 가리킨다. 이는 혈통을 중시한 아테네와 스파르타의 시민과 명백히 구별되며, 로마제국의 시민 관념과 유사하다. 이런 점에서 프랑스 혁명 이후로 민주주의보다 '공화국'을 국가의 명칭에 사용했다는 점은 중요한 의미를 가진다. 국가는 모든 학교에서 모국어를 가르칠 것을 요구했다. 사람들은 자신이 살고 있는 고향과 출신 지역 대신 특정 국가의 '국민'이라는 정체성을 가지게 되었다. 전통사회의 사람들은 대부분 가족, 친족, 마을, 종교 공동체에 소속감을 가지는 데 비해 현대 국가에서는 영국, 프랑스, 독일, 러시아 사람이라는 새로운 정체성을 갖기 시작했다. 19세기 후반에 국민주의는 전 세계로 확산되어 각기 다른 국민적 정체성이 형성되는 데 커다란 영향을 미쳤다.

국민주의는 매우 복잡한 개념이다. 국민주의적 감정과 소속감은 많은 나라에서 발견되지만, 반드시 국가 영토의 경계, 혈연, 언어와 일치하는 것은 아니다. 캐나다의 퀘벡 사람들은 프랑스어를 사용하는데, 자신들을 캐나다 사람이 아닌 퀘벡 사람이라고 생각하기도 한다. 또한 미국에 살고 있는 유대인들은 혈연적 또는 종교적으로 유대인이지만, 영어를 사용하며 스스로 미국인이라고 생각한다. 스위스에서는 프랑스어, 독일어, 이탈리아어 등 서로 다른 언어를 사용하지만, 모두 스위스 사람이라고 생각한다. 거대한 인구의 중국에서는 베이징, 상하이, 광저우 등 8개 주요 지역의 언어에 차이가 있어 서로 소통할 수 없지만, 모두 중국인이라고 생각한다. 인도에서는 무려 200개의 언어를 사용하지만, 모두 인도인이라고 생각한다. 이와 같이 국민주의는 공통의 혈연, 언어, 문화와 깊은 관련을 가지고 있지만, 국민국가가 만든 정치적 공동체와 더욱 밀접한 관련을 가지고 있다.

국가의 이론

국가의 이론은 정치사회학에서 핵심적 주제이며, 이 책의 1장과 2장에서 전반적인 논의를 다룬 바 있다. 이 장에서는 국가의 이론 가운데 크게 홉스, 마르크스, 베버, 푸코의 네 가지 주요 관점을 소개하고 주요 주장을 평가하고자 한다. 네 가지 관점은 국가의 목적과 기능에 대한 상이한 관점을 제공했으며, 오늘날 자유주의, 마르크스주의, 국가주의, 포스트모더니즘의 이론에 커다란 영향을 주었다. 첫째, 자유주의 사상 가운데 국가에 대한 고전적 견해를 제시한 학자로는 토머스 홉스를 꼽을 수 있다. 1651년 홉스는 『리바이어던』을 통해 국가 주권의 기초는 시민에게 있다고 주장했다(홉스, 2007). 홉스의 사고 가운데 가장 중요한 점은 국가의 근본적인 힘이 바로 평범한 국민들에게서 나온다고 주장한 것이다. 그는 혼란을 없애기 위해 강력한 군주가 필요하다며 군주제를 지지했지만, 모든 힘은 국민에게서 나온다는 민주주의 사상을 제기한 것이다. 이러한 자유주의적 사고는 군주가 신의 위임을 받았다고 생각한 왕당파의 왕권신수설에 정면으로 배치되었다. 그러나 그의 정치적 입장은 모순적 측면을 가지고 있었다. 그가 국가를 구약 성경에 나오는 거대한 괴물 리바이어던으로 묘사한 것은 사실이나, 역설적으로 그는 개인의 안전을 위해 불가피하게 그 괴물에게 주권을 바쳐야 한다고 주장했다.

홉스는 인간을 두고 '늑대의 본성'을 지니고 이익을 추구하는 이기적 존재라고 하였다. 그에 따르면 인간은 욕망을 충족시키기 위해 '만인에 대한 만인의 투쟁'을 서슴지 않는다. 그래서 개인이 생명을 보전하고 평화적으로 자기 이익을 추구하려면 개인보다 더 강력한 힘을 가진 국가가 필요하다고 보았다. 그리하여 국가가 전쟁을 종식시키고 시민의 안전을 수호할 것이라고 기대했다. 결국 리바이어던은 단순한 괴물이 아니라 절대적인 권력, 즉 국가를 상징하는 것이다. 폭력수단의 독점은 훗날 막스 베버가 지적한 현대 국가의 중요한 특징이기도 하다. 실제로 절대왕정 시기에 중앙집권적 국가가 탄생하면 제일 먼저 하는 일은 법률의 제정과 군대의 조직이 아니라 개인이 사적으로 소유한 무기들을 몰수하는 것이었다. 다시 말해 군사력의 중앙집권적인 통제가 국가의 평화를 보장하는 것이다. 이러한 과정을 거치면서 국가가 자신의 영토 안에서 독점적인 권리를 행사하는 '주권'이라는 개념이 17세기 유럽에서 나타나기 시작했다. 그러나 국가의 주권이 모든 시민에 의해 공동으로 소유되고 관리될 거라는 자유주의적 주장은 거센 공격을 받았다.

존 로크도 자유주의 사상의 원조로 꼽힌다. 그는 학자가 아니라 국회의원 보좌관이었고, 왜 17세기 영국의 명예혁명이 정당한가에 관한 유명한 논문을 작성했다. 그는「시민정부에 관한 제2 논문」에서 정부의 역할을 정의하면서 영국의 명예혁명, 즉 토리당과 휘그당의 정당 지도자가 협의하여 왕과 의회 사이의 정치적 타협을 이룬 사건의 정치적 의의를 설명했다(로크, 2012). 명예혁명은 입헌군주제를 통해 의회가 왕권보다 더 많은 권력을 갖도록 정했다. 군주도 법의 지배를 받는 의회의 규칙에 따라야 했다. 왕이 의회나 시민의 동의 없이 외국에 선전포고를 하거나 시민의 세금을 징수할 수 없도록 제한했다. 나아가 각 구성원은 재판을 받지 않고서는 감옥에 갈 수 없고, 언론·출판·집회·시위·결사의 자유를 보호받으며, 사유재산을 침해받지 않는다. 이러한 권리는 명예혁명 때 만들어진『권리장전』에서 중요하게 강조된다. 명예혁명 후『권리장전』은 개인의 자유, 생명, 재산의 보존을 강조했는데, 이러한 권리는 자연권(natural right)의 개념에 의해 정당화된다. 특히 어떠한 법도 재산권을 침해할 수 없다는 것이 로크의 주장이었다. 로크의 사상은 영국 자유주의의 원형으로 평가받고 있다. 로크의 재산권에 대한 강조는 부르주아 혁명의 핵심 주장이 되었다. 이런 자유주의적 사고는 스코틀랜드 계몽주의를 거쳐 애덤 스미스의 자유방임 사상을 통해 절정에 달했다. 그러나 19세기 말 자본주의의 팽창 및 노동자계급의 증가와 함께 자유주의는 마르크스를 비롯한 사회주의의 도전에 직면했다.

둘째, 마르크스의 사상은 19세기 후반 유럽에 확산된 급진적 노동운동에 커다란 영향을 미쳤으며, 사회주의의 중요한 철학적 토대가 되었다. 비록 1989년 이후 동독, 소련, 동유럽 공산권의 붕괴로 인해 마르크스주의의 영향력은 급속하게 약화되었지만, 2008년 세계 금융위기 이후 자본주의에 대한 비판이 거세지면서 다시 관심을 끌었다. 마르크스는 지금도 세계적 차원으로 팽창하는 자본주의 경제에 대한 분석과 현대 정치의 계급적 성격에 관한 가장 독창적 해석을 시도한 것으로 평가받는다. 그러나 마르크스는 국가에 대한 체계적 이론을 제시한 적은 없다.

국가에 대한 마르크스의 사고는 1848년 혁명의 전야에 쓴 『공산당 선언』에 웅변적으로, 하지만 매우 간략하게 표현되었다. 마르크스는 한 마디로 국가란 "부르주아지의 집행위원회"에 불과하다고 주장했다. 그는 헤겔이 주장한 일반 이익을 대변하는 국가라는 가정은 허구라고 주장하였고, 프랑스 혁명 이래 모든 자유주의 사상이 사실상 자본가계급의 지배를 은폐하는 허위의식, 즉 이데올로기에 불과하다고 비판했다. 결국 국가는 자본가계급의 수단에 불과하고 노동자계급에게 국가란 불필요한 것이다. 일찍이 마르크스는 『공산당 선언』에서 "노동자에게 조국은 없다"는 유명한 말을 남겼다. 그리하여 프롤레타리아 혁명이 발생하면 국가는 자연적으로 소멸될 것이라고 보았다. 그러나 마르크스의 예견과 달리 소련의 사회주의 혁명 이후에도 국가는 여전히 소멸되지 않았으며, 오히려 자본주의 국가보다 더 강력한 전체주의 사회를 형성했다.

마르크스는 『공산당 선언』에서 "자본주의 사회에서는 자본가 계급이 지배계급"이라고 단언했다. 그러나 자본가계급이 직접 통치하는 대신 국가기구에 새로운 정치계급을 내세워 자본가계급의 이익을 대변한다는 주장도 있다. 독일의 마르크스주의자 카를 카우츠키는 "지배계급은 통치하지 않는다"는 유명한 주장을 제기했다. 과연 누가 지배하는가의 문제는 중요한 이론적 쟁점이 되었다. 1956년에 출간된 미국 사회학자 찰스 라이트 밀스의 『파워 엘리트』는 미국 사회에서 정치, 경제, 군사 엘리트들이 사회 전체를 지배하는 통합적인 파워 엘리트(power elite)를 구성한다고 보았다. 그는 마르크스와 베버의 이론을 종합하여 파워 엘리트 이론을 제시했지만, 과연 파워 엘리트가 통합적 조직인지 아닌지를 둘러싼 많은 논쟁이 있다.

다른 한편 자본가계급의 내부 분화도 쟁점이 되었다. 이는 주로 소유계급의 약화와 경영계급의 등장에 관한 문제를 둘러싸고 제기되었다. 선진 산업사회에서 20세기 전반기부터 진행된 경영자혁명(managerial revolution)으로 '자본가가 없는 자본주의 사회'가 등장했다는 주장이 대두되었다(Burnham, 1941). 이러한 주장은 전통적인 소유자본가가 사라지는 대신 새로운 전문경영인이 자본가계급을 대체했다고 말한다. 이들은 기업체 임원, 중역과 임원을 겸직하는 변호사와 교수 등이 새로운 자본가계급을 형성한다고 본다. 일부 이론가들은 네트워크 분석법을 사용하여 상층계급의 이해와 지배를 증진시키기 위한 기업조직, 정책 결정기구, 엘리트 집단의 네트워크를 자세히 분석했다. 미국의 사회학자 마이클 유심(Michael Useem)은 미국과 영국의 주요 기업에서 고위 이사직을 맡고 있는 사람들 사이에 이너서클(inner circle)

이 존재한다고 지적했다(Useem, 1984). 또한 서유럽 사회의 자본가가 기업, 정부, 민간기구에서 다른 집단보다 더 큰 영향력을 갖고 있으며, 정치 활동을 하는 일부 기업인들이 대기업의 공동 목표를 설정하고 추진하는 역할을 수행한다고 주장했다.

마르크스의 지배계급 명제는 지속적으로 중요한 사회학적 논쟁을 일으켰다. 20세기 후반 밀리밴드와 풀란차스의 국가에 관한 논쟁은 자본가계급이 국가를 지배하는 성격에 관한 논쟁을 제기했다. 영국의 마르크스주의 이론가인 밀리밴드는 자본가계급이 국가 관료와 공통의 교육, 가족 배경을 통해서 이해관계를 공유하고 있으며, 경력 이동을 통해서 사실상 유동적인 충원구조를 형성하고 있다고 보았다(Miliband, 1969). 반면에 풀란차스는 알튀세르의 구조주의 관점을 활용하여 국가가 자본가계급으로부터 상대적 자율성을 가지고 있으며, 이를 통해 자본주의를 유지한다고 주장했다(Poulantzas, 1975). 그는 생산적 활동과 비생산적 활동이라는 구조적 조건에 따라 자본가와 프롤레타리아로 계급을 구분했다. 그는 국가가 자본주의 경제를 유지하기 위해 자본가계급의 이익을 위한 정책을 주로 입안한다고 보았다. 자본가계급은 구조적으로 경제를 운영하고 세금을 납부하는 집단이기 때문이다. 동시에 풀란차스는 계급 내부의 다양한 '분파' 활동도 주목했다. 지금도 마르크스주의의 영향을 받은 학자들은 자본주의 사회의 국가는 본질적으로 자본가계급의 이익을 위해 봉사한다고 본다. 국가의 주요 정책 결정에서도 기업과 자본가계급의 이익을 중시하고, 노동자계급은 무시되거나 배제된다고 본다. 많은 복지자본주의 체제에서 노동자계급과 빈곤층을 위한 복지를 제공하기도 하지만, 그들은 국가의 정책이 근본적으로 자본가계급의 이익을 우선적으로 보호한다고 평가한다.

셋째, 독일 사회학자 막스 베버는 마르크스의 주장과 달리 소련과 같은 사회주의 체제에서도 국가는 절대 소멸되지 않을 것이라고 주장했다. 베버는 국가란 사회로부터 독립하여 행정조직을 갖고 있는 권력기구이며, 단순히 자본주의 경제의 산물이 아니라 현대 사회의 중요한 특징이라고 주장했다. 마르크스보다 40년 정도 늦게 태어난 베버는 국가가 자본가계급의 도구에 불과하다는 마르크스의 주장에 동의하지 않았다. 베버는 현대 국가가 관료제의 성격을 강화하면서 사회의 모든 계급을 통제하는 경향에 주목했다. 특히 국가가 폭력수단을 독점하는 현상에 주목하였으며, 이것이야말로 매우 현대적 현상이라고 주장했다.

베버는『직업으로서의 정치』에서 "국가는 인간을 지배하는 인간의 관계이며, 합법적 폭력수단에 의해 유지되는 관계이다"라고 주장했다(베버, 2007). 그는 국가의 규모가 커지면서 점차 관료제의 성격을 가질 것으로 주장했다. 베버의 국가에 대한 주장 가운데 가장 논쟁적인 것은 국가와 사회의 관계이다. 베버는 마르크스의 주장과 달리 국가는 경제적 지배계급의 이해관계만 대변하는 것이 아니라 모든 계층의 이익을 조절하는 역할도 한다고 주장했다. 특히 현대 국가가 다른 나라와 전쟁을 수행하는 경우에는 다양한 계급의 공동 목적을 위해 초계급적 행동을 추구한다고 주장했다. 국가는 관료제를 통해 다양한 사회생활을 통제하고 지배하면서 점차적으로 관료제의 성격을 강화한다고 지적했다. 베버는 현대 사회에서 관료화된 국가가 등장하는 것은 모든 경제 체제에 보편적으로 나타나는 현상이라고 평가했다. 사회주의 혁명이 발생한 러시아에서도 국가기구가 사라지지 않고 더욱 확대되는 것은 현대 사회의 불가피한 특징이라고 보았다.

1970년대 이후 베버의 전통을 수용한 네오마르크스주의 학자들은 자본주의 국가가 상대적 자율성을 가지고 있다고 주장했다. 이들은 엘리트 이론을 수용하여 국가가 자본가계급과 분리된 독자적인 행정조직을 형성하고, 자체의 충원, 승진, 관리를 통해 자본가계급으로부터 독립되어 있다고 보았다. 국가와 자본가계급은 자본주의 경제 체제를 유지하기 위해서 공통의 이해관계를 갖고 있지만, 독립적 관료제로 운영되는 국가는 일정 정도 독립적인 자율성을 가지고 있다고 주장했다. 국가 관료는 때때로 경제적 지배계급과 의견의 차이를 보이거나 갈등을 일으키기도 한다. 상대적 자율성의 시각을 발전시킨 미국 사회학자 시다 스코치폴은 국가를 "자체적 이해와 논리를 가진 자율적 구조에 의해서 조절되는 행정, 경찰, 군사조직의 복합체"로 정의한다(Skocpol, 1979). 이러한 관점에서 국가는 사회로부터 분리되고, 소수의 독립적인 국가 엘리트가 행정부를 통제한다고 본다. 경우에 따라서 국가는 소수의 지배계급의 이익이 아니라 국민 전체의 이익을 대변하는 역할도 수행한다. 특히 (마르크스가 살았던 19세기와 달리) 20세기에 들어서서 국가는 점차 일반적인 행정, 치안, 국방의 역할을 넘어서서 경제성장과 국민의 복지를 위해 적극적으로 개입하기도 한다.

넷째, 프랑스 철학자 미셸 푸코는 국가권력을 정치와 계급의 영역에서 벗어나 지식과 권력의 관계에서 분석하려고 시도했다.

1970년대 이후 푸코는 마르크스나 베버와 다른 차원에서 현대 국가의 성격을 분석하기 시작했다. 그는 현대 국가가 만든 거대한 감시와 처벌의 체계가 지식과 권력의 결합에 의해 유지된다고 보았다. 현대 국가는 대표적으로 정신병원과 감옥을 통해 광기와 일탈을 통제한다. 또한 국가가 정상적이라고 규정한 관념을 벗어난 동성애 등 '변태적' 성 관념은 모두 비정상이 되고, 정신병으로 간주된다. 이러한 과정을 거치면서 현대 국가의 이성적 권력은 일상적 문화와 언어에 깊숙하게 침투하고 있다. 권력, 광기, 성은 모두 하나로 결합되어 당대 지식의 기준이 됨으로써 정상과 비정상을 구분하는 경계선을 만들고, 여기에서 벗어나는 사상과 행동은 억압된다. 이러한 국가의 통치성은 지식과 권력의 관계를 분석하며 현대 사회의 미시적 권력에 대한 새로운 시각을 제공한다.

푸코의 주장은 자유주의와 마르크스주의의 철학적 토대인 계몽주의 사상의 유산을 철저히 비판한다. 그는 인간의 자유를 발명한 계몽주의가 사실 규율권력이라고 불리는 새로운 예속 메커니즘을 만들었다고 보았다. "부르주아지가 18세기를 통해 정치적 지배계급이 된 과정은 명시적이고 명문화되고 형식적으로 평등한 법적 틀의 설정과 의회제 및 대의제의 형식을 띤 체제의 조직화에 의지한 것이다. 하지만 규율장치의 발전과 일반화는 이러한 과정의 어두운 이면을 만들어 놓았다. 원칙적으로 평등주의적인 권리 체계를 보증했던 일반적인 법률 형태는 이러한 사소하고 일상적이며 물리적인 메커니즘에 의해, 규율로 형성된 본질적으로 불평등하고 불균형적인 권력의 모든 체계에 의해 그 바탕이 만들어진 것이다. … 현실적이고 신체적인 규율은 형식적이고 법률적인 자유의 기반을 마련했다. 인간의 자유를 발견한 '계몽주의 시대'는 또한 규율을 발명한 시대였다"(Foucault, 1995).

푸코는 권력에 대한 전통적 관념을 완전히 해체하고 재구성한다. 권력은 의회, 행정부, 대법원과 같은 형식적, 제도적 공간이 아니라 일상생활의 공간에서 작동한다. 권력이 작동하는 실제 영역은 감옥과 병원, 학교, 군대, 공장과 같은 장소이다. 여기에서 개인들을 개인으로 만드는 규율권력이 작동한다. "규율은 복종되고 훈련된 신체, '순종하는' 신체를 만들어 낸다. 규율은 (효용이라는 경제적 관계에서 보았을 때는) 신체의 힘을 증대시키고 (복종이라는 정치적 관계에서 보았을 때는) 동일한 그 힘을 감소시킨다. 간단히 말하면 규율은 신체와 능력을 분리시킨다"(Foucault, 1995). 감옥의 역사에 대한 탐구는 현대적 개인을 만든 규율권력에 관한 탐구이다. 사회는 자유주의가 말하는 것처럼 개인들의 자유로운 계약이 아니라 규율권력에 의해 만들어진다. 마르크스주의가 말하는 사회경제적 토대보다 예속적 주체를 생산하는 메커니즘을 움직이는 규율권력이 더욱 중요하다.

말년에 푸코는 규율 대신 현대 사회에서 자유주의라고 불리는 새로운 통치 합리성의 출현에 주목하였다. 통치 합리성이란 인간 행위를 이끌어 가는 종류의 합리성을 가리킨다. 푸코는 현대 사회에서 등장한 국가와 행정기구가 주도하는 독특한 통치 방식에 관심을 가졌다. 전통적인 통치에서는 주권과 신민의 관계처럼 외적인 강압이 핵심 요소이다. 반면에 16세기 이후 등장한 새로운 통치에서는 사물이나 인간에게 직접적으로 개입하지 않고, 적절한 통치를 위해 스스로를 제한하는 내적인 합리성이 핵심 요소가 된다. 특히 자유주의는 모든 인간을 '비용과 수익'이라는 계산을 중심으로 경쟁하고 모든 위험 부담을 스스로 책임지는 주체로 변형시킨다는 것이다. 푸코는 사람들이 이러한 품행으로 처신하고 행위하도록 이끄는 기술이나 절차, 자격, 합리성 따위를 통치성이라 불렀다.

푸코의 권력 비판은 역사적 산물인 신자유주의 통치성의 특징에 대한 분석에서 출발한다. 신자유주의는 호모 에코노미쿠스를 만들고, 끊임없이 자유를 생산하고 조직화하며, 그 속에서 벌어지는 이해관계를 조정하는 메커니즘을 생성하여 자유주의 통치성이 작동되도록 만든다(푸코, 2012). 자유주의 통치성은 시장 영역뿐 아니라 일상적인 삶의 논리도 모두 경쟁과 수익성 위주로 재편한다. 인간의 모든 행위는 투자로 간주되며, 사람들 각각의 삶 자체가 바뀐다. 신자유주의는 정권 교체, 경제정책 변화, 복지제도 확대만으로는 극복이 불가능하다. 개인의 삶, 가치관, 행위양식을 전면적으로 바꾸는 근본적인 대응이 필요하다.

푸코는 사회화보다는 예속화, 일탈보다는 저항을 강조하면서 현대 사회를 비판적으로 분석한다. 『성의 역사』 마지막 두 권에서 푸코는 "예속의 실행"뿐 아니라 "자유의 실행"을 언급했다(Foucault, 1990). 그러나 푸코의 주장은 심각한 비판에 직면했다. 첫째, 푸코가 말년에 강조한 '주체의 상대적 자율성'은 개인적 행위 차원에 머물 뿐 집합행위의 수준으로 확장하지는 않았다. 그의 사회적 실천은 여전히 분산적이고, 주체 없이 표출된다. 결과적으로 푸코의 주장은 기능주의에 대한 적대적인 공언과 달리 파슨스와 알튀세르의 저작과 마찬가지로 기능주의적 사고에 빠져든다. 행위자를 주변화하면 결국 사회 현상과 사회 변동을 체계 요구나 숨은 규칙에 의해 설명하는 결과에 직면한다.

푸코는 현실 사회에서 권력의 관계를 비판하거나 권력 자체를 인정하지 않는다. 반면에 기든스는 권력의 불가피성을 인정하며, 권력의 사용이 본질적으로 유해하다고 보지는 않는다. 권력이 언제나 분파적 이익을 대변하거나 억압의 수단으로만 사용되는 것은 아니다. 권력은 목표를 달성하는 수단이 될 수 있고 통합적 사용이 필요하다. 하지만 국가, 시장, 시민사회의 관계는 언제나 정치적 역동성에 따라 다양한 성격을 가지며 인간의 사회생활에 커다란 영향을 미친다. 특히 정부의 경제정책과 사회정책은 사회 전체에 엄청난 파급 효과를 가지며 시대별, 국가별로 상이한 결과를 만들었다. 다음 절에서는 국가의 경제 개입이 어떻게 상이한 성과를 만드는지 사회민주주의, 신자유주의, 제3의 길 정치, 발전국가의 사례를 통해 살펴볼 것이다.

사회민주적 합의정치의 등장과 쇠퇴

국가와 경제의 관계는 학문적 차원뿐 아니라 정치적 차원에서도 중요한 문제이다. 국가가 경제에 개입하는 방법과 범위는 사회적 갈등을 일으킬 수 있는 반면에 사회 통합을 이룰 수도 있다. 1929년 세계 대공황은 국가의 성격에 근본적 변화를 촉발하였다. 유럽과 미국의 국가는 자유방임을 강조하는 전통적인 자유주의 경제정책을 수정했다. 그 후 대부분의 자본주의 국가는 경제에 적극적으로 개입했으며 때때로 계획경제의 요소를 도입했다. 나치 독일은 국영 자동차 공장을 세우고 고속도로를 건설했다. 스웨덴은 노사정 타협을 통해 복지국가를 만들기로 합의했다. 자유방임정책을 유지했던 미국도 복합대기업인 트러스트를 해체하는 한편 노동조합의 권리를 확대하고 사회보장제를 적극적으로 도입했다.

이러한 국가의 전환을 이론적으로 정식화하는 노력은 영국 경제학자 존 메이너드 케인스에 의해 이루어졌다. 케인스는 1936년 출간한 『고용, 이자, 화폐의 일반이론』에서 고전경제학의 가정은 현실에 맞지 않으며, 경제 침체기에 정부가 유효수요의 관리를 통해 경제 활성화를 촉진하고 장기적으로 완전 고용을 추진해야 한다고 주장했다(케인스, 2010). 케인스는 세계 대공황을 통해 자본주의의 위기를 목격했지만, 소련식의 사회주의 국유화를 지지하지 않았으며, 자본주의는 잘 관리된다면 경제적 목적을 달성하기 위해 다른 어떤 대안적 시스템보다 더 효율적일 수 있다고 주장했다. 경제 불황기에 정부의 재정으로 투자를 확대하여 고용을 증대하고 노동자의 구매력을 확대하여 경제성장을 자극할 수 있다는 이론은 당시 경제학에서 혁명적인 발상이었다. 케인스 이론은 경제위기를 해결하기 위한 국가의 경제 개입을 이론적으로 정당화하였다. 국민에게 세금을 징수하고 전쟁을 선언하던 국가는 이제 경제 영역까지 활동 범위를 확대했다.

케인스 경제학은 전후 복지국가의 정책적 기반이 되었다. 이제 국가는 안보와 경제뿐 아니라 국민의 복지까지 챙기게 되었다.

1942년 전쟁 중에 윌리엄 베버리지의 『사회보험과 관련 서비스』(일명 '베버리지 보고서')가 발표되면서 복지국가에 대한 최초의 청사진이 발표되었다. 국가는 모든 시민에게 국민최저수준(National Minimum)을 제공할 의무를 천명하였다. 나아가 모든 국민에게 의무적으로 사회보험에 가입하도록 하여 국가가 '요람에서 무덤까지' 복지를 제공하겠다고 선언했다. 베버리지는 복지국가라는 용어를 사용하지 않았지만 베버리지의 야심 찬 문구는 복지국가를 상징하는 유명한 표현이 되었다. 『사회보험과 관련 서비스』가 출간되었을 당시 영국 국민의 열광적인 지지를 얻은 것은 무엇보다도 보편주의(universalism)의 원칙 때문이었다. 2차 세계대전 이후 노동당 정부는 조세로 충당하는 보편적 교육과 의료시설의 국유화를 실행한 국가보건서비스(NHS) 제도를 도입했다. 국가는 모든 시민에게 유치원에서 대학원 교육까지 무상으로 제공했으며, 병원 진료비도 전액 국가가 부담하였다. 애틀리 총리는 주요 산업의 국유화를 추진하여 새로운 복지수요에 필요한 막대한 재정을 충당했다. 기업의 이익을 대변했던 보수당도 철강 분야를 제외하고는 국유화를 반대하지 않았다.

1930년대 대공황의 시기를 거치면서 자본가와 노동자의 관계에도 큰 변화가 발생했다. 1935년 미국 루스벨트 행정부는 노동조합의 활동을 법률적으로 보장하고 노동자의 생활 개선을 위한 제도적 장치를 마련하기 시작했다. 시기의 차이는 있지만 대부분의 서유럽과 북미 정부는 기업과 노동조합 계급 간의 타협을 추진했다. 대표적으로 1936년 스웨덴에서 정부, 노동조합, 사용자단체가 살트셰바덴 협약을 맺고 복지 확대와 파업의 자제를 합의했다. 스웨덴 사회민주당

정부는 모든 국민에게 복지를 제공하는 '인민의 집(Folkhemmet)'을 새로운 비전으로 제시했다. 이러한 노사정 3자의 정치적 연합을 코퍼러티즘이라고 한다. 2차 세계대전 이후 독일 등 자유시장경제 체제를 유지한 다른 국가에서도 국가의 복지 기능을 확대하고 코퍼러티즘을 추진했다. 대부분의 서유럽 국가에서 복지국가와 코퍼러티즘은 1950년대 동안 전후 부흥과 함께 지속되었다.

2차 세계대전 이후 20~30년 동안을 자본주의의 황금기라 부르기도 한다. 시장경제와 통제경제의 요소를 결합한 혼합경제(mixed economy)는 자본주의와 사회주의의 요소를 결합한 것이었다. 소련의 사회주의 통제경제와 달리 정부가 생산, 분배, 교환 과정을 모두 결정하는 것은 아니다. 순수한 시장경제보다는 국가가 경제의 목표, 정책, 규칙을 설정하고 노동을 통제하는 역할을 수행한다. 이러한 혼합경제는 1950~1970년대 서유럽과 북미 정부에서 여러 가지 형태의 경제정책과 사회정책으로 실행되었다. 대표적으로 독일의 기독교민주당(CDU) 정부는 사회적 시장경제를 주장하고 국가의 경제 개입과 복지 확대를 지지했다. 사회민주당(SPD)도 고데스베르크 강령을 통해 계급투쟁과 프롤레타리아 독재를 포기하고 사회적 시장경제와 복지국가를 지지했다. 독일의 기본법에 명시된 사회국가(Sozialstaat)는 정치적 합의를 잘 표현하고 있다.

그러나 1970년대 석유파동 이후 케인스 경제 전략과 복지국가의 위기가 발생했다. 정부의 지속적인 재정 확대는 만성적인 인플레이션을 초래했고, 비효율적인 예산 집행은 경제의 경쟁력을 약화시켰다. 정부의 복지재정이 지속적으로 확대되면서 기업의 부담이 커지자 기업은 점차 조세의 부담이 적은 외국으로 이전하기 시작했다. 기업의 투자가 위축되고 실업률이 높아지면서 빈곤층이 증가했다. 복지가 필요할 때 복지국가가 흔들리기 시작했고, 노사정 타협이 필요할 때 노사 간 갈등이 시작되었다. 1970년대 후반 이후 계속된 경제위기는 복지국가의 기반을 크게 약화시켰다. 이러한 복지국가의 위기는 국가의 위기로 확대되었다.

신자유주의 쿠데타

1979년 영국에서 마거릿 대처가 이끄는 보수당이 선거에 승리하고, 1980년 미국에서는 공화당 후보 로널드 레이건이 대통령으로 취임했다. 대처와 레이건은 케인스 경제학을 정면에서 비판하고, 정부가 경제에 개입하지 말고 세금과 복지재정을 축소해야 한다고 외쳤다. 특히 영국의 대처 정부는 과거의 노동당 정부가 국유화했던 기업들을 사유화하면서 영국의 경제정책을 근본적으로 변화시켰다. 대처는 탄광 노조의 파업에 강력하게 대응한 후 노동운동을 억압하는 새로운 법률을 도입했다. 레이건도 관제사의 파업에 강력하게 대응하면서 노동운동에 정면으로 맞섰다. 노동자의 파업에 강경하게 맞선 대처와 레이건은 '거대한 국가(big government)'를 비판하고 자유시장의 역할을 강조했다.

대처와 레이건이 주장하는 자유시장경제는 19세기 고전적 자유주의와 구별하여 신자유주의라고 일컬어진다. 신자유주의는 자유주의를 재구성하여 국가에 대항하는 개인의 권리와 기업의 자유를 강조했다. 다른 한편 신자유주의는 고전적 자유주의와 달리 전통과 관습을 중요하게 여기고, 가족의 가치와 국가안보를 강력하게 주창했다. 대처가 미혼모를 도덕적으로 비판하고 레이건이 복지 부정수급자를 공격한 것으로 유명하다. 대처와 레이건은 복지 의존을 비판하고 개인의 자립을 강조했다. 또한 소련에 맞서 강경한 외교 노선을 지지했고 군비 경쟁을 지지했다. 미국이 모스크바 올림픽을 보이콧하자, 이에 맞서 소련이 LA 올림픽 참가를 거부하면서 미국과 소련의 신냉전(New Cold War)이 격화되었다. 이런 점에서 레이건 정부와 대처 정부가 제시한 1980년대의 신자유주의는 신보수주의(neoconservatism)라고 불리기도 한다.

신자유주의의 가장 중요한 특징은 국가의 역할과 사회 통합의 중요성을 비판하고 개인의 자립과 기업의 자유를 강조하는 것이었다. 대처 총리는 "세상에는 사회란 존재하지 않는다. 오직 남자와 여자인 개인들과 가족들이 존재할 뿐이다"라는 유명한 말을 남겼다. 대처 총리에 영향을 준 신자유주의 경제 사상은 1974년에 프리드리히 폰 하이에크와 1975년에 밀턴 프리드먼이 노벨경제학상을 수상하면서 세계적으로 확산되었다. 인플레이션 억제와 균형재정을 강조하는 프리드먼의 통화주의 경제학은 케인스 경제학이 인플레이션을 유발하고 정부의 재정 적자를 심화시켰다고 비판했다(Friedman, 1962). 통화주의 경제학은 대학뿐 아니라 점차 주요 정부의 정책 결정에 커다란 영향을 끼치기 시작했다. 이러한 과정에서 경제학의 논쟁과 이데올로기적 투쟁이 병행했다. 1980년대 이후에는 서유럽과 북미의 주요 국가에서 신자유주의를 지지하는 정부가 등장했다.

1980년대 이후 신자유주의적 구조 조정은 국제통화기금(IMF)과 세계은행의 경제 프로그램을 통해 유럽, 남미, 아프리카 등 전 세계로 확산되었다. 국제경제기구들이 추진하는 안정화 프로그램은 통화 긴축, 재정 축소, 균형재정을 강조하며 경제성장보다 물가 안정과 인플레이션 억제를 중심으로 하는 경제정책을 추진했다. 재정 확대와 거시경제 관리에 반대하고 시장 중심적 또는 시장 지향적 경제정책을 적극적으로 지지했다. 국제통화기금과 세계은행이 탈규제, 공기업의 사유화, 무역 자유화를 적극적으로 지지하면서, 이러한 경제정책의 방향을 워싱턴 합의(Washington Consensus)라고 불렀다. 그 후 기업들은 대대적인 구조 조정을 통해 인원을 감축하고 임금을 억제하는 정책을 추진했다. 반면에 정부는 케인스주의가 강조한 완전 고용을 사실상 포기하고 유연한 노동시장을 확대하는 대신 노동자의 재취업을 위한 교육과 훈련에 관심을 기울였다. 영국 사회학자 밥 제솝은 정부의 재정정책, 고용 증대, 복지정책 등 수요 측면을 강조하는 케인스주의 복지국가가 쇠퇴한 반면, 노동자를 위한 훈련, 재교육, 기술혁신 등 공급 측면을 강조하는 슘페터주의 근로복지국가가 등장하였다고 분석했다(Jessop, 1994).

신자유주의 경제정책은 대기업과 부유층이 돈을 벌면 중소기업과 중산층, 서민도 잘살게 된다는 낙수(trickle-down) 효과를 강조했지만, 경제성장은 정체되고 소득 불평등은 증가했다. 국영기업의 사유화, 기업의 인력 감원, 노동운동의 약화가 이루어지는 동시에 실업률의 증가, 새로운 빈곤층의 등장, 범죄의 증가로 사회 해체의 징후가 나타났다. 특히 저소득층과 극빈층은 만성적인 실업 또는 저임금 상태에 빠지게 되고, 사회적 불안이 커졌다. 뉴욕, 런던 등 대도시 도심에는 노숙자가 등장했고 빈곤층이 거주하는 슬럼에는 범죄가 증가했다. 도심의 높은 세금을 피하기 위해 중산층은 대거 교외 지역으로 이주했고, 부유층의 거주 지역은 경호업체가 보호하기 시작했다. 대대적인 기업의 구조 조정으로 일자리가 사라지자 중산층의 불안감도 커졌고, 소득 불평등은 확대되고 사회갈등도 심각해졌다. 신자유주의가 강조하는 개인의 권리와 기업의 자유에 대한 지나친 강조가 공동체의 붕괴와 사회적 미덕의 약화를 야기하였다는 비판이 제기되었다.

제3의 길 정치의 명암

1992년 미국의 클린턴 정부, 1997년 영국의 블레어가 이끄는 노동당 정부가 선거에서 승리하면서 서유럽과 북미에서 새로운 중도 진보 정부가 등장했다. 1994년 빌 클린턴(Bill Clinton) 대통령이 내세운 제3의 길은 레이건 정부가 추진한 균형재정을 수용하는 대신 전통적 사회복지정책을 현대적으로 개혁하겠다고 공약했다. 클린턴 정부는 조세 감면과 건전재정을 추진하는 동시에, 복지개혁과 근로연계복지(workfare)를 주창하며 새로운 정책 방향을 제시했다. 이러한 제3의 길은 신우파의 신자유주의와 좌파의 사회민주주의를 동시에 비판하면서 새로운 정치 이념으로 관심을 끌기 시작했다.

영국의 토니 블레어(Tony Blair) 총리가 이끄는 신노동당(New

Labour) 정부도 제3의 길 정치를 수용하며 보수당의 경제정책을 계속 유지했다. 과거 노동당이 추구했던 국유화 정책이 폐기되면서 당헌을 개정하고 사실상 사회주의적 정책은 거의 사라졌다. 블레어의 노선은 대처 총리의 균형재정을 그대로 수용하면서 '바지를 입은 대처주의'라고 불리기도 했다. 결국 블레어의 제3의 길 정치는 대처의 신자유주의적 정책을 그대로 추종하는 것이라는 비판을 받기도 했다. 반면에 블레어의 정치가 정보기술의 확산, 제조업의 쇠퇴, 포스트포드주의, 지식 기반 경제의 등장, 지구화의 진행과 밀접한 관련을 가진 정치적 변화라는 주장도 제기되었다(Driver and Martell, 1998).

영국 사회학자 앤서니 기든스의 제3의 길 정치철학은 블레어 정부에 커다란 영향을 미쳤다. 기든스는 자신의 정치적 입장을 중도좌파로 정의했다. 그는 중도좌파는 계속적으로 좌파의 가치로부터 영감을 끌어내지만, 경제 관리의 이론과 역사의 해석으로서의 사회주의는 죽었다는 것을 인정한다고 주장했다(Giddens, 1998). 실제로 블레어 총리는 노동당 당헌 4조의 국유화 조항을 폐지했다. 기든스는 복지국가의 새로운 개혁 방안으로 적극적 복지의 개념을 제시했다. 그는 전통적 복지국가에서 실업자에 제공하는 실업 수당과 같이 시혜적·소비적 복지를 소극적 복지로 보는 반면, 공교육과 직업훈련처럼 개인의 책임성과 자율성을 높이는 생산적·투자적 복지를 적극적 복지라고 표현했다. 적극적 복지의 메커니즘에서 불평등의 가능성을 줄이는 동시에 개인의 책임을 강조했다.

제3의 길 정치의 등장은 유럽의 사회정치적 변화와 관련이 깊다. 1960년대 이후 미국과 영국 등 선진 산업국가에서 제조업의 상대적 쇠퇴는 불가피하게 육체노동에 종사하는 인구의 감소와 계급 정당의 약화를 유발했다(Giddens, 2001). 1980년대 이후 지속적인 선거 패배로 늙은 중년 노동자의 이미지를 가지고 만년 야당 신세를 면치 못했던 유럽의 사회민주당은 새로운 대안을 모색해야만 했다. 1990년대 후반 이후 사회민주당은 재정 적자와 고율의 세금을 비판하는 우파의 논리를 수용하고, 균형재정과 인플레이션 억제라는 통화주의 신조를 채택했다. 개별 국민국가 외부에 있는 국제기구와 국제협약의 압력도 중요한 요인으로 작용했다. 1992년 이후 서유럽의 모든 국가가 마스트리히트 조약(Maastricht Treaty)으로 인해 정부의 재정 적자를 국내총생산의 3% 이내로 할 것을 제약받으면서, 케인스주의 재정정책은 사실상 폐기되었다. 사회민주당은 보수당과 마찬가지로 법인세와 소득세를 인하하고 역동적 경제와 기업의 창의적 활동을 강조했다. 실업 수당 등 복지 급여의 조건부 수급, 자산조사, 직업훈련 의무의 강화를 통해 근로동기를 강조하는 정책을 추진했다. 이는 활성화(activation) 정책이라고 불리며, 많은 나라에서 수용되었다. 불평등은 배제라는 용어로 대체되었고, 평등 대신 포용이 새로운 목표가 되었다(Miliband, 1994).

1990년대 후반 이후 제3의 길 정치는 많은 논쟁을 일으켰다. 우파는 제3의 길이 겉으로는 시장경제를 주장하지만, 속으로는 사회주의 노선을 추종하고 있다고 비판했다. 이에 비해 좌파는 제3의 길이 유럽식 사회민주주의를 포기하고 미국식 주주자본주의와 노동 유연화를 추종하는 것이라고 지적했다. 그러나 제3의 길을 지지하는 사람들은 제3의 길이 지구화 시대에 대응하기 위하여 전통적인 신자유주의와 사회민주주의를 초월한 새로운 정치 노선이라고 주장했다. 구체적 정책을 보면 제3의 길은 새로운 정책을 제안하기보다 신자유주의와 사회민주주의의 특징을 절충한 정책을 채택했다. 정치철학의 차원에서도 제3의 길은 개인과 공동체, 자율성과 책임성, 평등과 자유로 분열된 기존의 좌파와 우파의 정치적 논쟁에서 벗어난 타협을 시도했다.

1990년대에 등장한 미국의 민주당 정부와 영국의 노동당 정부는 전통적 사회민주주의와 다른 새로운 복지정책을 제안했다. 클린턴은 신민주당을 내세우고, 블레어는 신노동당을 강조하면서 복지정책의 변화를 추구했다. 1994년 미국의 클린턴 행정부가 제3의 길 노선을 제창하며 정부의 역동적 역할을 다시 강조하는 동시에, 공화당이 주장하던 복지개혁의 의제를 수용했다. 클린턴 행정부는 한편으로 조세 감면과 균형재정을 추진하면서 다른 한편으론 개인의 책임을 강조하는 근로연계복지(workfare)를 주장하며 새로운 사회정책을 도입했다. 1998년 집권한 영국의 블레어 정부도 제3의 길을 수용하는 동시에 고용정책의 중요성을 강조하는 '일자리를 향한 복지(welfare to work)'를 제시했다(김윤태, 2005).

새로운 복지정책은 빈곤층에게 사후에 현금을 지급하여 도와주는 대신 사전에 스스로 자립할 수 있는 사회적 기반을 제공해야 한다고 지적한다. 이제 복지정책은 경제적 위기를 대비하여 사회안전망을 제공하는 동시에 일자리를 통해 개인의 자율성을 최대한 확대해야 한다고 본다(김종일, 2002). 대표적으로 제3의 길을 강조한 블레어 정부는 시장과 경쟁을 강조한 보수당의 경제정책을 수용하는 한편,

노동자의 교육과 훈련을 강조하는 노동시장정책을 도입했다. 블레어 정부는 복지를 국가의 책임으로 간주하는 전통적 복지국가와 달리 개인의 권리와 책임의 상호주의를 강조했다. 하지만 적극적 복지는 개인의 책임만 강조하고 최소한의 사회안전망을 제공하는 신자유주의적 정책과는 다르다고 주장했다(Giddens, 2001).

1990년대 후반 이후 사회민주당의 온건파 세력이 집권하면서 복지국가는 더 이상 조세와 지출(tax and spend)에 의존하지 않고 균형재정과 인플레이션 억제라는 통화주의 신조를 수용하게 되었다. 영국, 독일, 네덜란드 등 온건한 사회민주당 정부는 거시경제정책의 제한으로 더 이상 과거의 사회주의 정당이 추구하던 공공재정의 지출을 통한 재분배정책을 추진하지 않았다. 블레어, 슈뢰더, 빔 콕은 선거에서 중간계급의 지지를 얻기 위해 우파 정부가 제시한 법인세와 소득세 감면, 균형재정, 노동시장의 유연화, 자본시장의 개방을 수용했다. 이런 점에서 1990년대 후반 이후 사회민주당의 온건파 세력이 추진한 복지개혁은 전통적인 사회주의 정책으로 돌아가지 않고, 1980년대 신자유주의가 주도한 경제개혁의 유산을 토대로 하고 있다고 볼 수 있다.

제3의 길 정치의 결과는 복합적인 특징을 보인다. 독일 정치학자 볼프강 메르켈은 제3의 길 정치가 긍정적인 측면과 부정적인 측면을 가지고 있다고 주장했다(Merkel, 2008). 일자리를 강조한 활성화 정책은 빈곤율과 실업률을 낮추는 일정한 성과를 얻었다. 그러나 제3의 길 정치는 기업과 부유층의 세금을 감면하고 관대한 사회보장제를 축소하여 전통적 지지층의 외면을 받았다. 특히 독일에서 사회민주당과 좌파당이 분열하여 노동자계급의 정치적 기반이 급격하게 약화되었다. 일반적으로 제3의 길 정치는 경제를 규제하는 국가의 역할을 과소평가한 반면, 자유시장의 역동성을 과대평가했다. 금융시장의 탈규제와 불안정성에 따른 위험도 제대로 예측하지 못했다. 2007년 세계금융위기를 유발한 금융산업에 대하여, 그 규제를 완화한 책임은 클린턴 정부와 블레어 정부로 거슬러 갈 수 있다.

가장 심각한 문제는 제3의 길 정치가 자유시장이 불평등을 확대하는 영향력을 과소평가했다는 점이다. 기업과 부유층의 세금을 감면하고 빈곤층을 위한 사회보장을 축소하면서 빈부 격차는 더욱 커졌다. 1980년대 이후 30년 동안 미국의 상위 1%의 소득은 3배로 늘었지만, 하위 20%의 소득은 18%만 늘었다. 2012년 경제협력개발기구 회원국의 빈부 격차는 30년 만에 가장 크게 벌어졌다(김윤태, 2012b). 제3의 길 정치의 실험이 실패하면서 유럽의 사회민주주의도 심각한 도전에 직면하고 있다. 2008년 세계금융위기로 자본주의가 심각한 난관에 봉착했지만, 유럽의 사회민주당은 연속 선거 패배로 위기에 직면했다.

동아시아의 경제 기적과 발전국가

2차 세계대전 이후 유럽과 북미에서 사회민주주의, 신자유주의, 제3의 길 정치의 정치적 실험으로 국가와 경제의 관계가 크게 변화한 데 비해, 동아시아 국가는 독특한 국가 모델을 오랫동안 유지했다. 특히 전후 일본의 국가 모델은 국제통화기금과 세계은행을 지배했던 자유시장을 강조하는 관점과도 상당한 차이를 보였다. 일본은 사유재산과 자본주의 경제를 보호하지만 적극적인 산업정책을 통해 수출 주도 성장을 이끈 것으로 유명하다(Johnson, 1982). 1960년대 이후 일본 모델을 모방한 한국, 대만 등 동아시아 국가의 고도성장도 세계적 주목을 받았다. 한국, 대만 등 동아시아의 '네 마리 용' 또는 '네 마리의 호랑이'가 정부의 적극적 역할을 통해 신흥 공업국(Newly Industrializing Countries: NICs)으로 부상하면서 동아시아의 국가와 경제의 관계에 관한 학문적, 정치적 관심이 높아졌다(Amsden, 1989; Wade, 1990).

동아시아의 경제적 성공의 비밀을 이해하려는 학자들은 시장 메커니즘, 유교문화, 세계 체계, 정부의 역할 등을 주요 원인으로 주목했다(김윤태, 2012a). 첫째, 신고전파 경제학 전통의 자유시장주의자들은 동아시아의 경제성장이 대부분 민간기업에 의해서 주도되었다고 주장한다. 이러한 주장은 월리엄 로스토의 경제성장 단계론과 유사하다(Rostow, 1960). 주류 경제학자들은 동아시아의 급속한 경제성장을 자유시장의 원리가 성공한 사례로 간주하였다. 이들은 초국적기업의 성장과 해외직접투자가 경제에 개입하는 국가의 역량을 약화시켰다고 주장했다. 그러나 이들은 동아시아 국가에서 광범위하게 수입 통제가 이루어졌으며, 수입대체산업화 전략을 선택한 것을 외면했다. 동아시아 국가는 일반적으로 경제에 적극적으로 개입하고 때로는 가격을 통제하며 기업의 수출을 위해 금융, 세제 등 다양한 정책수단을 활용했다(Amsden, 1989; Wade, 1990). 동아시아 국가의 경제성장에 대한 상세한 사례가 소개되면서 자유시장의 기능을 지나치게 강조하는 신고전파 경제학자들의 의견은 많은 비판을 받았다.

둘째, 문화적 설명을 제공한 사회학자들은 유교적 윤리, 신유교주의, 탈유교주의 등의 개념을 강조하며 동아시아의 경제 발전을 설명했다(Berger and Hsiao, 1988). 중국의 유교가 자본주의 경제의 장애물이 되었다는 베버의 주장과 달리 근면, 성실, 조화를 강조하는 유교문화가 동아시아 경제 성공의 주요 원인이 되었다고 주장했다. 그러나 이러한 문화적 설명은 이론적으로 볼 때 많은 한계를 가지고 있다. 문화적 설명은 동아시아 사회에서 유교적 원칙이 효율적인 사회 통제, 질서, 신뢰를 형성하는 과정을 설명하지만, 어떻게 문화적 요소가 시장, 국가, 정치적 동태 이론과 연관되는가에 대해서는 충분한 분석을 제공하지 못했다.

셋째, 미국 사회학자 이매뉴얼 윌러스틴은 종속 이론을 적용하여 자본주의 세계경제의 구조적 요인을 분석했다(Wallerstein, 1974, 1980, 1988). 프랑스 조절학파도 신흥 공업국과 세계경제의 연계에서 나타나는 중요한 차이를 분석했다. 이들은 준주변부, 신국제노동분업, 주변부 포드주의 등의 개념을 통해 신흥 공업국이 세계경제적, 구조적 조건에 의해서 만들어졌다고 설명했다. 이러한 세계체계(world systems) 이론은 2차 세계대전 이후 미국의 주도로 자유무역이 이루어지는 가운데 일부 신흥 공업국이 국제노동분업 내부의 위치를 변화시키기 위해 신중상주의적 정책을 추진하는 과정에 초점을 맞추었다. 또한 동아시아 신흥 공업국이 선택한 수출을 위한 조세 인센티브, 자본재의 무관세 수입, 임금 억압, 환율 절하 등을 포함한 수출 주도 산업화 전략에 주목했다. 한편 세계체계 이론가들은 신흥 공업국의 노동집약적 기술, 테일러주의 노동 과정, 노동운동에 대한 정치적 탄압을 통해 노동운동과 민중 부문을 철저하게 배제했다고 비판했다. 그러나 네오마르크스주의 이론의 영향을 받은 세계체계 이론은 왜 소수의 아시아 국가들만 다른 선진 자본주의 국가와 개발도상국보다 더욱 급속하게 발전하였는가에 관해서는 충분히 설명하지 못했다.

넷째, 국가의 역할이 동아시아 경제성장의 가장 중요한 요소라는 주장이 널리 관심을 끌었다. 1980년대 후반 이후 동아시아의 산업화 과정에서 국가의 개입이 광범위하게 존재했다는 연구가 제시되면서, 국가의 역할을 무시하는 신고전파 경제학자와 네오마르크스주의 이론가의 분석에 오류가 있다는 주장이 널리 인정을 받았다. 자유시장의 역할을 강조했던 세계은행은 과거의 입장을 바꾸었던 1993년, 『동아시아의 기적』이라는 제목의 저서를 통해 동아시아에서 국가가 경제성장에 주도적 역할을 수행했다고 인정했다(World Bank, 1993). 이미 1980년대에 미국 정치학자 찰머스 존슨은 일본의 경제성장을 이끈 국가의 역할을 이론적으로 강조했다. 존슨은 『통산성과 일본의 기적』에서 자본주의 발전국가(Capitalist Developmental State)라는 개념으로 일본의 경제성장을 분석했다(Johnson, 1982). 존슨에 따르면, 발전국가는 사유재산과 경쟁을 지지하면서도 엘리트 관료를 통해서 시장을 지도한다. 또한 발전국가는 민간기업과 협력하여 자문과 조절을 위한 제도를 운영한다.

발전국가의 이론은 한국과 대만의 사례에서도 중요한 의미를 가진다. 미국 경제학자 앨리스 앰스덴은 『아시아의 다음 거인』에서 한국 경제를 네 가지 성격으로 정식화한다. 첫째, 국가가 시장에 적극적으로 개입했다. 둘째, 민간기업의 효율성을 보장하기 위해 정부가 강력한 규율을 정해 성과에 따른 지원제도를 마련했다. 셋째, 대규모화·다각화된 사회 분야에 진출한 재벌 대기업을 통해 산업 역량을 강화했다. 넷째, 후발 산업국가의 약점을 극복하기 위해 적극적으로 기술의 학습을 강조했다(Amsden, 1989). 실제로 한국에서 국가는 기업가, 은행가, 산업구조의 설계사로서 중요한 역할을 수행했다. 경제관료는 대기업에 대한 금융 통제를 통해서 산업정책을 주도하였다. 해외직접투자 비율은 남미의 신흥 공업국에 비해 상대적으로 적고, 정부는 초국적기업과 해외 차관을 효과적으로 통제했다.

영국 경제학자 로버트 웨이드는 『시장을 통제하기』에서 발전국가의 개념과 전통적인 발전경제학을 기반으로 하여, 통제시장(governed market) 이론을 제시한다(Wade, 1990). 웨이드에 따르면, 동아시아의 경제적 성공은 다양한 요소가 결합한 결과이다. 첫째, 중요한 산업 부문에 대하여 상대적으로 많은 자원을 배분하여 투자했다. 둘째, 정부가 후원, 규율, 지도를 통해 전략산업을 적극적으로 지원했다. 셋째, 해외시장에 진출하려는 국내 기업을 적극적으로 지원했다. 전반적으로 동아시아 국가는 생산과 투자의 결과를 향상시키기 위해 적극적으로 자원 배분의 과정을 지도하고 통제했다. 이러한 정책은 자유방임을 추구하는 자유시장정책과는 명백하게 다르다.

미국 사회학자 피터 에번스는 국가 개입의 유형을 세 가지 이념형으로 분류했다. 그는 강한 국가(Strong State)라는 개념을 세분화하여, 개발도상국에서 얼마만큼(how much) 국가 개입이 이루어졌는지보다는 어떤 종류(what kind)의 국가인지, 그리고 국가의 상이한 유형에 따른 경제 발전의 효과가 어떻게 다른지를 분석했다. 먼저, 약탈국가(Predatory State)는 민간기업에 아무것도 제공하지 않은 채 잉여만 추출한다. 자이르(옛 콩고) 공화국이 대표적인 사례이다. 이에 비해 발전국가는 민간기업이 산업적 전환을 이룩할 수 있는 투자에 참여하도록 동기를 확대하고, 장기적인 기업가적 계획을 제공한다. 대표적인 발전국가로는 일본, 한국, 대만을 들 수 있다. 마지막으로 중간국가(Intermediate State)는 발전국가와 약탈국가의 중간적 성격을 갖고 있는 국가로, 브라질과 인도에서 사례를 찾을 수 있다.

일반적으로 발전국가는 일종의 계획 또는 전략적 목표에 따른 제도적 배치를 통해서 경제 발전을 위한 결정적 역할을 수행하며, 경제 발전을 추진하는 국가이다. 특히 2차 세계대전 이후 탈식민지주의 시대의 경제 발전에서 형성된 국가의 특수한 모형을 가리킨다. 발전국가는 시장 메커니즘에 대한 자유방임보다 정부의 개입을 옹호한다. 발전국가는 두 가지 주요 특징을 가지고 있다. 먼저, 발전국가는 한 나라가 공통적으로 갖고 있는 경제적 목표를 향해 기업과 노동조합 등 주요 사회집단의 협력을 지속적으로 이끌어 낸다. 둘째, 발전국가는 투자 확대, 산업 지원 등 수요 측면 경제에 관련된 지속적이고 적극적인 정책을 선택한다. 일반적으로 동아시아 발전국가는 권위주의적 정치 체제, 개입주의 국가에 의한 국가 주도형 산업화, 높은 교육열로 탄생한 양질의 노동력, 수출 주도 산업화, 유교문화의 특징을 가진다. 대부분의 발전국가는 산업의 전면적 국유화와 경직된 통제경제(dirigiste)의 국가 개입과는 구별되지만, 시장 메커니즘에 대한 자유방임을 지지하기보다는 국가의 적절한 개입과 조절을 옹호한다.

시장이 불안정하여 사회를 위협한다는 주장은 마르크스와 폴라니의 고전적인 저작에서도 잘 나타난다. 특히 폴라니는 최초로 국가를 시장 활동을 변화시키는 기능을 수행하는 일종의 제도로서 분석했다(Polanyi, 1957). 막스 베버 역시 관료제가 국가에게 시장을 형성하고 성장을 추진할 수 있는 역량을 준다는 명제를 제시했다(Weber, 1966). 폴라니와 베버의 전통을 따르는 사회과학자들은 국가가 후발 산업국의 경제 발전을 수행하기 위해 필요한 중요한 행위자라고 생각했다. 1960년대 러시아 출신 경제학자 알렉산더 거센크론은 후기 발전(late development)에서는 항상 높은 수준의 국가 개입이 특징으로 나타난다고 주장했다(Gerschenkron, 1962). 거센크론은 19세기의 독일과 러시아 같은 후발 산업국가들이 영국과 같은 선발 산업국을 따라잡기(catch up) 위해서 강력한 국가 개입이 필요했다고 강조했다.

1990년대를 거치면서 동아시아 발전국가의 역사적 경험은 세계경제를 지배하는 신자유주의 이데올로기의 새로운 대안으로 부상했다. 한편 동아시아 국가들은 신자유주의적 세계화라는 새로운 외부 환경의 변화에 직면해야만 했다. 선진 산업국가에서 케인스주의 경제정책이 신자유주의의 이념적 공격을 받은 것처럼, 동아시아 발전국가도 지속적으로 지적, 정치적 공격을 피할 수 없었다(한국정치연구회, 1998). 특히 1990년대 일본의 경제 침체와 한국, 말레이시아의 외환위기로 인해 동아시아 모델에 대해 의문을 가지는 사람들이 증가했다. 한편 동아시아의 국가는 스스로 전통적 발전국가 스타일과 달리 더욱 시장 지향적 정책을 추구하는 변화를 주도하기도 했다. 1990년대 후반 외환위기 이후 한국의 신자유주의적 구조 조정이 대표적이다(장하준·신장섭, 2004). 이러한 발전국가의 변화를 설명하기 위해 유연한 발전국가, 적응적 발전국가, 탈발전국가 등 다양한 이론적 주장이 등장했다(Weiss and Hobson, 1995; Kim, 1998; Wong, 2004).

특히 1990년대 후반 이후 한국에서 발전국가는 낡은 박정희 모델과 관치경제로 간주되면서 자유시장경제를 새로운 대안으로 선호하기 시작했다(지주형, 2011). 1990년대 미국의 클린턴 행정부와 영국의 블레어 정부에서 한국의 김대중 정부와 노무현 정부에 이르기까지, 탈규제와 시장 지향적 접근법은 커다란 영향력을 발휘했다. 그러나 2008년 미국에서 시작한 금융위기가 전 세계로 확산되자 금융 규제의 완화와 경제 자유화를 지지하는 신자유주의 이데올로기 자체에 결함이 있다는 인식이 커졌다. 그 후 미국, 독일, 일본 등 각국 정부는 케인스 경제학의 재정정책을 다시 채택하고, 산업정책의 역할에 대해 다시 평가하기 시작했다. 이제 많은 학자들은 동아시아뿐 아니라 전 세계적 차원에서 자본주의 경제 속 국가의 역할에 대한 근본적 재검토가 필요하다고 본다.

국가의 미래

20세기 후반 자본주의의 황금기를 거친 선진 산업국가에 대해서는 많은 연구가 이루어졌다. 그 연구들은 국가와 자본주의 발전의 보편적 특징을 제시한다. 경제를 지도하는 국가의 역할, 고도성장, 대량 생산과 대량 소비, 노동조합과 기업의 타협은 모든 자본주의 체제에서 공통적으로 나타난다. 그러나 우리는 국내총생산, 무역, 투자 등 경제성장이라는 양적 변화의 관찰에만 매몰되어서는 안 된다. 2차 세계대전 이후 자본주의 발전의 특성을 체계적으로 이해하기 위해서 환경의 파괴, 삶의 질의 저하, 권위주의적 정치, 여성과 소수민족의 차별과 배제 등 중요한 사회정치적 차원도 고려해야 한다. 이제 경제성장률 못지않게 모든 시민에게 보편적으로 제공하는 교육, 의료, 복지가 삶의 질에 커다란 영향을 미친다는 인식이 증가하고 있다.

21세기의 국제사회에서는 국가의 역할에 대한 새로운 정의가 제기되고 있다. 국가는 경제적 지속 가능성뿐만 아니라 사회적 지속 가능성과 생태학적 지속 가능성의 관점을 적극적으로 수용해야 한다. 1972년 지속 가능한 발전(sustainable development)이라는 개념이 국제사회에서 부각된 이래 환경 보호에 대한 국제적 관심이 급증했다. 또한 1991년 유엔개발프로그램(UNDP)이 『인간 발전 보고서』를 출간하면서 고용 창출이 없는 성장, 빈곤층을 외면한 성장, 참여가 없는 성장, 근본과 미래가 없는 성장은 지양되어야 한다고 지적했다. 1992년 리우에서 유엔환경발전회의(UNCED)가 채택한 『환경과 발전에 관한 리우 선언』은 인간 중심 발전, 빈곤 퇴치, 현재와 미래 세대의 요구를 공평하게 충족하는 지속 가능한 개발 등의 원칙을 제시했다. 경제, 사회, 환경을 아우르는 새로운 발전 개념은 2012년 리우 정상회담 20주년 회의에서 지속 가능한 발전 목표(SDGs)라는 개념으로 다시 확인되었다(Sachs, 2015).

미국발 금융위기가 세계경제를 강타하고, 사상 초유의 불평등이 증가한 지금이야말로 국가의 근본적 역할에 대한 새로운 사고가 필요한 시점이다. 시장은 효율적인 경제제도이지만, 불가피하게 불평등을 만든다. 시장은 성장을 만드는 수단일 뿐이지 그 자체가 목적이 아니다. 시장경제가 부자의 탐욕을 추구하는 수단으로 전락한다면 경제는 더 이상 작동할 수 없으며, 시장 경쟁에서 패배한 사람들과 사회적 약자를 포용하지 못한다면 사회는 지속될 수 없다. 주주의 이익을 고려하는 기업과 달리 국민에 의해 선출된 국가는 사회적 형평성을 위한 정책을 적극적으로 추진해야 한다. 특히 시장이 만드는 부수적 피해를 입는 시민을 보호하기 위해 국가가 공교육, 직업훈련, 사회보장 등 통합적 제도를 적극적으로 강화해야 한다. 지난 시대의 국가가 경제성장에만 매몰되었다면, 오늘날 국가는 지속 가능한 발전을 위해 경제성장과 사회 통합, 환경 보호 등의 목표를 조화롭게 추구해야 한다. 이런 점에서 국가는 언제나 학문적, 정치적 관심의 중심에 있을 것이다.

더 읽을거리

김윤태, 2012, 『한국의 발전국가와 재벌: 고도성장, 독재, 지배계급의 형성』, 한울.

드라이젝, 존 S.·패트릭 던리비, 2014, 『민주주의 국가이론』, 김욱 옮김, 명인문화사.

애쓰모글루, 대런·제임스 A. 로빈슨, 2012, 『국가는 왜 실패하는가』, 최완규 옮김, 시공사.

틸리, 찰스, 2018, 『유럽 국민국가의 계보』, 지봉근 옮김, 그린비.

홍태영, 2008, 『국민국가의 정치학』, 후마니타스.

4. 민주주의

2016년 10월 이후 연인원 약 1700만 명의 시민들이 주도한 촛불시민혁명은 한국 민주주의의 새로운 역사를 썼다.

> 민주주의는 인간의 역사에서 실험된 형식 중에서 가장 덜 나쁜 제도이다.
>
> - 윈스턴 처칠

민주주의란 무엇인가? 과연 민주주의는 좋은 것인가? 앞으로 민주주의는 계속 유지될 것인가? 아테네 프닉스 언덕에서 민주주의가 태동한 이래 우리는 끊임없이 민주주의에 관하여 논쟁을 벌였다. 오늘날 대부분의 사람들이 믿기 어려울 정도로 인류의 역사에서 민주주의는 높은 평가를 받지 못했다. 플라톤과 아리스토텔레스는 민주주의가 우민정치로 변질될 것으로 우려하며 철인정치와 귀족정을 지지했다. 공자와 맹자는 민본정치를 강조하여 유럽의 계몽주의 사상에 영향을 주었지만, 현대 민주주의와는 상당한 거리가 있다. 실제로 중세 유럽에서 민주주의는 거의 죽은 단어가 되었고, 현대 혁명이 발생하기까지 민주주의는 거의 관심을 끌지 못했다. 영국의 명예혁명 이래 로크에서 루소를 거쳐 제퍼슨과 레닌에 이르기까지 민주주의에 대한 다양한 논의가 제시되었지만, 민주주의가 무엇인지에 대해서는 명확한 합의를 이루지 못하고 있다. 그럼에도 불구하고 오늘날 전 세계 대부분의 나라는 민주주의를 정부의 중요한 가치와 목표로 설정하고 있다.

전 세계의 모든 국가 가운데 바티칸 공국, 사우디아라비아, 부르나이를 제외하고는 공식적으로 민주국가가 아니라고 선언하는 나라는 없다. 그러나 국호와 실제 현실은 상당한 차이가 있다. 프리덤하우스(Freedom House)가 발표한 자료에 따르면, 2018년 기준 조사 대상 195개국 중 88개 국가가 "민주적" 국가이다. 58개 국가가 "부분적 민주주의"에 해당하며 49개 국가가 "비민주적" 국가에 해당된다. 프리덤하우스는 2017년에 민주주의의 위기가 발생했으며, 특히 미국의 민주주의가 심각하게 후퇴했다고 지적했다. 2017년 『이코노미스트』가 선거 절차, 시민적 권리, 정부의 기능, 정치 참여, 정치문화의 범주를 평가한 '민주주의 인덱스(Democracy Index)'에 보면, 조사 대상 167개국 가운데 노르웨이, 스웨덴, 뉴질랜드 등 19개 국가만 "완전 민주주의"에 해당된다. 한국, 미국, 일본을 포함한 57개 국가가 "결함 있는 민주주의", 38개국이 권위주의와 민주주의가 섞인 "혼합"에 해당되며 51개 국가가 "비민주적" 국가이다.

민주주의라는 용어는 널리 사용되지만, 학계에서는 지금까지도 민주주의의 정의가 분명하지 않다. 실제로 민주적 국가에서도 서로 상이한 민주적 정치제도를 운영하고 있다. 민주주의는 그리스어에서 민중이라는 뜻을 가진 '데모스(demos)'와 권력이라는 의미의 '크라티아(cratia)'로 이루어진 단어이지만, 오늘날 민주정에서 그리스와 같은 직접민주주의를 운영하는 나라는 없다. 오늘날 민주정은 대의민주주의를 운영하는데, 중요한 특징으로 자유로운 선거, 복수의 정당, 정치적 경쟁, 후보와 정책의 자유로운 선택, 삼권 분립, 시민권의 보장, 법의 지배 등을 포함한다. 그러나 대의민주주의 국가 간에도 많은 차이점이 나타난다. 권력구조를 볼 때도 대통령제를 채택한 나라가 있고 의회제를 채택한 나라도 있다. 의회의 대표를 선출하는 선거제도도 선거구의 최다득표제를 운영하는 나라가 있고 비례대표제를 실시하는 나라도 있다. 또한 경제제도와 사회보장제도 역시 매우 상이한 경우가 많으며, 이에 따라 매우 다른 사회적 결과를 만들고 있다.

정부의 형태

역사상 수많은 국가는 다양한 형태의 정부를 만들었으며, 시대의 흐름에 따라 커다란 변화를 겪었다. 크게 보아 정부의 형태는 군주정, 귀족정, 민주정으로 구분된다. 군주정은 군주 1인이 전제 통치를 하는 체제를 가리키는데, 대부분의 전통적 국가에서 널리 나타난다. 고대 이집트의 파라오나 중국과 로마의 황제에서 영국과 프랑스의 왕에 이르기까지 군주제는 오랜 역사를 가졌다. 귀족정은 소수의 뛰어난 귀족들이 과두정치를 하는 체제인데, 대부분 세습되는 경향을 보인다. 귀족정은 때로는 군주정과 공존하는 경우도 많으며, 군주와 함께 귀족들이 지배층을 구성한다. 민주정은 시민들이 스스로 의사를 결정하는 체제를 가리키는데, 고대 아테네가 대표적이다.

2,500년 전 고대 그리스에서 폴리스는 독립적인 사람들이 모여 사는 공동체를 의미했는데 아테네, 스파르타, 테베가 유명하다. 당시에는 그리스라는 하나의 통일된 국가가 아니라 작은 폴리스, 즉 도시국가로 나뉘어 있었다. 서로 동맹을 맺기도 했지만 전쟁을 벌이는 경우도 있었다. 지리적으로 산지가 많고 평야가 좁아 지역 간의 교류가 어려웠던 폴리스는 작은 정치 공동체로 독특한 입지를 가지고 있다. 폴리스는 산과 바다로 가로막힌, 어디든 걸어서 다닐 수 있는 독립된 세계였다. 폴리스는 도시를 구성하는 시민들에 대한 절대적 권한을 지녔으며, 종교의식을 통해 단단히 연결되었다. 또 시민들은 법의 지배를 받으며 살았다. 이러한 의미에서 폴리스는 근본적으로 전체주의적 성격을 띠는데, 스파르타가 대표적이다. 반면에 아테네는 비교적 자유로웠다.

아테네에도 한때 왕이 있었지만, 귀족의 이익을 지키기 위해 사라졌다. 9명의 집정관이 다스리는 귀족정부도 농민의 반발로 사라졌다. 그 후 아테네에서는 세계 최초로 민주주의가 행해졌다. 그 중심은 아고라였는데, 물건을 사고파는 시장일 뿐 아니라 민회(에클레시아)가 열리는 장소였다. 아고라는 아테네 민주정치의 중심지로 항상 시민들이 모여 시끄러웠으며, 아테네의 성인 남자들은 민회에 참여하여 국가 문제에 대해 함께 토론하고 결정했다. 프닉스 언덕에서 시민들은 토론과 투표로 폴리스의 운명을 결정했다. 이때 모든 공무원이나 재판의 배심원은 추첨으로 선출했기 때문에 누구나 공무원이 될 수 있었다. 모두가 국가 공무원인 동시에 권력을 가진 정치인이었다. 그러나 약 30만 명의 인구 가운데 실질적 시민권을 가진 사람들은 약 4만 명의 성인 남자들이며, 다수의 노예, 여자, 외국인은 제외되었다.

현대의 기준에서 보면 아테네의 민주정치에는 제약이 있었지만, 시민들이 결정권을 가지고 직접 정치에 참여했다는 점에서 민주정의 기원으로 볼 수 있다. 아테네의 민주정은 정치적 자율성을 강조했지만 개인의 자유와 함께 공동체의 의무도 강조했다. 토지를 가진 농민 중에는 지주의 속박을 받지 않는 자작농이 많았고, 그들은 귀족의 정치적 특권을 완강하게 거부했다. 아테네에서는 보편적으로 인정된 법률 아래 모든 사람이 평등하게 살고 있었다. 모든 시민은 뜨거운 애국심을 가졌으며 중장보병으로 전쟁에 참전했다. 이는 페르시아제국이 용병을 고용하고 중세의 귀족들이 말을 타고 전쟁을 벌이는 모습과 매우 다르다. 보병은 청동 가슴받이, 방패, 투구, 정강이 보호대로 무장하고 한 손에 긴 창을 든 군인이었다. 이렇게 시민군이 탄생했다. 평범한 농부 출신으로 구성된 그리스 시민군은 페르시아 황제의 거대한 군대와 맞서 싸워 이겼다.

그리스의 멸망과 함께 민주정은 사라진 듯이 보였지만, 나중에 로마의 공화정으로 민주주의의 가치가 계승되었다. 로마의 지배층은 그리스의 학문, 예술, 건축, 정치를 높이 평가했으며 그리스의 전통을 모방하기를 즐겼다. 하지만 거대한 규모의 로마는 작은 도시국가인 아테네와 상당히 달랐다. 로마의 공화정은 평민의 대표로 선출된 민회, 귀족의 대표로 구성된 원로원, 행정권을 가진 집정관의 연합 체제로 운영되는데, 넓은 의미에서 민주정으로 보기도 한다. 역사적으로 보면 고대 그리스와 로마와 르네상스 시대의 이탈리아 도시국가를 제외하고는 대부분의 정부는 군주정이었다. 플라톤이 민주정에 대해 혹독하게 비판한 이래 수백 년 동안 민주정은 대부분의 학자와 정치가들에게 외면을 받았다. 17세기 이후 영국, 미국, 프랑스에서 혁명이 발생한 이후에야 민주정이 중요해지고 시민의 정치적 참여가 확대되었지만, 대부분 의회를 통한 대의민주주의를 운영했다. 하지만 이러한 현대적 민주정이 정착되기까지도 많은 시간이 걸렸다.

독재와 민주주의

1918년 1차 세계대전이 끝나자 민주주의의 물결이 유럽을 휩쓸었다. 1919년 영국은 모든 성인의 선거권을 인정했다. 미국의 우드로 윌슨 대통령은 '민주주의를 위해 안전한(safe for democracy)' 새로운 세계를 만들겠다고 선언했다. 낡은 시대를 상징하는 독일제국, 오스트리아-헝가리제국, 오토만제국은 전쟁에서 패배하자 완전히 해체되었다. 독일, 오스트리아, 헝가리뿐 아니라 핀란드, 스웨덴에서도 권위주의적 군주제가 무너지고 민주정부가 등장했다. 동시에 전쟁이 진행되는 격랑 속에서 거센 혁명운동이 전제의 지배에 맞서 싸웠다. 1917년 볼셰비키 혁명으로 러시아의 차르 체제가 타도되었다. 1918년 베를린에서 혁명이 일어나 독일제국이 무너졌다.

그러나 1930년대에는 경제위기와 계급갈등이 심화되면서 민주주의의 커다란 위기를 겪는다. 민주정부가 차례로 붕괴되면서 스칸디나비아, 영국, 스웨덴, 노르웨이, 베네룩스(벨기에, 네덜란드, 룩셈부르크), 스위스를 제외하고 유럽의 모든 민주정부가 독재정부와 군사정부로 교체되었다. 유럽에서 민주정부는 매우 무기력한 정치 체제로 낙인찍혔다. 민주정부는 제대로 작동하지 않았고, 모든 사람의 경멸을 받는 존재가 되었다. 중부 유럽의 독일, 오스트리아, 헝가리와 함께 지중해 연안 국가인 그리스, 이탈리아, 스페인에서 민주정부는 권위주의 정부로 교체되었다.

민주주의가 위기를 맞은 시대에 민주주의의 오랜 전통을 가진 영국, 미국, 프랑스는 지속적으로 민주주의를 유지했다. 20세기 민주주의의 지속적 발전을 위한 주요 조건으로 네 가지를 중요하게 지적할 수 있다. 먼저, 보통선거를 통해 선출된 대의기관이 있어야 정치적 정당성을 확보할 수 있다. 자유로운 선거를 제한하는 권위주의는 대부분 정당성을 갖기 어렵다. 둘째, 선거에 참여하는 정당들이 게임의 규칙에 대한 합의에 도달해야 한다. 다양한 정치세력은 국민이 납득할 만한 헌법을 제정하고 공정한 선거제도를 만들어야 선거 결과에 승복할 수 있다. 일정한 임기 동안 공직을 맡도록 선출된 정당이 행정부를 이끄는 반면에 패배한 정당은 다음 선거를 준비한다. 셋째, 민주적 정부는 사회의 빈곤을 해결하기 위해 지속적인 경제성장과 복지를 제공할 수 있어야 한다. 경제위기를 불러일으키는 경제 관리의 실패는 정부의 실패뿐 아니라 민주주의의 위기를 만들 수도 있다. 마지막으로, 정치적 주도세력은 국민국가사회 내부의 종족, 문화, 종교적 균열을 해결하는 정치적 조정 능력을 보유해야 한다. 사회적 분열을 극복하고 사회 통합을 이루기 위한 다양한 정책수단과 도덕적 호소력을 가져야 한다(김윤태, 2007).

그러나 영국, 미국, 프랑스를 제외하고는 1930년대 대부분의 나라에서 독재정부가 등장했으며, 특히 제3세계에서는 20세기 후반까지 많은 국가에서 국민의 기본권과 의회의 권한을 제한하는 권위주의적 정부가 유지되었다. 1930년대 이탈리아 무솔리니의 파시스트당이 집권한 이래 대중 동원을 기반으로 한 극우독재를 파시즘이라 불렀는데, 독일의 나치 정부와 스페인의 프랑코 정권이 대표적이다. 파시즘은 무솔리니 파시스트당과 독일의 나치당에서 볼 수 있듯이 중간계급과 룸펜 프롤레타리아트의 대중적 동원을 통한 정치 체제의 성격이 강하다. 스페인의 프랑코 정권과 포르투갈의 살라자르 정권도 파시스트 정권의 한 유형이다. 특히 독일에서 파시즘은 반유대주의와 결합한 나치즘(Nazism)으로 유명하다. 히틀러는 정치적 반대파, 사회민주당과 노조활동가, 동성애자를 투옥시키고, 비밀경찰을 통해 사회 전체를 감시하고 통제했으며, 유대인의 대량 학살을 명령하여 아우슈비츠 수용소 등지에서 수백만 명의 유대인을 처형했다.

한편 소련과 동유럽 공산주의 정부도 권위주의 정부의 한 유형으로 개인의 자유를 억압하고 대중의 동원을 통해 전체주의적 정치 체제를 유지했다. 특히 소련의 스탈린주의는 강력한 전체주의 체제를 건설했다. 공산당 이외의 정당 활동은 허용되지 않았고, 보통선거도 실시되지 않았으며, 정부를 비판하는 언론의 자유와 시민권도 억압되었다. 1930년대 스탈린의 농업집단화 과정에서 1000만 명의 농민들이 처형되고, 강제노역 또는 굶주림으로 죽었지만, 아무도 그 사실을 알지 못했다. 소련 공산당 내부의 권력투쟁이 진행되는 가운데 1934년부터 1939년까지 400만~500만 명의 당원들과 간부들이 체포되었고, 이들 중 40만~50만 명이 재판 없이 처형되었다. 1934년의 7차 당대회에 참석한 1,827명의 대의원 가운데 1939년 8차 당대회에 참석한 사람은 불과 37명뿐이었다. 1929년 소련공산당 정치국에서 최초로 교정노동수용소, 즉 굴라크(Gulag)라는 이름을 사용했으며, 나중에는 정치적 반대자를 재판 절차도 없이 수감하고 강제노역에 동원하였다. 1930~1956년 사이에 약 1800만~2000만 명이 수용되었으며, 이 가운데 약 150만 명이 기근과 영양실조로 죽은 것으로 밝혀졌다.

스탈린의 테러정치는 많은 작가에게 영감을 주었다. 영국 작가 조지 오웰의 『동물농장』(1945)이 대표적이다. 오웰의 최대 걸작 『1984』(1949)는 현대 사회의 전체주의적 경향이 만든 극단적인 통제기술과 그것을 이용하는 미래의 감시사회를 섬뜩하게 묘사한다. 역사상 최고의 정치소설로 평가받을 만한 도스토옙스키의 『악령』(1871)은 한 세기 후에 등장할 소련의 전체주의 사회를 예언하는 통찰력을 보여 준다. 도스토옙스키는 혁명의 이념을 위해 인간을 수단으로 이용하는 혁명운동의 문제점을 날카롭게 비판했다. 도스토옙스키는 혁명운동가 '네차예프'가 배신자로 의심받은 '이바노프'라는 학생을 살해한 사건에 강한 인상을 받고, 자신이 젊은 시절 몸담았던 페트라솁스키 서클을 떠올리며 비극적 장편소설을 썼다. 악령이란 1860년대 러시아에서 귀신에 들린 것처럼 서유럽의 혁명 사상을 기형적으로 수용하여 파괴적 행동을 일삼는 러시아 청년을 상징한다. 주인공 '스타

브로긴'의 성격 묘사에서 혁명적 음모가들은 마치 바보와 악당으로 묘사되지만, 다른 한편 그들의 모습은 이념에 사로잡힌 전체주의 사회의 인간형을 극적으로 보여 준다.

그러나 전체주의는 좌익과 우익의 이념을 뛰어넘어 20세기 최대의 정치 현상으로 등장했다. 20세기의 정치철학자 한나 아렌트는 『전체주의의 기원』에서 전체주의가 나치즘과 스탈린주의를 통해 어떻게 20세기의 중요한 정치 현상이 되었는지 설명하면서 잔인한 폭력장치의 등장을 분석한다. 그는 전체주의의 전조로 '반유대주의'와 '제국주의'를 지적했으며, 전체주의의 가장 큰 특징을 정치에 대한 부정으로 보았다. 전체주의는 인간의 행위를 불가능하게 만들어 인간의 자유를 총체적으로 폐지한다고 주장했다. 아렌트는 유대인 대학살을 기획하고 주도한 아돌프 아이히만의 재판을 참관한 뒤 "악마의 얼굴이 저렇게 평범할 줄은 몰랐다"고 묘사했다. 아렌트는 『예루살렘의 아이히만』에서 "아이히만은 악하지도, 유대인을 증오하지도 않았다. 단지 히틀러에 대한 맹목적인 충성에서 관료적 의무를 기계적으로 충실히 수행했을 뿐이다. 가정에서도 그는 아이들을 끔찍하게 돌보는 가장이었다"라고 썼다. 이로써 아렌트의 '악의 평범성(banality of evil)'이란 개념은 세계적으로 유명해졌지만, 당시 유대인사회에 커다란 반발을 불러일으켰다. 아렌트의 주장이 마치 나치를 변호하거나 옹호하는 말로 해석되었기 때문이다. 그러나 아렌트의 통찰은 오늘날 정치 혐오가 만연한 현대 사회가 또 다른 전체주의, 특히 시장독재가 지배하는 위험에 빠져 있는 현실을 직시하도록 만든다.

사회학에서 파시즘과 스탈린주의의 등장은 매우 중요한 이론적 주제이다. "왜 인류는 진정한 인간적 상태에 들어서기보다 새로운 종류의 야만 상태에 빠졌는가"(아도르노·호르크하이머, 2001). 1947년 아도르노와 호르크하이머는 계몽주의로 완성된 프랑스 혁명 이후 인류가 왜 진정한 인간적 상태에 들어서기보다 파시즘과 아우슈비츠 수용소와 스탈린주의라는 야만 상태에 빠졌는지에 대해 질문을 던졌다. 아도르노와 호르크하이머는 이성과 계몽에 근본적 한계가 있다고 비판한다. 이성과 계몽이 자연뿐 아니라 '제2의 자연'으로서 인간과 사회를 지배·관리하면서 파시즘이라는 괴물이 탄생했다고 비판한다.

정치사회학에서 권위주의적 독재정부의 등장에 대한 분석은 크게 심리적 관점, 문화적 관점, 구조적 관점으로 구분할 수 있다. 첫째, 독일 사회학자 테오도어 아도르노 등이 저술한 『권위주의적 성격』은 파시즘의 등장에 대해 정신분석학을 활용하여 병리학적으로 접근한다(Adorno et al., 1950). 아도르노는 1930년대 권위주의적 가족을 유지하고 있었던 독일의 중간계급이 민족주의와 반유대주의를 내세운 히틀러의 나치당을 지지했던 사실을 주목했다. 특히 '파시스트 성격'을 주목했는데, 파시스트 성격은 전통적 가치에 대한 순응, 권위에 대한 복종, 전통적 가치를 따르지 않는 사람을 징벌하고 비난하는 공격성 등을 특징으로 한다. 아도르노 등은 나치 시대에 독일인들이 유대인을 희생양으로 삼은 이유를 '자전거 타기 반응'의 개념으로 설명하였다. 사람들이 자신보다 높은 지위에 있는 사람에게는 머리를 숙이고 아무 말도 하지 못하면서, 낮은 지위에 있는 사람에게는 발로 차면서 모욕하는 행동을 가리킨다. 실제로 많은 나라에서 경제적으로 어려운 시기에 소수집단에 대한 혐오와 차별, 인종주의, 극단적인 국수주의와 배외주의를 내세우는 대중운동이 등장했다.

둘째, 문화적 시각을 강조한 연구는 각국의 독특한 역사적 경험이 사람들의 문화적 특성에 영향을 주었고, 정치 체제를 좌우한다고 보았다. 미국 정치학자 알몬드와 버바는 『시민문화』에서 독일의 권위주의 문화가 독재정부의 등장에 영향을 주었다고 보았다(Almond and Verba, 1963). 영미권보다 독일, 남유럽의 문화가 더 권위주의적이기에 형식적으로 민주적 정치제도가 도입되어도 민주주의가 발전하기는 어려울 것이라고 예측했다. 그러나 2차 세계대전 이후 미국에 의해 민주적 정치제도가 이식되면서 독일, 이탈리아, 일본에서 민주정이 다시 부활했다. 대표적으로 2차 세계대전 이후 독일의 민주화는 성공적으로 이루어졌으며, 자유선거와 언론의 자유를 누리게 되었다. 특히 독일의 비례대표제는 정당의 발전과 유권자의 정치 참여에 긍정적 영향을 주었다는 평가를 받았다. 이는 문화적 특성이 제도적 장치에 의해 변화될 수 있는 가능성을 보여 준 사례로 평가할 수 있다.

셋째, 구조적 관점은 권위주의 정부의 등장을 배경으로 사회구조적 조건과 계급 관계의 특성을 강조한다. 반면에 문화적 관점은 오랜 시간에 걸쳐 형성된 문화적 특성에 주목한다. 먼저 미국 사회학자 베링턴 무어가 1966년 출간한 『독재와 민주주의의 사회적 기원』은 20세기에 왜 어떤 나라에서는 민주주의가 발전하고 다른 나라에서는 독재가 등장했는지 사회계급의 관계에 관한 구조적 분석을 시도했다(무어, 1990). 그는 민주주의 발전 과정에서 각 나라의 계급구조와 계급의 정치적 역량에 따라 다른 경로가 나타난다고 주장했다. 무어는 미국, 영국, 프랑스와 독일, 일본, 중국, 러시아의 사례를 비교하면서 현대 민주주의의 발전 경로에서 민주주의, 파시즘, 공산주의라는 세 가지 유형이 나타났다고 주장했다.

첫째, 미국, 영국, 프랑스에서는 부르주아지가 주도하는 혁명이 성공하고, 자본주의 산업화가 이루어졌다. 부르주아 혁명이 성공한 후 의회제도가 도입되고 점차 보편적 선거권이 확산되어 정당을 통한 민주적 정치문화가 정착되었다. 둘째, 독일과 일본에서는 부르주아지의 발전이 미약하고 지주 등 전통적 지배계급이 주도한 위로부터의 혁명에 따라 권위주의적 산업화가 이루어졌으나 결국 파시즘이 등장했다. 의회제도는 형식적으로 도입되었지만, 정당의 적극적 역할과 민주적 정치문화가 충분히 발전하지 못했다. 셋째, 러시아와 중국은 신흥 부르주아지 세력이 매우 미약하고 제국적 관료국가의 지배구조가 전쟁으로 약화된 상황에서 밑으로부터 공산당이 이끄는 노동자계급 또는 농민혁명이 일어나 공산주의 체제를 수립했다. 공산당은 대부분 프롤레타리아 독재, 인민민주주의, 신민주주의를 내걸었지만 사실상 일당독재의 권위주의 정부를 유지했다.

무어는 한 사회 내부의 군주, 토지 귀족, 부르주아지, 농민계급 사이의 힘의 균형을 포함한 관계의 특징에 관심을 가졌다. 그는 다양한 나라의 경험을 분석하면서 전통적 지주계급이 민주주의를 반대하는 경우가 많으며, "강한 부르주아지가 없다면 민주주의가 성공하지 못했다"고 지적했다. 심지어 산업화가 상당히 진전된 국가에서도 낡은 지주계급의 이익이 그대로 유지되었다. 특히 봉건적 지주세력인 융커가 막강한 정치적 영향을 끼쳤던 독일에서는 민주정부를 지지하는 부르주아지가 정치적으로 충분히 성장하지 못했다. 이는 1920년대 독일의 민주주의가 붕괴하고 히틀러가 이끄는 파시즘이 등장하는 중요한 배경이 되었다. 한 나라의 구조적 조건을 계급의 정치적 선택과 연결하여 설명하는 무어의 주장은 정치사회학의 구조적 분석에 큰 영향을 주었다. 하지만 다른 모든 나라가 반드시 세 유형 가운데 하나를 선택해야 하는지는 분명하지 않다. 특히 일본에서는 정당의 역할이 미약하고 파시즘의 대중운동 특성이 나타나지 않기 때문에, 또 다른 권위주의 정부의 유형으로 보아야 한다는 주장도 있다.

제3세계 신생국 가운데 독재정부가 등장한 이유에 대한 구조적 분석도 관심을 끌었다. 브라질 정치학자 기예르모 오도넬이 정의한 관료적 권위주의(Bureaucratic Authoritarianism) 체제에 따르면, 제3세계 종속국가에서는 정치적으로 권위주의적 체제가 유지되면서 경제 발전을 위한 관료적 기술주의가 발전한다(O'Donnell, 1973). 오도넬에 따르면, 종속 상황에서 민주주의는 경제 발전과 병립할 수 없다. 그는 종속국의 부르주아지는 민주주의의 발전보다 선진국의 이익에 봉사하는 경향이 강하다고 보았다. 그리하여 종속경제가 외국 자본과 기술의 침투로 더욱 복잡해지고, 국제경제에서의 경제력을 유지하기 위해서 외국에 더욱 의존하게 되어 권위주의 통치를 강화한다고 주장했다.

다른 한편 사회적 관계 또는 사회적 자본(social capital)이 민주주의에 큰 영향을 줄 수 있다는 주장도 많은 관심을 끌었다. 미국 사회학자 로버트 퍼트넘(Robert Putnam)은 이탈리아의 지방자치에 대한 연구를 통해 사회적 자본이 민주주의에 미치는 효과를 분석했다(퍼트넘, 2006). 그는 사회적 자본을 개인들이 사회조직에 자발적으로 참여하는 특징으로 정의한다. 자기 이익을 추구하는 개인주의와 자유주의가 민주주의의 발전에 기여했다는 주장과 달리, 공동체주의와 사회적 자본이 발전한 지역에서 지방자치가 더 큰 성공을 거두었다고 평가했다. 놀랍게도 퍼트넘은 지방이나 시골보다 도시에서 사람들의 유대와 협력이 더 잘 이루어진다고 주장했다. 시골인 이탈리아 남부보다 공업도시인 북부에서 시민 공동체가 더 발전하고 유대와 협력의 문화가 유지되고 있다고 분석했다.

퍼트넘은『나 홀로 볼링』에서 사회적 자본이 쇠퇴하는 미국 사회의 현실을 날카롭게 분석했다(퍼트넘, 2009). 그는 19세기 토크빌이 미국을 방문했을 때 감탄한 '공동체에 열정적으로 참여하는 미국의 정신'이 사라지는 현실을 탐구했다. 그는 교회와 노동조합에 참여하는 사회적 행위를 조사했는데, 30년 전에 비해 미국과 유럽에서 사회적 결속이 약화되었고, 사회제도와 정치 지도자에 대한 신뢰가 줄어들었다고 평가했다. 미국 노동자들 사이에서 '나 홀로 볼링'을 즐기는 사람이 점점 늘어나면서 서로 협력할 의사가 없는 냉소적인 개인들이 증가했다. 그는 미국의 노동자들이 점차 사회적 자본을 바탕으로 상부상조, 협조, 신뢰, 제도적 효율성과 같은 사회적 자본의 결과를 극대화하고 파벌주의와 인종주의 같은 부정적 결과를 최소화해야 한다고 주장했다.

권위주의 정부에서 민주주의로 이행하는 과정에 대한 분석은 많은 이론적 논쟁을 일으켰다. 1980년대 기예르모 오도넬과 필립 슈미터는『권위주의 체제의 전환』이라는 네 권의 저서를 발표했는데, 민주화 과정에 대한 구조적 설명보다 엘리트의 행동에 주목했다

(O'Donnell et al., 1986). 다국적기업이나 특정 계급과 같은 구조적 요소는 권위주의 체제의 전환에서 이차적 변수로 간주되거나 거의 강조되지 않았다. 그들은 민주화 과정이 발생하느냐 하지 않느냐를 결정하는 것은 엘리트의 특성, 계산, 연합 등이라고 주장했다. 권위주의 체제가 붕괴되는 동안 거시구조적 요소는 행위자의 개별적 행동에 비해 결정적인 힘을 갖지 못한다고 보았다. 결국 민주화 과정에 대한 비결정성을 지지하는 오도넬과 슈미터의 연구는 구조주의적 관점보다 우연적 선택을 강조하는 이론적 함의를 제시했다. 그러나 이러한 관점은 각국 엘리트의 정치적 선택에 초점을 맞추어 각국의 민주화 과정에서 나타나는 보편적 특징을 이론적으로 설명하지 못하는 한계를 가지고 있다.

민주주의의 지구화

1970년대 중반 이후 세계적인 차원에서 민주화가 확산되었다. 이제 민주주의는 지구상의 모든 사람들이 지지하는 정치제도가 되었다. 불과 1970년대만 해도 전 세계에서 민주정을 채택한 나라는 서유럽의 30여 개국에 불과하였다. 그러나 20세기 말에는 전 세계에서 100여 개에 달하는 국가들이 민주주의를 표방하였다. 이러한 민주주의의 지구적 확산은 인류의 역사에서 가장 중요한 변화 가운데 하나이다.

민주화는 남유럽, 남미, 아시아, 동유럽, 아프리카의 순서로 이루어졌다. 먼저 1970년대 중반 남유럽의 그리스, 포르투갈, 스페인에서 군사정부가 물러나고 민간정부가 들어섰다. 남미에는 1980년대 브라질, 아르헨티나, 칠레 등을 거쳐 1991년 아이티에 이르기까지 민주화의 도미노 현상이 이어졌다. 이는 1960~1970년대 군사 쿠데타의 도미노 현상에 비교할 만하다. 그러나 1989년 브라질에서 최초로 대통령 직선제가 실시되어 민주화가 이루어지면서, 남미에는 잇달아 군사정부가 물러나고 민간정부가 수립되었다. 아시아에서는 1986년 필리핀에서 시작되어 한국, 대만, 태국, 인도네시아 등으로 민주화가 확산되었다.

미국 정치학자 새뮤얼 헌팅턴은 『제3의 물결: 20세기 후반의 민주화』에서 보통선거권 같은 절차상 민주주의를 민주주의의 핵심이라 했다(헌팅턴, 2011). 18세기 보통선거권을 수용한 프랑스 혁명은 제1의 민주화 물결이며, 20세기 중반 미국의 압력에 의한 서독, 일본, 이탈리아의 민주화는 제2의 물결이다. 그리고 1970년대 이후 남유럽, 남미, 아시아의 민주화는 제3의 물결이다. 제3의 물결의 특성은 국내의 자생적 역량에 따른 것이라는 점이다. 헌팅턴은 민주주의의 토대는 기독교 정신이며, 동아시아의 유교는 민주주의의 걸림돌이라 했다. 그러나 유교문화를 토대로 한 한국 등 동아시아에서도 민주화가 성공했다.

20세기에 남유럽, 남미, 아시아에서 민주화가 이루어진 원인은 다음과 같다. 첫째, 군사정부의 집권이 장기화되면서 대중의 인기를 상실하자, 정치적 정당성이 약화되었다. 이들 군사정부는 초기에는 상당한 지지를 얻었으며, 효율적이고 청렴한 정치를 약속했다. 그러나 집권이 장기화되면서 군사정부의 비효율성과 부정부패가 드러나며 지지율이 낮아졌다. 다음으로 전 세계적인 사회 변화가 민주화에 큰 영향을 주었다. 대중교육의 증가, 도시화, 정치의식의 변화, 사회조직의 증대, 다원주의 같은 새로운 현상이 나타났으며, 기업가, 중간계급, 조직화된 노동조합과 농민이 등장하면서 군사독재에 저항하는 운동이 강화되었다. 특히 동유럽의 민주화에는 소련의 해체와 냉전 체제의 붕괴라는 국제정치의 변화가 큰 영향을 주었다.

시모어 마틴 립셋은 『정치적 인간』에서 민주주의의 사회적 조건으로 경제 발전을 지적한 바 있다(Lipset, 1981). 이 주장은 수십 년 동안 정치학의 중요한 이론이 되었으며, 현대화 이론의 중요한 토대가 되었다. 립셋의 고전적 명제는 많은 양적, 질적 분석을 통해 검증되었으며, 실제로 경제 발전을 이룩한 국가에서 대부분 민주주의로 이행하는 사례가 발견되었다. 경제 발전은 상당한 수준의 산업화, 도시화, 교육수준의 발전, 중산층의 확대를 이룩하고 민주주의가 발전한 사회적 토대를 형성했다. 그러나 경제 발전을 곧바로 민주주의를 만든 결정적 요소로 볼 수 있는지에 대해서는 많은 논란이 있다.

경제 발전이 민주주의에 도움을 주는가에 대한 질문과 함께 민주적 정치 체제가 반드시 경제 발전에 긍정적 영향을 줄 수 있는지에 대한 논쟁도 큰 관심을 끌었다. 미국 정치학자 애덤 쉐보르스키를 비롯한 정치학자들은 1950년에서 1990년 사이에 존재한 135개국의 경험을 분석하면서 정치 체제의 역동성이 경제 발전에 미치는 영향을 보여 주었다(Przeworski et al., 2000). 이들의 연구에 따르면, 민주주의와 경제 발전의 상관관계에 대한 분석은 반드시 인과 관계를 보여 주는 것은 아니다. 경우에 따라 권위주의 정부하에서 경제 발전이 이루어지는 경우도 많으며, 경제 발전이 이루어졌다고 자동적으로 민주화가 발생한 것도 아니었다. 놀랍게도 경제 발전과 민주주의가 상충되는 관계도 발생했다. 물론 이 연구 결과가 경제 발전을 위해서 민주주의가 희생되어야 함을 의미하는 것은 아니다. 독재정부가 경제 발전을 이룩하는 경우는 독재에 대한 도전과 저항이 없고 정치 체제가 안정을 유지하는 상황이지만, 정치적 혼란이 발생할 때는 급격한 경제 침체가 발생하기도 한다. 결과적으로 독재정부하에서 1인당 소득과 기대수명이 급격하게 낮아지기도 한다.

오늘날 민주정은 대부분 대의민주주의 제도를 운영하지만 사회경제제도는 서로 상당히 다른 특징을 보이기도 한다. 국가가 경제에 적극적으로 개입하는 나라가 있는 반면에, 자유방임을 주장하는 나라도 있다. 한편 복지국가를 추구하는 나라도 있고 정부가 최소한의 복지만 책임지는 나라도 있다. 또한 결국 민주주의란 나라의 역사적 전통과 문화적 차이에 따라 각기 다른 제도로 정착되었다고 볼 수 있다. 이처럼 오랜 역사를 거치는 동안 상이한 사회경제제도에 따라 민주정의 다양한 특성이 정착되었으며, 그 결과 상이한 사회경제적 성과를 만들기도 한다.

민주주의의 한계와 가능성

2차 세계대전 이후 미국의 정치 체제는 민주주의의 대표적 성공 사례로 간주되었다. 1960년대 미국 정치학자 로버트 달은 미국 정치의 특징을 광범위한 개인과 사회집단의 참여가 이루어지는 폴리아키 즉 다두제라고 분석했다(달, 2009). 소수의 정치인이나 정당의 독재가 아니라 유권자 대중에 의해 복수 정당 체계에서 민주적으로 선출된 다양한 정치인들이 운영하는 정치 체제, 즉 다원주의 정치가 민주주의의 가장 핵심적인 요소라고 주장했다. 그러나 1980년대 에 로버트 달은 자신의 주장을 바꾸어야만 했다. 그는 『경제 민주주의에 관하여』에서 미국이 점점 기업자본주의의 지배를 받고 있다고 주장했다(달, 2011). 소득, 재산, 정치권력의 지나친 불평등으로 인해 미국의 민주주의가 무너지고 있다는 것이다. 그는 기업의 소유와 경영의 불평등을 축소하기 위해 경제민주주의, 정치적 평등, 자유의 가치를 조화롭게 달성하는 대안적 경제구조가 필요하다고 강조했다. 지금도 로버트 달의 주장은 미국의 민주주의에 대하여 중요한 문제를 제기한다.

최근 현대 민주주의가 충분히 민주적으로 작동하지 않는다는 비판의 목소리가 커지고 있다. 특히 의회와 정부가 소수의 특권층이나 부유층의 이익만 대변한다는 불만이 급증하고 있다. 영국 사회학자 콜린 크라우치는 현대의 정치 현상을 '포스트민주주의(post-democracy)'라는 새로운 개념으로 설명한다(Crouch, 2004). 포스트민주주의는 형식상 절차적 민주주의가 유지되고 법치주의가 실현되지만, 민주적 절차를 통해 달성하려는 목적을 배신하는 정부가 등장하는 역설적인 상황을 가리킨다. 이는 단순히 대의민주주의의 딜레마를 지적하는 것이 아니라, 신자유주의가 등장하는 역사적 과정과 밀접한 관련을 가진다. 크라우치는 2차 세계대전 이후 1970년까지 유지된 서유럽 사회의 민주적 시기는 글로벌 자본주의가 등장하면서 붕괴되었다고 본다.

2008년 세계금융위기와 지나치게 커진 소득 불평등도 민주주의의 후퇴에 큰 영향을 미쳤다. 미국의 불평등은 1929년 대공황 이후 최고수준에 이르렀으며, 대기업이 정당을 지배하면서 빈곤층과 약자의 목소리가 심각하게 약화되었다. 한국에서도 재벌 3, 4세의 세습 경영이 이루어지면서 대기업 회장과 임원의 연봉은 급격하게 상승한 반면, 대기업과 중소기업의 소득 격차가 커지고, 저임금 비정규직이 급속하게 증가했다. 재벌의 어린 자녀들이 수십억 주식을 보유하는 부의 세습은 '헬조선'이라는 신조어가 등장할 정도로 대중의 반감을 일으켰다. 재벌의 세습이 민주주의를 위협하고 있다는 우려가 점점 커져 간다. 또한 소셜 미디어가 사회정치적 양극화에 미치는 부정적인 영향도 우려할 만한 수준이다. 1990년대 인터넷과 소셜 미디어가 확산되면서 정보기술이 민주주의에 긍정적인 영향을 미칠 것이라는 기대가 커졌지만, 오히려 온라인 공간에서 당파적 정치가 확산되고, 심지어 가짜뉴스가 무분별하게 전파되면서 적대적 정치가 조장될 수 있다는 우려가 커지고 있다. 소셜 미디어는 '아랍의 봄'을 만들고 민주주의의 중요한 수단이 될 수 있는 반면, 중국의 인터넷 검열처럼 디지털 레닌주의 체제가 등장할 가능성도 포함한다. 한편 러시아의 푸틴, 중국의 시진핑, 터키의 에르도안의 사례에서 볼 수 있듯이 독재주의의 부활에 대한 우려도 커졌다. 21세기에 들어서면서 민주주의의 가치와 담론을 전파하는 동력이 약화되고, 러시아와 중국의 사례처럼 자국의 이익만 강조하는 이데올로기가 확산되고 있다. 심지어 민주주의 챔피언으로 평가받던 미국에서도 트럼프 대통령이 등장하면서 언론의 자유가 제한되고, 사회적 관용이 약화되고, 불평등을 줄이려는 정부의 노력이 약화되면서 미국 민주주의의 후퇴에 대한 지적도 증가하고 있다.

한국의 민주주의도 종종 심각한 위기에 직면했다는 평가를 받는다. 1987년 이후 한국 사회는 자유선거와 언론의 자유뿐 아니라 여당과 야당의 정권 교체가 평화적으로 이루어지면서 민주주의의 공고화를 이룩했다는 평가를 받았다. 그러나 다른 한편 한국에서도 대의민주주의가 소수의 엘리트 대표에 의해 모든 결정을 좌우하는 위임민주주의로 변질되었고, 정당은 정부의 후원을 받는 카르텔 정당으로 변화하여 진정한 민주적 정치가 실종되었다는 비판을 받았다. 특히 한국의 정당이 지역주의와 반공주의에 의해 보수화되면서 정치적 민주화가 제대로 발전하지 못했다는 비판이 커졌다(최장집, 2002). 이명박 정부와 박근혜 정부가 집권하는 동안 언론의 자유와 다양한 제도적 민주주의가 후퇴했다는 지적이 제기되었다.

보통선거 등 민주적 정치제도가 도입되어도 거대 정당과 소수의 엘리트에 의해 민주주의가 위기에 직면했다는 우려가 전 세계적으로 확산되고 있다. 그동안 국민의 대표가 모여 의회에서 표결을 통해 다수의 의사를 결정하는 것이 민주주의의 원칙처럼 알려졌지만, 실제로 다수결의 원리는 많은 문제점을 가지고 있다. 사회 내에서 항상 다수의 의견만 따른다면 소수의 의견이 무시되기 쉽다. 또한 다수의 의견과 다른 소수의 의견에 대하여 진지하게 성찰하고 토의할 기회가 자주 무시되기도 한다. 다수결의 원리만 강조한다면, 대의제는 다수의 횡포에 빠지거나 다수의 독재로 귀결될 수 있다. 또한 기업의 의사 결정도 소수의 이사회와 최대 주주에 의해 좌우되면서 다양한 의견이 무시되고 있다는 지적이 증가하고 있다. 그리하여 다수의 주장도 틀릴 수 있다는 개방적인 자세로 소수의 견해에 귀를 기울일 수 있는 공론장의 중요성이 강조되고 있다.

비판적 학자들은 엘리트 대의민주주의 대신 서로 다른 입장을 성찰하고 합리적 토론을 중시하는 심의민주주의(deliberative democracy)를 대안으로 제시한다(Cohen, 1989; Elster, 1998; Fishkin, 2011). 이들은 진정한 민주주의란 '어떠한' 결론이 만들어졌는가보다 '어떻게' 결론이 내려졌는가에 대한 질적인 고려가 있어야 한다고 강조한다. 심의민주주의는 직접민주주의의 한 하위 유형으로, 의사 결정에서 민주적 참여를 중시한다. 의회뿐 아니라 정부와 기업의 의사 결정에서도 삶의 질과 환경 등의 가치와 의제에 대한 관심이 커지면서 민주주의의 질에 대한 논의가 증가했다.

2016년 한국의 촛불혁명

2016년 촛불시민혁명은 한국 민주주의의 역사를 새로 쓰게 했다. 박근혜 대통령에 대한 국회의 탄핵 의결은 광화문과 전국의 거리에서 폭발한 거대한 대중운동이 아니었다면 불가능했다. 프랑스의 『르몽드』는 "집회 참가자들이 수백만 명에 이르며 사태의 하이라이트가 됐다"라고 보도했다. 1789년 프랑스 혁명에 바스티유 감옥을 무너뜨린 성난 군중은 불과 1,000명에 미치지 못했지만, 2016년 10월부터 6개월 동안 1700만 명이 참여한 거대한 대중운동은 무혈명예혁명의 새로운 역사를 만들었다.

2016년 10월 시작한 촛불시민혁명은 최순실-박근혜 게이트와 국민연금-삼성의 부패 스캔들에서 촉발되었지만, 박근혜 정부의 복지국가 등 대선 공약 파기, 국정원의 대선 개입, 세월호 참사, 시민적 자유의 후퇴에 대한 국민의 불만이 증가한 것이 구조적 원인이다. 거슬러 올라가면 2008년 이명박 정부가 등장한 이후 권력기관의 민간인 사찰, 언론인의 강제 해직, 권력형 부정부패, 사회경제적 불평등의 증가 등 한국 민주주의의 한계가 지속해서 드러났다. 국회의 탄핵 의결 직후 『뉴욕 타임스』가 "시민들이 임기 1년 남은 대통령의 퇴진만을 요구한 것이 아니다"라고 지적하며, "그들은 수십 년 동안 한국을 지배해 온 정치적 질서에 저항한 것"이라고 썼다. 2011년 미국 뉴욕에서 시작된 '월가를 점령하라(Occupy Wall Street)' 운동과 달리 한국의 촛불시민혁명은 대통령을 권좌에서 끌어내고 거리에서 환호성을 질렀다.

2016년 촛불시민혁명을 통해 다시 한국 민주주의는 많은 나라의 찬사를 받았다. 한국 민주주의의 역동성을 보여 준 2016년 촛불시민혁명은 세계에서 유례를 찾기 힘든 새로운 모습이었다. 촛불시민혁명에 대한 역사적 평가에는 더 시간이 필요할 수 있지만, 현시점에서 시민의 주도성, 비폭력 명예혁명, 정당과 시민사회의 새로운 협력관계의 출현이라는 세 가지 요소는 매우 주목할 만하다. 첫째, 촛불시민혁명의 주체는 시민이다. 시민은 단순히 중산층을 가리키는 용어가 아니라 공동체 또는 공화국에서 자유롭게 평등한 자격을 갖춘 모든 성원을 가리키는 용어로 널리 인정받게 되었다. 이는 마르크스주의가 제시한 생산 관계에 따른 계급 또는 노동자, 농민, 도시 빈민의 연합을 의미하는 1980년대의 민중과 다른 의미를 가진 새로운 역사적 주체가 등장했다는 사실을 보여 준다.

둘째, 촛불시민혁명의 주체는 과거의 민주화운동과 다른 특징을 보여 주었다. 4·19혁명과 6월 민주화운동은 학생과 중산층의 연합에 의한 운동이었으며, 2002년과 2008년 촛불집회는 고교생, 온라인 공동체 등 무정형의 자발적 대중운동이었다. 이에 비해 2016년 촛불시민혁명에서는 두 개의 성격을 결합한 대중운동의 특성을 보여 주었다. 고교생, 대학생, 노동조합, 신문사, 종편 방송, 다양한 계층의 시민이 참여하는 거대한 대중운동이 폭발했다. 이를 통해 무려 6개월 동안 1700만 명의 촛불집회 참가라는, 사상 유례가 없는 장기간, 전국적, 대규모 저항운동이라는 신기원을 이룩했다.

셋째, 촛불시민혁명은 다른 나라의 민주화 과정과 달리 시민 정치의 역동성을 보여 주었다. 정당에 대한 대중의 지지가 약화되고 투표율이 낮아졌다고 해서 반드시 대중의 정치적 관심이 사라지고 직접행동의 가능성이 없어진 것은 아니다. 2002년, 2004년, 2008년, 2016년 촛불집회의 지속적 폭발은 정당의 책임성이 약화되고 대의민주주의의 한계에 대한 비판이 커지는 동시에 시민의 직접행동이 자주 발생하는 사회 현상으로서 주목할 만하다. 오히려 과거에 비정상적 행동으로 보였던 대중운동이 정상적인 것으로 보이고 있다. 독일 사회학자 울리히 벡(Ulrich Beck)이 말한 '비정상의 정상화'처럼 촛불집회는 한국 정치의 새로운 특징을 보여 주고 있다(벡, 2000).

촛불시민혁명은 프랑스 혁명과 달리 폭력을 사용하지 않았다는 점에서 영국의 명예혁명 또는 1989년 동유럽의 벨벳 혁명에서 볼 수 있는 특징을 가지고 있지만, 대규모 대중운동으로 정부를 교체했다는 점에서는 혁명적이다. 토머스 제퍼슨은 "자유의 나무는 가끔 애국자와 폭군의 피로 새롭게 해야 한다"라고 말했지만, 오히려 민주주의는 무혈혁명을 통해 더 튼튼하게 자라난다. 지배층이 그람시가 말한 수동혁명을 선택하지 않은 상황에서 폭력적 갈등 없이 정부 교체가 이루어졌다는 점은 헌법의 정당성과 절차적 민주주의의 새로운 차원을 보여 주었다. 6월 민주화운동 이후 개헌과 대선, 총선이 실시된 상황과 달리 헌법 절차에 따라 정부가 교체되었다는 점에서 헌법적 민주주의의 안정성과 지속성을 발견할 수 있다.

2016년 촛불시민혁명으로 정당과 시민사회의 상호 작용을 통해 대중운동을 이끄는 새로운 리더십이 등장했다. 촛불집회는 초기에 시민사회단체가 주도했으며, 정당은 수동적으로 반응하거나 상황을 추종하는 모습을 보여 주었다. 이는 1987년 야당과 재야단체가 국민운동본부를 구성해 공동행동에 나섰던 상황과는 명백히 다르다. 그러나 촛불집회의 규모가 커지고 국민 여론의 지지가 높아지면서 정당은 적극적으로 국회 차원에서 정치적 탄핵을 추진했다. 정당의 적극적 대응으로 인하여 2008년 촛불집회와 달리 시간이 갈수록 정당에 대한 부정적 태도는 많이 감소했으며, 이는 2017년 5월 대선의 높은 투표율로 유지되었다.

세대적 차원에서도 촛불시민혁명은 10대에서 70대 이상에 이르기까지 광범위한 사회운동으로 발전했다. 한국 정치에서 386세대(1980년대 민주화운동 세대)의 재등장과 함께 현재의 청년 세대 사이의 세대 연대를 실현한 정치적 경험은 새로운 정치적 전망을 시사한다. 앞으로 1980년대 민주화운동을 경험한 386세대가 중년 세대가 되어도 계속 진보적 성향을 보이고, 정치적 참여와 온라인 정치문화에 영향을 미칠 것으로 보인다. 그러나 사회경제적으로 안정된 지위를 가진 중년 세대와 실업, 빈곤, 비정규직으로 박탈감이 강한 청년 세대의 관계에서 정치적 긴장과 갈등이 커질 가능성도 여전히 남아 있다.

한편 촛불집회에서 분출한 혁명적 요구를 정당과 정부가 제대로 대변하지 못한다는 비판의 목소리도 커지고 있다. 2008년 촛불집회에서 나타난 과거의 열정과 환멸의 정치가 반복될 것인가? 아니면 과거와 다른 장기적 혁명으로 새로운 시민혁명의 역사를 쓸 것인가? 이탈리아 작가 이탈로 칼비노는 "혁명이 성공하는 순간 혁명가는 보수적으로 변한다"라는 말을 했다. 시간이 갈수록 촛불을 든 시민의 혁명적 요구에 국회와 정부가 제대로 대응하지 못한다는 지적이 커지고 있다. 촛불시민혁명이 헌법적 민주주의의 틀에서 이루어졌다는 구조적 한계로, 여소야대 국회가 그대로 유지되고 있기 때문이다. 이런 점에서 보면 시민의 직접행동은 대의민주주의를 대체하는 것이 아니라 보완하는 역할에 머무르는 한계를 가지고 있다.

주기적 선거와 빈번한 촛불집회에도 불구하고 아직도 대중이 정부의 정책에 미치는 영향은 매우 미약하다. 촛불시민혁명의 구조적 배경에는 한국의 지배층과 재벌 대기업의 부정부패와 부의 세습 등 사회경제적 불평등에 대한 대중의 불만이 자리 잡고 있지만, 정당은 분배정의를 향한 요구를 적극적으로 대변하지 못했고, 사회경제적 개혁은 여전히 미완의 과제로 남아 있다. 한국에서 3세와 4세로 이어지는 재벌의 세습은 북한의 권력 세습만큼이나 민주주의를 파괴하고 있다. 탐욕적인 재벌의 세습이야말로 한국의 불평등을 심화시키는 가장 중요한 원인이다. 그러나 재벌이 막대한 금력을 이용하여 정당, 언론, 대학을 지배하면서, 부의 세습을 비판하고 재벌개혁을 요구하는 목소리가 사라지고 있다. 특히 정치인들은 빈곤과 불평등을 경제의 틀 안에 가두고, 재벌의 기득권과 세습 체제를 유지하는 하수인 역할을 하고 있다. 이런 점에서 불평등에서 이익을 얻는 정치인들에게 권력을 넘겨주는 선거제도가 혁파되어야 한다. 결국 부패와 불평등은 자본의 문제이기 이전에 권력의 문제이다. 자본만큼이나 불평등하게 분배된 권력을 개혁하지 않으면 부패, 불평등, 부의 세습을 바로 잡는 것은 불가능하다. 시민혁명이 정치적 열광과 환멸의 반복이 되지 않기 위해서는 선거제도의 개혁과 함께 다양한 사회경제적 개혁이 시급하게 필요하다. 시민혁명은 장기적 혁명(long revolution)이며, 아직도 현재 진행형이다.

더 읽을거리

최장집, 2010, 『민주화 이후의 민주주의』, 후마니타스.

허시먼, 앨버트 O., 2010, 『보수는 어떻게 지배하는가』, 이근영 옮김, 웅진지식하우스.

헌팅턴, 새뮤얼, 2011, 『제3의 물결: 20세기 후반의 민주화』, 강문구·이재영 옮김, 인간사랑.

헬드, 데이비드, 2010, 『민주주의의 모델들』, 박찬표 옮김, 후마니타스.

5. 시민권

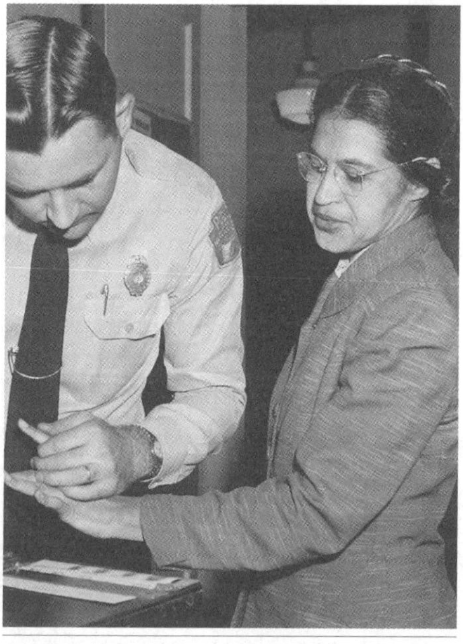

미국 앨라배마주 몽고메리에서 흑인 차
별에 대한 버스 보이콧 사건으로 체포
된 민권운동가 로자 파크스

> 사회권은 경제적 복지와 보장에서부터 사회적 유산을 완전하게 공유하고 사회의 지배적인 기준에 따라 문명화된 존재로서의 삶을 영위할 수 있는 모든 범위를 의미한다.
>
> - 토머스 험프리 마셜, 『시민권과 사회계급』

시민권(citizenship)은 정치사회학의 가장 중요한 개념 중 하나이다. 20세기 역사의 거대한 그림을 보면 열광, 광신, 폭력의 역사 대신 화해, 타협, 조정의 가치를 중시하는 복지국가의 철학적 토대는 시민권에서 찾을 수 있다. 역사를 거슬러 올라가면 시민권은 현대적 국민국가의 등장 및 발전과도 밀접한 관련이 있다. 영국 명예혁명과 미국 혁명을 거쳐 프랑스 혁명에 이르기까지 시민권의 적용과 확산은 국민국가의 탄생에 결정적 영향을 미쳤다. 영국의 『마그나 카르타』에서 권리의 개념이 최초로 정치의 무대에 등장했다. 프랑스 혁명 직후 만들어진 『인권선언』은 모든 인간의 평등한 권리를 규정했다는 점에서 시민권에 관한 가장 중요한 문서로 찬양받는다. 이를 토대로 2차 세계대전 이후 1948년 동서 냉전의 대결을 초월하여 유엔이 채택한 『세계인권선언』은 시민정치적 권리와 사회경제적 권리를 동시에 강조하며 인권의 시대가 개막하였음을 전 세계에 알렸다. 국제적 『마그나카르타』라고 불리는 『세계인권선언』은 인권을 보장하는 국가의 책임을 강조했다는 점과 함께 글로벌 시민권의 문제를 제기했다는 점에서 역사적 의의가 크다. 이 장에서는 시민권 개념에 관한 역사적 발전 과정과 이를 둘러싼 다양한 사회학적 논쟁을 살펴볼 것이다.

토머스 험프리 마셜(Thomas Humphrey Marshall)은 시민권의 이론을 제시한 영국의 사회학자이다. 1950년에 출간한 『시민권과 사회계급』이 가장 유명한데, 이는 시민권에 관한 가장 고전적 연구라는 찬사를 받고 있다(Giddens, 1981; Turner, 1986; Marshall and Bottomore, 1992). 사회학자로서 마셜은 1950년대와 1960년대 영국 사회학에서 가장 독창적이며 중요한 공헌을 한 학자로 평가받았다(Lipset, 1977). 사회학자로서 마셜은 언제나 바깥 세상에 눈을 돌렸으며, 2차 세계대전 이후 『유럽인권규약』의 제정에도 참여하였다. 마셜은 생산수단의 사회화를 주장하는 마르크스주의에 동의하지 않았지만, 사회권이 민주사회의 필수 요소라고 믿었다. 마셜은 "복지국가는 정당하고 수용할 수 있는 경제적 불평등을 만드는 일부 조치를 인정해야 하지만, 원칙적으로는 엄격한 계급 구분과 상이한 사회적 수준에서 뚜렷이 구별되는 문화 유형을 유지하고 형성하려는 어떤 시도에도 반대한다"고 강조했다. 마셜은 사회권의 확대가 불평등한 자본주의 사회를 변화시킬 것이라고 믿었다.

마셜의 중요한 이론적 공헌은 시민권이라는 개념을 철학적인 영역에서 실천적 영역으로 옮겨 와 새로운 관심을 자극했다는 점이다(Bulmer and Rees, 1996). 마셜은 20세기 현대 복지국가의 발전에 중요한 영향을 미쳤으며, 특히 사회권의 개념은 복지의 철학을 근본적으로 바꾸었다. 그는 복지를 가난한 사람에 대한 시혜나 은전이 아니라 시민의 기본적 권리 중 하나로 인정하는 철학적 토대를 제공했다. 마셜은 시민권을 "공동체의 성원에게 부여된 지위(status)"라고 보았다(Marshall, 1963: 87). 그는 국가가 모든 시민에게 공민권, 정치권, 사회권 등 시민권을 보장해야 한다는 주장을 제시했다. 특히 사회권은 과거의 잔여적 복지와 다른 보편적 복지의 기준을 제시하여 사회정책의 방향을 바꾸었다. 마셜의 시민권은 사회복지 급여와 서비스가 현대 사회에서 제도적 장치를 통하여 모든 국민에게 보편적으로 제공되어야 하는 정당성을 강조했다. 또한 마셜은 시민권을 갖고 있는 모든 사람들이 시민(citizen)의 지위에 따르는 권리와 의무에 대해 평등한 자격을 갖고 있다고 강조했다. 이러한 마셜의 시민권 이론은 베버리지의 『사회보험과 관련 서비스』에서 주장한 보편주의 원칙과 기본 가치를 공유한다.

마셜의 시민권에 관한 관점은 역사적 분석을 강조한다. 마셜은 시간과 공간을 초월하는 시민권의 보편적 원리란 존재하지 않으며, 역사적 조건과 상황에 따라 시민권이 규정하는 권리와 의무의 내용은 달라진다고 보았다. 마셜의 접근법은 영국의 사례를 통해 이론적 명제를 제시했으나, 마셜의 주장은 많은 비판에 직면했다. 특히 1980년대 대처의 보수당이 집권하면서 경제 자유화와 복지개혁이 이루어지고 시민권의 심각한 후퇴가 발생했다. 사회학의 영역에서도 마셜이 제시한 시민권의 역사를 과연 자연적 진화의 과정으로 볼 수 있는가에 대한 의문이 제기되었다(Giddens, 1981; Turner, 1986). 그리고 공민권, 정치권, 사회권의 구성 내용과 상호 관계를 둘러싼 논쟁이 벌어졌다(Lister, 2004). 톰 보토모어 등 마르크스주의 학자들은 마셜이 사유재산의 효과를 충분하게 고려하지 못했다고 비판했으며(Marshall and Bottomore, 1992), 페미니즘의 시각도 마셜이 젠더 불평등을 고려하지 않은 문제점을 지적했다(Fraser and Gordon, 1992; Lister, 2004). 지금도 마셜의 시민권은 지속적으로 이론적 논쟁의 중심에 있으며, 시민권의 실천 방안을 둘러싼 정치적 논쟁에 중요한 지적 자극이 되고 있다.

이 장에서 우리는 마셜의 시민권 이론이 갖고 있는 의미를 살펴보면서 사회권과 복지국가의 역사적 변천 과정을 살펴볼 것이다. 과연 마셜은 모든 시민이 평등한 권리를 갖는다고 보았는가? 마셜의 시민권 이론은 자본주의와 민주주의의 긴장과 갈등을 근본적으로 해결했는가? 마셜이 제기한 주장과 달리 자본주의 경제의 불평등한 계급 체계 속에서 평등한 시민권이 보장되지 못한 이유는 무엇인가? 이 문제는 시민권의 역사적 발전을 이해하는 중요한 문제인 동시에 정치사회학의 가장 핵심적인 주제를 관통하는 문제이기도 하다. 먼저 자본주의, 민주주의, 복지국가를 둘러싼 마셜의 사회학적 논쟁의 기본 명제를 살펴본다.

사회계급과 시민권

마셜의 시민권 이론은 불평등한 사회계급과 평등한 시민권 사이의 상호 관계에 주목한다. 마셜은 자본주의 경제에서 만들어진 불평등한 사회계급이 어떻게 평등을 강조하는 시민권과 결합될 수 있는지에 대해 역사적 탐구를 시도했다. 18세기 서유럽에서 출발한 자본주의 경제에서 만들어진 사회계급은 기본적으로 불평등한 체계이다. 이에 비해 시민권은 사회의 구성원 모두에게 부여되는 지위(status)로서 모든 사람이 평등하게 보유할 수 있는 자격을 가리킨다. 시민권은 초기 단계부터 모든 시민의 평등한 관계를 요구했으며, 공공 영역, 시장 영역, 사적 영역에서 각기 특수한 형태의 평등한 대우와 사회적 권리를 요구했다. 마셜은 불평등한 체계인 사회계급과 평등한 체계인 시민권이 역사적으로 경쟁하면서 발전했다고 주장했다(Marshall, 1963: 87~90).

마셜은 시민권이 단일한 특성이 아니라 '공민적, 정치적, 사회적 요소'의 세 가지 특성을 가지고 있다고 주장했다. 마셜이 말한 세 가지 요소는 특이하게도 영국 사회에서 매 세기마다 하나씩 획득되었다. 18세기에는 법적 지위와 관련된 시민적 권리(공민권)가 발전하였으며, 주로 법정을 통해 보호되었다. 19세기에는 보통선거권과 같은 정치권이 발전했으며, 의회를 통해 표출되었다. 20세기에는 사회권이 확대되었으며, 주로 전쟁 상황과 노동자계급의 투쟁을 통해 발전했다. 먼저 마셜이 제시한 '공민적 요소'는 모든 시민이 갖고 있는 법률적 지위를 가리킨다. 공민권은 인간의 기본권 가운데 자유권을 강조했지만, 재산의 불평등은 당연한 현실로 간주되었다(Marshall, 1963: 74). 역사적으로 보면, 1688년 명예혁명 이후 시민은 공민권을 평등하게 행사할 수 있었다. 명예혁명의 이론가 존 로크가 '자유, 생명, 재산'을 자유주의의 세 가지 구성 요소로 강조했듯이, 재산의 소유 정도에 따른 계급 불평등은 그대로 유지되었다. 다음으로 마셜이 표현한 '정치적 요소'란 정치적 권위를 가지는 기관의 성원을 선출할 수 있는 유권자로서의 권리를 의미한다. 평등선거의 원칙에 따라 투표권은 1인 1표로 할 것을 요구했지만, 재산의 불평등은 그대로 유지되었다. 실제로 영국의 투표권은 재산을 소유한 남자에게만 부여되었다. 20세기에 등장한 '사회적 요소'는 경제적 불평등에 더욱 적극적으로 도전했다. 사회적 요소는 경제적 복지와 사회보장을 통해 사회적 유산을 완전히 공유하고 사회의 보편적 기준에 따라 문명화된 존재로서 개인의 삶을 영위할 수 있는 영역을 가리킨다. 사회권과 가장 긴밀하게 연결된 제도는 교육, 의료, 연금, 사회 서비스이다. 이처럼 마셜의 공민권, 정치권, 사회권으로 구성된 세 가지 시민권의 발전은 역사적 시기에 따라 순차적이면서도 누적되는 특징을 가지고 있다.

세 가지 요소 가운데 사회권은 개념적으로 공민권 및 정치권과 구별되지만, 서로 전혀 무관한 것은 아니다. 마셜에 따르면, 사회권은 시민사회가 성장하는 토대였던 공민권과 민주주의의 토대였던 정치권의 상호 작용을 통해 생겨났다. 그러면 과연 사회권과 자본주의 경제가 평화롭게 양립할 수 있는가? 이 주제에 대한 마셜의 답변은 이중적이고 복합적이다. 첫째, 마셜은 20세기의 시민권과 자본주의 계급 체계는 "전쟁 상태"에 있었다고 표현했다(Marshall, 1963: 21~23).

그는 시민권이 자본주의 계급 체계를 수정했다고 보았다. 그리하여 경제적 불평등의 유지는 시민권의 지위 강화에 의해 더욱 어려워지고 있다고 결론지었다. 둘째, 마셜은 사회권이 확대되는 추세에도 불구하고 불평등의 지속 가능성에 대해서도 지적했다. "우리는 절대적 평등을 추구하고 있는 것이 아니다. 평등주의 운동에 내재한 한계가 존재한다. 평등주의 운동은 이중적인 것이다. 그것은 부분적으로 시민권을 통해 작동하고, 부분적으로 경제 체계에 의해 작동한다"(Marshall and Bottomore, 1992: 45). 두 운동의 궁극 목적은 정당하지 않은 불평등을 제거하는 것이다. 그러나 정당성의 기준은 상이하다. 마셜에 따르면, "시민권의 기준은 사회정의이고, 경제 체계에서는 경제적 필요와 연결된 사회정의"이다(Marshall and Bottomore, 1992: 45). 상이한 원칙은 각각 보편적 시민권과 불평등한 자본주의 경제의 반영이다. 결론적으로 마셜은 모든 시민이 사회권을 가진 사회에서도 일정한 불평등은 계속 존재할 수밖에 없다고 보았다.

그러면 시민권과 불평등의 모순 관계를 해결하기 위한 마셜의 처방은 무엇인가? 마셜은 사회권이 자본주의 경제의 불평등에 도전하는 요소라고 평가했다. 사회권은 자본주의 경제의 계급 불평등의 원리와 모순을 일으키는 복지국가의 토대가 되었다. 마셜은 사회권이 바로 복지국가의 핵심 요소라고 보았다(Marshall, 1963). 사회권의 목표는 모든 시민에게 자신의 자원에 의해서든, 그것이 불가능할 경우에 도움을 통해서든 적어도 미리 설정된 '최저한의 삶'을 보장하는 것이다. 그러나 이러한 사회권의 확장은 "소득의 평균화"를 의미하는 것이 아니라 "지위의 평등"을 목표로 한다(Marshall, 1963: 56). 본질적으로 사회권은 개인들의 차이 또는 불평등을 발전시키고 드러낼 수 있는 평등한 권리이며, "불평등하게 인정받을 수 있는 평등한 권리"이다. 따라서 초기에 숨겨진 불평등을 드러내는 데 힘을 발휘했던 사회권은 불평등한 능력에 상응하는 불평등한 지위의 구조를 만든다(Marshall, 1963: 65). 마셜은 시민권과 불평등이 공존하는 현대 사회의 모순적 특징을 날카롭게 분석했다. 시민권과 자본주의 사회의 계급구조는 지속적으로 서로 갈등하는 상황에 직면했다(Marshall, 1977: 121).

왜 마셜은 자본주의와 민주주의의 긴장과 대립을 그대로 수용했는가? 마셜은 자본주의 경제가 지속적으로 불평등한 사회 체제를 만들고 있다고 인정했다. 이에 맞서 19세기 후반에 등장한 사회주의 이데올로기는 사회적 평등을 추구하는 가치를 대표했다. 그러나 마셜은 마르크스주의와 급진적 사회주의 같은 계급투쟁 대신 시민권을 통한 지위의 평등을 선호했다. 마셜은 넓은 의미의 사회주의를 지지했지만, 그것을 두 가지로 구분했다(Marshall, 1977: 284~286). 첫째, '진정한 사회주의'는 폭력적이든 평화적이든 자본주의를 폐지하여 사회경제적 체제를 바꾸려는 이데올로기를 포함한다. 이러한 사회주의는 마르크스주의와 페이비언 협회의 사회주의가 대표적이다. 또 다른 종류의 사회주의는 '온건한 사회주의'이다. 이러한 사회주의는 진보적 자유주의가 제안한 사회정책과 밀접한 관련이 있다. 독일의 사회정책학회(Verein für Socialpolitik)와 마찬가지로 마셜은 자본주의 경제를 합리적으로 개혁하는 사회정책의 중요성을 인정했다. 그러나 마셜의 주장은 '강경한' 또는 최대강령주의(maximalist)의 시민권이 아니라 '온건한' 또는 최소강령주의(minimalist)의 시민권을 제시한 것으로 볼 수 있다. 불평등한 자본주의 체계와 평등한 시민권의 결합을 강조하는 마셜의 입장은 넓은 의미에서 자유주의로 구분할 수 있지만, 자유방임을 강조하는 19세기 고전적 자유주의나 자유시장을 신봉하는 20세기의 신자유주의와 구별된다. 그의 견해는 자유시장을 인정하는 동시에 사회적 책임을 강조하는 20세기 초반 영국의 새로운 자유주의(new liberalism) 또는 사회적 자유주의의 전통과 가깝다.

마셜의 견해는 자본주의 경제, 민주정치, 사회복지제도의 모순적 질서의 조합을 인정하는 다원주의 사회를 지향한다. 마셜은 서로 모순적인 세 가지 요소 ― 자본주의, 민주주의, 복지국가가 공존하는 '복합연결사회(hyphenated society)'를 현대 사회의 특징으로 주장했다. 사회적 자유주의에서 나타나는 이데올로기의 중첩과 마찬가지로 복지국가는 다양한 이념이 혼합된 결과로 보아야 한다. 마셜은 복지국가가 단일한 이념적 원리에 의해서 구성된 것이 아니라 다양한 정치세력의 조정과 타협을 통해 형성된 것으로 해석했다. 그는 20세기 영국의 복지국가 정치철학이 "혼돈의 분위기"에서 태어났다고 지적했다(Marshall, 1977: 285~286). 실제로 복지국가는 다양한 정치 진영이 만나고 겹치는 정치적 영역에서 등장했다. 보수 진영, 진보적 자유주의 진영, 극단적 진보 진영, 중도의 사회주의자들도 모두 복지국가를 지지했다. 로이드 조지, 윈스턴 처칠, 네빌 체임벌린, 윌리엄 베버리지는 상이한 정파를 대표했지만, 다양한 경로를 통해 복지국가의 이상에 근접했다. 사회주의를 주장한 노동당도 복지국가를 사회주의의 근거지로 간주했다. 결과적으로 영국의 복지국가는 기업과 노동자가 공동으로 기여금을 분담하는 사회보험과 조세로 충당하는 국가보건

서비스(National Health Service: NHS)의 결합으로 탄생했다.

복지국가의 중요한 원칙은 모든 시민이 동일한 권리를 갖고 있다는 주장에서 출발한다. 1942년 윌리엄 베버리지가 주도적으로 작성한 『사회보험과 관련 서비스』는 보편적 복지국가의 가치와 이상을 잘 표현했다. 『사회보험과 관련 서비스』는 빈곤을 해결하기 위해서 무엇보다도 보편주의(Universalism)의 원칙을 기반으로 소득수준에 관계없이 '국민최저수준(National Minimum)'을 평생 동안 보장하겠다고 약속했다. 과거에 임금 노동자에 한정된 건강보험, 연금 등 사회보험의 적용 범위를 모든 국민에게 확대한 것도 중대한 변화이다. 직역보험은 국민보험이 되었고, 기업 공동체는 국민 공동체로 대체되었다. 그러나 베버리지의 보편주의 원칙은 마셜이 말한 시민권의 전제와 일맥상통하지만, 반드시 동일한 것은 아니다. 마셜의 '온건한' 또는 '최소강령주의' 시민권은 시드니 웹의 국유화와 리처드 M. 티트머스의 보편적 서비스의 강조와는 상당한 차이를 가진다. 마셜이 1949년에 발표한 논문 「자발적 행동」을 보면 국가의 제한적 역할을 인식하였으며, 자원봉사 활동을 중시했다(Marshall, 1977: 345~358). 마셜의 시민권은 궁극적으로 사유재산의 국유화 없이도 사회적 불평등을 해소할 수 있는 철학적 토대를 제공하려고 시도했다. 그러나 평등한 시민권이라는 관념은 자본주의 경제의 원리와 지속적으로 갈등을 일으키며 충돌할 수 있다.

이러한 주장은 역사적 기록과도 잘 들어맞는다. 1940년대 후반 영국 사회의 평등주의적 열망이 약화되면서 사람들은 복지국가의 등장이 부의 불평등에 커다란 변화를 가져오지 못했다는 사실에 실망하기 시작했다. 복지국가의 세금과 서비스의 제공이 사회 구성원의 소득 재분배를 목표로 한 것이 아니기 때문이었다. 복지국가는 점점 가난한 사람을 위한 것이 아니라 부유한 사람을 위한 것처럼 보였는데, 특히 중간계급이나 완전 고용과 고임금의 혜택을 받는 '풍요로운 노동자'를 위한 것처럼 보였다. 복지국가는 저소득으로 고통을 겪는 노동자계급과 빈곤층을 위한 것이 아니라 중간계급과 이익단체의 압력을 받아 사회적 위험을 방어하기 위한 모든 계층을 위한 제도로 변화했다. 그러나 서유럽 복지국가에서 중간계급의 광범위한 지지를 얻기 위해서는 이것이 불가피한 선택이었는지도 모른다. 이에 대해 마셜은 "어떤 점에서 보면 부르주아지가 노동자들에게 가야 할 몫을 빼앗는 것처럼 보일 수 있다"고 말했다. 그는 "복지국가는 프롤레타리아 독재가 아니며, 부르주아를 없애겠다고 약속한 것도 아니기 때문이다"라고 지적했다(Marshall, 1977: 297~300, 330).

얼핏 보면 상호 모순적으로 보이는 제도인 자본주의, 민주주의, 복지국가를 통합하려는 마셜의 시도는 몇 가지 이론적 약점을 가지고 있다. 첫째, 마셜의 시민권 이론은 재산 관계의 부정적 효과를 적절하게 고려하지 못했다. 마셜의 시민권에 대한 관점은 지나치게 낙관적이었으며, 사회권의 발전이 자본주의의 불평등을 완화할 것이라는 바람은 새로운 불평등의 재발견에 의해 많은 어려움에 직면하였다. 이런 점에서 시민권은 노동자계급의 전투성을 약화시키려는 '지배계급의 전략'이라는 비판도 대두되었다(Mann, 1987). 둘째, 마셜의 분석은 경제적 생산을 통제하는 시민의 권리를 충분하게 설명하지 못했다. 자본주의 경제를 그대로 유지하면서 사회적 불평등을 완화하거나 축소하려는 마셜의 이론이 자본주의 사회의 '진정한' 모순을 제대로 지적하지 못했으며, 재산을 가지고 있는 사람과 가지지 않은 사람들 사이의 근본적 모순 관계를 해결하지 못했다(Marshall and Bottomore, 1992: 71~72). 이런 점에서 마르크스주의 학자들이 제기하는 형식적 시민권과 실질적 시민권의 차이에 대한 논쟁은 사회적 자유주의에도 영향을 주었다. 셋째, 여성과 소수민족에게 보장되는 실질적 시민권은 상당히 불평등하게 분배되는 경향이 있다. 젠더 평등의 관점을 강조하는 페미니스트 이론가들은 마셜의 이론이 너무 남성에만 초점을 맞추고 있고, 여성의 사회적 권리를 소홀하게 다루었다고 비판했다(Fraser and Gordon, 1992). 실제로 마셜은 특정 시민권의 범주를 특정 시기에 제한하여, 한 시기에 여러 가지 시민권의 유형이 공존하고 있는 현실을 제대로 이해하지 못했다. 영국 사회에서 여성은 18세기에 시민적 권리를, 19세기에 정치적 권리를, 20세기에 사회적 권리를 획득한 것이 아니다. 영국 여성은 1857년 결혼 및 이혼법이 통과되면서 재산권을 획득했다. 참정권이나 정치권의 획득은 이보다 더 늦은 20세기에 가능했다. 결과적으로 마셜의 시민권은 영국의 백인 남성에게만 효력을 갖는 권리에 불과하며, 여성, 흑인, 장애인 등 다른 집단들의 권리는 제대로 보장하지 못한다는 비판을 받았다.

그러면 과연 시민권이 사회적 불평등을 해소할 수 있으며, 모든 시민의 권리를 보장할 수 있을 것인가? 20세기의 역사를 보면 '평등한 지위'로서의 시민권이 실질적 평등을 완전히 실현할 수는 없었다. 평등한 시민권은 장기적이고, 전투적이고, 때로는 역진적 성격을 보이며, 다양한 사회 영역에 내재된 사회적 권리에 대한 약속은 '인정투쟁'을 통해 점차 실현되고 있다. 독일 사회학자 악셀 호네트가 사랑, 권리, 연대를 상호 인정의 세 가지 형식으로 지적한 것처럼, 규범적으로 내용이 풍부한 인정의 형식은 재분배의 영역 이외에 다양한 생활 세계에서 나타난다(Honneth, 1996). 사회학적 차원에서 보면, 평등한 시민권이라는 개념은 모순적이고 이중적이다. 시민권은 어떤 관점에서는 지배계급의 전략이자 경제적 불평등을 은폐하는 장치인 동시에, 다른 관점에서는 노동자계급이 승리를 거둔 결과이며, 인간다운 삶을 보장하는 제도의 철학적 토대이기도 하다. 시민권은 자유시장의 병폐를 누그러뜨리는 동시에 자본 축적을 돕는다. 사회적 불평등과 차별을 축소하거나 제거하려는 시민권의 범주는 지속적인 사회갈등과 직면하고, 사회정치적 관계에 의해 구조적 제약을 받으며, 끊임없이 불완전하고 유동적인 상태에 머무르게 된다. 시민권은 이데올로기와 정치의 도움 없이 유지가 불가능하며, 병든 자본주의는 정치의 도움 없이 위기 탈출이 불가능하다. 독일 사회학자 클라우스 오페가 말한 대로 "자본주의는 복지국가와 함께 공존할 수 없으며, 복지국가 없이 존재할 수도 없다는 것이 바로 모순이다"(Offe, 1984: 11). 이는 시민권을 보장하는 제도적 토대로서의 복지국가가 시대에 따라 시민권에 대한 새로운 정의와 정치적 역동성을 통해 지속적으로 변화하기 때문이다.

보편적 사회권과 복지국가의 쇠퇴

마셜의 시민권 이론은 정태적 분석틀로 이해하기보다 역동적 과정으로서 이해해야 한다. 마셜의 시민권은 많은 학자들이 가정하는 것보다 매우 복잡한 성격을 갖고 있어 반드시 고정적, 통일적, 보편적 개념이 아니라 제한적, 유동적, 복합적 개념으로 보아야 한다. 시민권은 개념적 차원에서 일정한 제도적 특징을 설명하는 동시에 규범적 차원에서 다양한 사회세력의 합의를 요구한다. 이러한 이유 때문에 시민권의 제도화는 역사적으로 불가역적 성격을 갖는 것이 아니라 지속적으로 다양한 사회세력 간의 갈등, 투쟁, 타협을 거치며 변화하는 역동적 과정으로 볼 수 있다. 시민권은 자원을 할당하는 제도적 장치의 변화뿐 아니라 계급적 정체성을 형성하는 정치적 변화와 깊은 관련을 가지고 있다. 시민권의 영역은 사회집단의 역사적 투쟁을 통해 형성되었으며, 정치적 자원을 동원함에 따라 새로운 시민권의 성격이 창조되었다.

마셜이 현대 복지국가를 불평등한 자본주의 경제, 민주주의, 보편적 시민권의 결합이라고 본 점은 매우 중요한 의미를 가진다. 실제로 복지국가는 자본주의 경제의 자본가계급과 노동자계급의 타협을 토대로 구성되었다. 2차 세계대전 이후에 형성된 노동자계급과 자본가계급의 역사적 타협, '국민의 집', 미국의 '뉴딜'을 통해 국가, 자본, 노동의 협력과 조정이 이루어지면서 경제성장, 완전 고용, 복지국가를 추구하는 합의의 정치가 등장하였다. 당연하게도 전후 유럽에서는 시민권의 점진적 확대에 대해 상당히 낙관적인 견해가 널리 확산되었다. 그러나 마셜은 일찍이 시민권과 자본주의 사이에 상당한 갈등이 존재한다고 지적한 바 있다. 또한 복지 서비스와 시장을 통한 욕구의 충족 사이에도 어느 정도의 갈등이 존재한다. 실제로 이러한 갈등은 복지국가가 등장한 이후에 지속적으로 나타났다.

복지국가의 이상은 곧 어려움에 봉착했다. 전후 고도성장이 이루어지면서 계획을 강조하는 경영자 자본주의가 강화되고 고등교육이 확대되었지만, 민주적 사회주의 운동이 약화되면서 사회권의 확대는 제한을 받았다. 이 시기에는 사회적 급여의 보편적 제공과 자산조사를 통한 선별적 복지라는 완전히 다른 두 가지 복지국가의 유형이 공존했다. 자산조사를 거친 빈곤층에게만 복지를 제공하려는 시도는 사회 전체에 심각한 결과를 가져왔다. 1942년『사회보험과 관련 서비스』가 영국 국민을 사로잡은 이유는 보편주의의 원칙 때문이었다. 베버리지가 작성한 이 보고서는 자산조사의 폐지를 약속함으로써 대단한 인기를 얻었다. 그러나 1948년 이후 자산조사를 실행하는 복지 서비스의 수는 지속적으로 증가했다. 열심히 노동을 하고 성실하게 납세하는 중산층의 돈을 빼앗아 무위도식하는 실패자와 가난한 사람에게 준다는 보수적 주장은 보편적 시민권이라는 이상과 분명히 배치된다. 결국 자산조사의 궁극적 결과는 사회의 통합이 아니라 분열이 되었다. 많은 사람들이 복지국가를 소수의 열등한 사람을 위한 제도로 생각할 때 장기적으로 보편적 시민권에 대한 관심은 약화되고 복지정치는 무력해진다.

마셜은『시민권과 사회계급』에서 복지국가의 호소력이 쇠퇴한 원인으로 두 가지를 지적하였다(Marshall, 1963: 131~135). 먼저, 마셜은 복지의 '지위의 상실(loss of status)'을 중요한 원인으로 분석했다. 마셜의 논문 「복지국가와 풍요로운 사회」를 보면, 그는 복지국가가 주로 경제적 위기의 시대에 등장했다고 지적했다(Marshall, 1977: 281, 301). 그러나 경제적 위기가 끝나자 사람들의 생각은 바뀌었다. 존 갤브레이스(John K. Galbraith)가 주장한 대로 '풍요로운 사회'가 도래하면서 사람들은 생산보다 소비에 관심을 가졌고, 복지의 정체성은 약화되었다. 소비사회에서 특별한 미학을 강조하는 노동이 증가하고, 생산자의 목표는 집합적으로 표현될 수 없었다(Bauman, 2007). 소비자는 선택권에 최고의 가치를 두고, 보편적 복지보다 시장과 선호도를 중시한다. 결국 소비사회와 복지국가는 공존하기 어렵다. 둘째, 마셜은 사람들의 욕구를 만족시키는 수단으로서 시장과 복지 사이의 갈등을 지적했다. 민주적 자유는 상당한 정도로 경제적 자유에 의지하고, 경쟁시장은 효율성과 경제적 진보에 기여하지만, 다른 한편 "자본주의 시장경제는 상당한 사회 부정의의 원인이 될 수 있고, 일반적으로 그 원인이 되었다"고 지적했다. 그리고 "혼합경제에서도 여전히 지속되는 자본주의 시장 체계의 반사회적 요소들은 경제 행위 자체에 의해 저지되어야만 한다"고 주장했다(Marshall, 1977). 그러나 자본주의의 반사회적 요소는 점차 고삐가 풀려 갔다.

마셜의 우려대로 1980년대 자본주의 시장 체계의 반사회적 요소는 더욱 강화되었다. 보편적 시민권은 항구적인 정치적 특성이 아니라 사회적 힘에 따라 움직이는 풍향계였다. 개인의 의사소통 능력을 신뢰하는 하버마스의 분석과 달리 사회적 상호 작용의 과정에는 항상 갈등과 투쟁의 요소가 존재한다. 1970년대 석유파동 이후 선진국의 경제에서 경제 불황이 장기화되고 조세를 통한 재분배에 저항하는 사회적 세력이 강화되면서 보편적 복지국가의 토대가 흔들리기 시작했다. 복지국가의 위기를 타개하기 위해 1979년 이후 영국의 대처 총리가 이끄는 보수당 정부는 베버리지의 보편주의 원칙을 포기하고 고전적 자유주의 또는 잔여주의의 원칙으로 복귀하는 방향을 선택하였다. 소위 대처주의로 불리는 신자유주의 이데올로기와 정책은 자조, 개인적 책임, 선별주의, 열등 처우의 원칙을 강조했다. 이러한 변화는 마셜의 시민권 원칙이 후퇴한 징표로 평가할 수 있다. 이러한 신자유주의적 가치와 정책 방향은 19세기 고전적 자유주의 시대, 특히 1834년 신구빈법의 원칙과 유사하다. 결국 시민권은 공민권과 정치권의 영역으로 축소되었고, 사회권의 영역은 심각하게 훼손되었다.

마거릿 대처와 키스 조지프의 정치적 후원을 받은 밀턴 프리드먼과 프리드리히 하이에크의 신자유주의 쿠데타 이후 신자유주의의 정신은 보편적 시민권의 토대를 근본적으로 흔들었다. 영국 복지국가의 설계자인 베버리지가 생각하는 "모든 기본적 자유를 평등하게 누리는" 자유주의의 전통은 영국 내부에서도 침식되었다(Beveridge, 1945: 728). 1990년대 후반 영국 사회학자 앤서니 기든스는 고령화, 인구구조와 가족구조의 변화 등 '새로운 사회적 위험(new social risks)'이 등장함으로써 전통적 복지국가의 종말이 다가오고 있다고 선언했다(Giddens, 1998). 그는 1942년 베버리지의 복지국가를 사회적 위험에 대한 소극적인 대응이라 평가하면서, 『사회보험과 관련 서비스』가 지적했던 5개의 사회악을 사전적, 예방적, 긍정적 대응으로 바꾸어야 한다고 주장하였다. 과거의 복지 체제를 소극적 복지라고 규정하는 대신, 기든스는 새로운 대안으로 적극적 복지의 개념을 제안하였다. 기든스에 따르면, '결핍'은 개인적 자율성, 즉 기회를 만들고 활용하는 능력으로 변화해야 한다. 질병의 치료보다 적극적인 건강 상태를 추구해야 한다. 무지의 회피 대신에 교육을 강조해야 한다. 나태는 노동을 향한 능력을 키우는 방향으로 변화해야 한다. 이러한 새로운 원칙에 따라 복지국가는 사회투자를 추구해야 한다.

사회투자국가 전략은 경제정책과 사회정책을 통합시키고 전통적인 소득 재분배를 통한 결과의 평등보다 새로운 사회적 위험에 능동적으로 대처할 수 있는 능력을 길러 주는 투자, 특히 인적 자본에 대한 투자를 강조했다(김윤태, 2011). 이러한 사회투자를 위한 주요 정책으로 적극적 노동시장정책, 근로연계복지(workfare), 일자리를 향한 복지(welfare to work), 활성화(activation) 정책, 유연안정성(flexicurity)이 강조되었다. 또한 일하는 여성을 위한 사회 서비스와 근로가정의 아동을 위한 자산 형성 지원 프로그램 등이 널리 확산되었다. 1990년대 후반 기든스가 제시한 적극적 복지는 당시 유럽 중도진보 정당들의 많은 관심을 끌었다. 기든스의 적극적 복지가 인기를 끌었던 이유는 두 가지이다. 첫째, 기든스의 이론은 시민권은 단지 사회적 권리의 보루가 아니라 개인의 책임을 포함해야 한다고 주장했다. 이에 따라 보편적 시민권은 약화되고 근로연계복지가 중요한 의미를 가졌다. 정부는 조세를 통한 부의 재분배와 결과의 평등을 추구해야 한다는 정치적 목표를 포기하면서 중간계급의 지지를 획득하려고 시도했다. 둘째, 마셜의 사회권이 사라지는 대신 개인의 고용 가능성(employability)이 부각되었다. 노동시장의 재진입을 강조하는 관점은 강경한 노동조합의 급진주의를 약화시키고, 고용 안정을 추구하는 온건한 노동조합을 격려하였다. 기든스가 제시한 적극적 복지의 수사학은 1950년대 스웨덴의 렌-마이드너(Rehn-Meidner) 모델의 적극적 노동시장정책과 어느 정도 유사한 점도 있다.

그러나 스웨덴이 전통적 소득보장을 포함한 모든 사회정책을 투자적인 것으로 보는 데 비해, 기든스는 고용 확대 등 제한적 정책을 주로 강조했다. 스웨덴의 복지국가는 보편주의적 성격과 높은 급여 수준을 유지하면서 경제정책과 사회정책이 깊은 관련성을 가지고 있다. 이런 점에서 덴마크 사회학자 에스핑-안데르센은 기든스가 북유럽 사회민주주의정책을 지나치게 선택적으로 도입했다고 비판했다. 그는 기든스가 전통적 복지국가의 소득보장정책에 대해 유보적 태도를 보이면서 활성화 정책이 전통적 소득보장을 대체할 수 있다고 보는 단순한 낙천성이 문제라고 지적했다. 또한 활성화 정책이 성인교육이나 노동시장의 재진입과 같은 치료적 프로그램에 의존하는 경향이 나타난다고 우려했다(Esping-Andersen, 2002). 실제로 기든스의 영향을 받은 블레어 총리의 신노동당 정부는 '일자리를 향한 복지(welfare to work)'를 강조하는 반면에 전통적 사회보장정책은 경시했다는 지적을 받았다. 신노동당 정부의 복지개혁은 주로 빈곤층에 집중했으며, 청년실업, 아동빈곤, 근로가정의 빈곤을 해결하는 정책을 강조했다.

21세기가 시작되면서 마셜의 시민권 가운데 사회권은 현재 진행되고 있는 지구화와 신자유주의적 체제 개편 속에서 커다란 변화를 겪고 있다. 최근 사회권의 변화는 크게 세 가지 측면을 보여 준다.

첫째, 권리로서의 복지에 대한 권한이 축소되고, 개인의 책임을 강조하는 방식으로 변화되고 있다. 현대 복지국가의 근로연계복지에서는 권리보다는 의무에 입각한 복지 서비스를 제공한다. 이는 권리에 입각한 보편적 서비스를 제공해야 한다는 사회권의 개념과 상충된다. 한국에서도 시민권은 매우 제한적 의미로 해석되어, 근로연계복지의 강조가 모든 시민에게 복지를 제공해야 하는 의무를 소홀히 하는 정책 변화에 정당성을 부여하려는 경향이 나타나고 있다.

둘째, 사회복지, 의료 서비스, 주거, 고용 영역에서 특정 사회집단의 주변화가 발생했다. 특히 고용시장에서 비정규직이 증가하고 노동시장의 내부자-외부자(insider-outsider) 문제가 발생하면서 사회권의 보편적 의미가 퇴색되었다. 비정규직의 실질적 임금이 상대적으로 감소하여 근로빈곤층이 증가하였고, 사회보장제도의 사각지대가 발생하면서 주변화된 취약계층이 증가하였다. 이는 단순한 빈부 격차와 상대적 빈곤의 문제가 아니라 '2등 시민'의 등장과 사회적 분열의 현상으로 변화하고 있다.

셋째, 경제의 지구화가 급속하게 진행되면서 보편적 시민권을 방어하는 정부의 역할이 약화되고 정치적 영역에서 시민권을 입법화하려는 노력이 위축되었다. 콜린 클라우치가 포스트민주주의(post-democracy)로 규정한 것처럼 각국 정부의 정치 결정에서 금융과 기업자본의 영향이 커지는 한편 대다수 국민의 탈정치화 현상이 증가하고 있다(Crouch, 2004). 지난 수십 년 동안 지구화 압력과 국제금융 자본과 산업기업의 권력이 강화되면서 평등한 공적 의사 결정을 추구하려는 사회적 노력에 대대적으로 이념적, 정치적 공격이 이루어졌다.

이러한 정치적 결정에 대한 자본권력의 영향력 확대와 민주적 의사 형성의 무력화 현상을 단순하게 대의민주주의에 대한 불신의 징표로 보기는 어렵다. 한국의 경우, 1997년 외환위기의 극복과 경제구조 조정을 위해 국제금융기구들과 협상하면서 사회권을 충분하게 고려하지 않았고, 결과적으로 거시경제정책에 대한 과잉 의존은 사회권의 확대에 부정적 영향을 미쳤다는 우려도 커졌다. 김대중 정부와 노무현 정부 시기에 사회권은 광범위한 영역에서 관심을 끌었지만, 국가 경쟁력과 기업의 비교 우위를 고려하는 경제우선주의 접근법으로 사회정책의 선택은 제한적이었다. 마셜의 시민권 이론은 현대 복지국가에 많은 영향을 미쳤지만, 세계경제가 통합되는 조건 속에서 매우 제한적 의미로 축소되었다. 이러한 점에서 우리는 시민권에 관한 담론과 실천을 국제적 차원에서 살펴보아야 한다.

지구화와 국민적 시민권의 한계

마셜의 시민권 이론은 기본적으로 시민권이 창조되고 실행되는 사회적 공간으로서 국민국가 체제를 가정한다. 그러나 시민권과 국민국가의 관계에 관한 마셜의 분석은 두 가지 차원에서 심각한 비판에 직면하였다. 첫째, 마셜은 시민권의 역사적 발전 과정을 분석할 때 영국 국민을 하나의 동질적 집단으로 간주했다. 하지만 영국의 역사적 경험을 보면, 시민권의 발전 과정에서 국민적 동일성은 존재하지 않았다(Turner, 1986: 75). 영국의 잉글랜드에서 사회권이 발전하는 과정은 스코틀랜드, 웨일스, 아일랜드에 살고 있는 켈트 민족이 갖고 있는 하위문화의 희생을 통해서 이루어진 것이다. 영국 사회권의 발전이야말로 식민지 원주민의 정치적 자율성을 제한하면서 이루어졌다. 국민적 정체성이 경제적, 정치적 자원에 대한 접근권을 결정하는 나라에서 국민적 차원의 시민권은 포함의 원칙과 배제의 원칙의 모순적 관계를 동시에 드러낼 수 있다.

둘째, 마셜의 시민권 이론은 국제 체계의 영향에 대한 제한적 설명만 제공한다는 지적을 받을 수 있다. 1960년대 이후 급속한 지구화 과정이 진행되면서 전통적 국민국가 체제는 극적으로 새로운 변화를 겪었다. 당연하게도 과거의 국민적 시민권의 역할과 역량은 새로운 사회적 조건의 변화에 제대로 대응하지 못하는 한계를 가지고 있다(Sassen, 2002). 실제로 현시대의 세계는 마셜이 살았던 시대의 세계와는 많이 다르다. 유럽연합과 같은 지역연합의 권한이 강화되고 세계무역기구와 자유무역협정 등 다자간 협정이 확산되면서 국민국가가 경제정책을 자율적으로 통제할 수 있는 역량은 약화되고 있다. 이제 시민권은 단순히 개별 국가 내부의 자본과 노동 간 투쟁이 아니다. 사회권의 보호는 단순히 국가가 사회적 관계에 개입하여 규제하는 문제가 아니다. 세계적 차원에서 활동하는 경제적 세력과 초국적 기업이 국가의 자율성을 약화시키는 조건에서 국가가 복지에 집중하기가 어려워지고 있다(Falk, 2000). 따라서 마셜이 시민권에 대한 자신의 견해를 이론화했던 독립적 국민국가들이 모인 세계는 거의 존재하지 않는다고 볼 수 있다. 물론 마셜이 살았던 시대에 국민적 자본주의가 지배하던 현실을 고려하면, 지구적 자본주의로 전환하는 특징을 모두 예견하기는 어려웠을 것이다.

셋째, 마셜은 기본적으로 시민권의 개념을 국민국가의 체계에서 통합적이고 보편적인 개념으로 간주했다. 그러나 사실 모든 나라에서 시민권이 동일한 의미를 갖는 것은 아니다. 영국에서 권리를 평화적 개념으로 이해하는 데 비해 프랑스에서는 권리를 혁명적 의미로 해석한다. 찰스 틸리는 프랑스 혁명에서 발전한 권리가 중요한 역사적 의미를 갖는다고 강조했다(Tilly, 1978). 영국의 『권리장전』은 주로 군주제와 의회의 관계를 규정한 데 비해, 프랑스는 주로 국가에 대한 시민의 보편적 권리를 규정했다. 프랑스 혁명 직후 토마스 페인은 『인권』에서 프랑스 혁명을 통하여 "'귀족'이나 '고귀한 신분'이라고 불리는 애매모호한 모든 세대의 계급은 사라지고 동등한 사람들은 '인간'이 되었다"고 선언했다(페인, 2004). 프랑스 혁명이 무르익으면서 평등에 대한 열정은 재산권의 영역으로 이동했다. 로베스피에르는 국민공회의 요청에 따라 작성한 『인간과 시민의 권리선언』의 초안에서 재산권이 "여타의 권리와 마찬가지로 타인의 권리를 존중할 의무에 의해 제한을 받아야 한다"고 주장했다(로베스피에르, 2009: 162). 프랑스 혁명에서 분출한 자유, 평등, 박애의 가치는 국민적 시민권의 개념보다 현대 사회에서 사용하는 보편적 인권의 의미에 가깝다.

시민권에 관한 정의는 시대에 따라 항상 상이한 가치의 충돌이 일어나는 지적, 정치적 작업이다. 1948년 제정된 『세계인권선언』 역시 서로 다른 세계의 이데올로기가 부딪치며 만든 역사적 결과이다. 이 선언은 "모든 사람은 생명, 자유, 안전에 대한 권리를 가지며, 그 누구도 노예의 신분이나 노예 상태에 예속되지 않을 것이다"라는 문구로 새로운 인식의 지평을 열었다(United Nations, 1948). 『세계인권선언』은 중요한 두 가지 역사적 의미를 가진다. 첫째, 인간의 권리를 시민적, 정치적 권리로만 제한하지 않고 사회적, 경제적, 문화적 권리 등 일반적으로 인정된 모든 권리를 지지했다는 점이다. 19세기에 카를 마르크스는 개인의 시민권과 정치적 권리가 자본가의 착취를 은폐하는 수단에 불과하다고 생각했다. 당연하게도 소련은 『세계인권선언』에 사회경제적 권리를 명시해야 한다고 강조했다. 이에 비해 미국의 입장은 『독립선언문』에 적혀 있는 대로 개인의 자유와 권리를 강조했다. 이러한 냉전적 대립을 뛰어넘는 엘리너 루스벨트의 리더십은 두 개의 권리를 하나의 문서에 표현하도록 했다. 결국 『세계인권선언』은 이념의 갈등을 초월하여 시민적, 정치적 권리와 식량과 주거, 의료, 교육, 노동의 권리와 같은 인간다운 삶을 위한 사회경제적 권리를 모두 포함했다. 시민적, 정치적 권리와 사회경제적 권리를 동시에 강조하는 관점은 마셜의 시민권 개념과 일맥상통한 것으로 볼 수 있다.

둘째, 『세계인권선언』의 다른 중요한 특징은 모든 시민의 인권을 보호할 '국가의 의무'를 밝힌 점이다. 모든 국가에게 "세계의 자유, 정의, 평화의 기초"가 될 인간적, 시민적, 경제적, 사회적 권리를 증진할 것을 촉구했다. 그 후 『세계인권선언』은 모든 국가가 달성해야 할 공통의 기준이 되었지만, 가맹국에 대한 법적 구속력은 없었다. 『세계인권선언』의 주요 내용이 현재 모든 나라에서 보편적 권리로 보장을 받지 못하는 것도 이 때문이다. 냉전이 끝난 이후에도 국민적 시민권의 정의는 나라마다 다르게 발전했다.

20세기 후반 지구화 과정이 본격적으로 이루어지면서 인구의 이동과 이민은 국민 차원의 보편적 시민권을 전제하는 데 대하여 근본적인 문제를 제기했다. 첫째, 다양한 민족 또는 민족문화가 서로 뒤섞이고, 유럽연합과 같은 초국적 정치 체제가 발전하면서 두 개 이상의 국적을 취득하는 이중 시민권(dual citizenship)의 문제가 발생했다. 유럽 사회는 시민이 거주하는 위치와 시민권의 관계, 실질적 시민권의 담지자로서의 국민국가의 역할과 같은 새로운 문제에 직면했다. 이제 한 국가의 시민권이 다른 국가의 시민권과 충돌할 수 있다. 둘째, 인구 이동이 활발해지고 이주 노동자가 급속하게 늘어나면서 '시민권이 없는 시민'이 증가했다. 유럽과 미국뿐 아니라 한국 사회에도 이주 노동자는 시민권의 합법성 문제에 직면한다. 한국에 정착한 이주 노동자는 시민권이 없기 때문에 아무런 사회권을 인정받지 못하는 현실로 고통받고 있다. 이런 점에서 일국 단위의 시민권 관념은 점차 지구화되는 세계에 적합하지 않다.

1949년 케임브리지대학에서 마셜이 시민권과 사회계급에 관해 강의하기 불과 1년 전에 유엔에서 『세계인권선언』이 채택되었다. 당연히 마셜은 『세계인권선언』의 내용을 잘 이해하고 있었을 것이다. 그의 시민권 이론은 주로 영국 사회에 대한 역사적 분석에서 출발하고 국민적 차원의 분석을 시도했지만, 넓은 의미에서 보편적 인권의 이론과 깊은 관련을 가진다. 이런 점에서 마셜의 시민권은 보편적 인권의 한 역사적 단계를 표현한다. 고대 그리스 시대 이후 시민권은 일반적으로 특정한 도시국가, 공동체, 국민국가와 관련을 가졌지만, 이제 '세계 시민(cosmopolitan citizen)' 개념이 지구화되는 세계에서 새롭게 적용되고 있다. 초국적기구와 지구적 시민사회(global civil society)의 등장은 시민권의 개념을 국민적 차원뿐 아니라 세계적 차원의 시민권으로 확대한다. 실제로 영연방국가들의 조직인 코먼웰스(Commonwealth)의 시민권과 유럽연합의 시민권은 국민적 시민권의 영역을 확대하고 있다. 20세기 후반까지 시민권은 개별적 국가 차원에서 발전했지만, 점차 하나로 통합되는 세계사회에서 세계적, 지구적 시민권을 향한 새로운 변화를 요청받고 있다. 국민적 시민권을 위협하는 경제적 지구화는 역설적으로 세계적 차원의 시민권으로 발전해야 한다는 필요성을 제기한다. 새로운 세계적 시민권의 관념은 아직 추상적 단계에 머무르고 있지만, 국제사회에서 점차 중요한 실천적 의제로 부각되고 있다.

시민권의 미래

19세기 알렉시 토크빌은 평등이 비록 바람직한 것이라 할지라도 언제나 자유를 위협한다고 생각했다. 그러나 반대로 오늘날 우리는 자유가 비록 바람직한 것일지라도 언제나 평등을 위협하는 현실에 살고 있다. 마셜의 시민권 이론, 특히 사회권 개념은 사회적 평등에 기반한 복지국가의 이론적인 기초를 제공했지만, 경제의 자유화의 이데올로기가 확산되면서 점차 심각한 위기에 직면하고 있다. 마셜은 시민권의 확립을 통해 현대 자본주의 사회는 사회계급 체계가 만드는 불평등을 수정할 것이며, 균등한 소득은 아니더라도 균등한 권리의 토대를 가진 사회가 도래할 것으로 믿었다. 그러나 시민권의 확대가 곧 불평등한 자본주의 사회를 평등한 사회로 변화시키는 것은 아니었다. 경제적 불평등의 증가가 평등한 사회권의 정치적 토대를 위협하면서, 사회권의 정의는 사회정치적 관계의 역동성에 의해 지속적으로 변화했다.

앞에서 우리는 시민권 이론이 추구한 사회적 평등이 충분하게 실현되지 못한 원인이 지나치게 강한 시장의 힘, 약화되는 국가와 정치의 역할, 급속하게 지구화되는 경제의 영향에서 비롯된다고 평가했다. 첫째, 마셜의 시민권 이론과 달리 1980년대 이후 시장의 힘이 급격하게 커지고 복지국가가 공격을 받으면서 시장에서 실패한 개인들과 사회적으로 배제된 집단이 급속도로 증가했다. 보편적 시민권의 원칙은 약화되면서 사회적 불평등은 증가하였다. 둘째, 마셜의 시민권 이론은 자본주의, 민주주의, 복지국가의 상호 관계에 의해 구성되는데, 세 가지 요소 사이의 지속적 긴장과 갈등은 시민권의 실질적 내용에 영향을 줄 수 있다. 특히 복지에 관한 사회권은 고정적 개념과 기준으로 측정될 수 있는 것이 아니라 국가의 역량, 이념적 지형, 정치적 역동성에 따라 다양하게 변화했다. 1940~1950년대 유럽에서 사회권이 확대된 시기에 이어 1970년대 이후 사회권이 위축되는 과정은 시민권에 대한 역사적 제약성을 보여 준다. 셋째, 국민국가 체제에서 형성된 마셜의 시민권 이론은 지구화되는 세계경제에서 새로운 도전에 직면하였다. 지구적 차원의 시민권을 구성하는 문제는 지구적 거버넌스의 중요한 의제이며, 세계적 차원의 자본주의와 민주주의의 관계를 재조명하는 출발점이 될 수 있다. 우리는 마셜의 시민권 이론이 갖고 있는 역사적 한계를 뛰어넘어 새로운 발전을 추진하기 위해서 다음과 같은 요소를 고려해야 한다.

첫째, 시민권의 개념을 사회에서 배제된 여성, 극빈층, 장애인, 난민, 소수민족, 불법 이민자 등 다양한 소수집단을 포용하는 개념으로 확대해야 한다. 특히 여성의 법적, 형식적 지위의 변화는 피상적인 수준에 그치고, 사실상 가족의 가부장제는 그대로 유지되고 있다는 페미니즘의 비판에 귀를 기울여야 한다. 19세기와 20세기에 여성의 권리가 확대되면서 법률적 평등을 보장받았지만, 아직도 경제적 권리와 사회적 권리에서 차별이 심각하다. 여성은 법조계, 의학계, 공무원 등 다양한 분야에 빠르게 진출하고 있지만, 정계, 대기업 임원, 고위 전문직에서 아직도 여성이 배제되는 사례가 많다. 법률적 평등에 비해 아직도 여성에 대한 성적 편견은 광범위하게 존재한다. 또는 직장 여성이 증가하면서 일과 가정의 양립에 관한 사회적 압력이 더욱 커지고 있다. 이런 점에서 마셜의 시민권 개념은 부르주아 남성 개인에 기초한 시민권 개념에서 다원적인 소수자집단을 포함하는 포용적 시민권의 개념으로 확장되어야 한다(Lister, 2007).

둘째, 1980년대 이후 신자유주의 이데올로기가 영향력을 확대하면서 마셜의 시민권 이론은 새로운 난관에 직면했다. 시민권 이론이 상대적으로 소홀히 했던 빈곤층의 문제가 전면에 부상한 것이다. 각국에서 보수적 정부가 등장한 이후 빈곤은 증가하고, 시민의 실질적 권리는 점점 위축되었다. 시민권의 형식은 유지되었지만, 시민권의 내용은 심각하게 훼손되었다(Taylor-Gooby, 2004). 전후 빈곤층을 감소하고 불평등을 줄이려는 정치적 타협과 사회적 합의는 대부분 무너졌다. 경제주의적 관점이 강조되면서 보편적 시민권은 사회보장이 아니라 고용 가능성으로 초점을 이동하였다. 교육, 의료, 사회 서비스 등 복지제도의 보편주의적 원칙이 쇠퇴하고 노동시장에서 배제된 취약계층의 사회권은 제대로 보호받지 못하게 되었다. 더 심각한 문제는 세계적 차원의 불평등이 국민국가 차원의 문제로 침투하고 있다는 점이다. 부유한 국가의 기업들이 저렴한 노동력을 찾아 국제시장으로 이동하는 데 비해 가난한 국가의 노동자들은 불법 이민을 통해 이주 노동자로 살아가고 있다. 이들은 부유한 국가의 시민권을 인정받지 못한 채 극심한 빈곤과 사회적 배제로 고통받고 있다. 이주노동자의 저임금노동이 증가하는 덕택으로 부유한 나라 시민들의 실질적인 임금과 구매력은 상승하고 있지만, 사회적 권리와 복지국가는 더 높은 성벽을 쌓고 있다. 이러한 사회권의 이중 기준이 강화될수록 사회갈등이 커지고 국민적 시민권이라는 개념은 약화되고 있다는 지적에 귀를 기울여야 한다. 나아가 지구화되는 경제와 사회에서 불평등의 현실에 맞서는 국민적 시민권의 토대를 새롭게 정의하는 지속적 노력이 필요하다.

셋째, 지구화되는 세계에서 시민권을 강화하기 위해서는 국가의 역할에 대한 새로운 정의가 필요하다. 마셜의 시민권 이론은 국가의 적극적 역할에 대한 강한 신념을 전제하고 있다. 실제로 지난 수백 년 동안 서유럽 민주주의 체제에서 시민권의 확대는 국민국가의 토대에서 이루어졌다. 그러나 세계경제가 지구화되는 조건에서 사회권과 복지국가를 추진하는 국민국가의 역량과 범위가 점점 약화되는 것은 부정할 수 없는 사실이다. 하지만 이러한 변화가 곧바로 국민국가 차원의 복지 약화로 귀결되는 것은 아니다. 오히려 지구화되는 조건에서 개별 국가의 사회지출은 지속적으로 증가하고 있다(Rodrick, 1998). 복지국가를 비판하는 보수적 정부의 이념 공격에도 불구하고 기술의 변화, 탈산업화, 지구화, 인구 고령화의 변화 속에서 사회지출의 요구가 더욱 커지고 있기 때문이다. 문제는 사회지출의 확대에도 불구하고 빈곤층이 증가하고 불평등이 심화되고 있다는 사실이다. 이러한 새로운 사회현상은 보편적 시민권을 위협하는 가장 심각한 문제이다. 하지만 국제 체계의 변화는 매우 복잡한 과정이기 때문에 지구화가 어떻게 빈곤과 불평등에 영향을 주는지 이해하기는 쉽지 않다. 환율의 변화로 기업이 도산하고 정리해고가 증가하며, 단기투기자본의 이동으로 경제 불안정이 가중되는 현실은 국제 체계가 작동하는 과정에 대한 규제가 철저하게 수행되어야 할 필요성을 보여 준다.

지금의 기준으로 보면 마셜의 주장은 비판을 받기도 하지만, 20세기의 마셜이 주장한 시민권 이론은 시간을 초월하여 중요한 학문적, 정치적 영감을 제공한다. 증가하는 불평등의 시대에서 마셜의 사회권은 중요한 의미를 갖는다. 시민권을 쟁취하기 위한 사람들의 투쟁을 강조한 마셜의 사회학적 통찰력은 계속 주목을 끌고 있다. 마셜에 따르면, 국민이 자신의 자유권을 효과적으로 행사하기 위해서는 물질적 전제가 필요하고, 사회권은 그 물질적 전제를 확보하는 데 갖추어야 할 요소이다. 이런 점에서 마셜의 시민권 이론은 경제 자유화, 공기업의 사유화, 탈규제, 복지 축소 등 신자유주의적 이데올로기가 지배하는 세계에 대한 비판의 출발점으로 볼 수 있다. 마셜은 개인을 국가 또는 시장의 틀에 갇힌 이기심의 화신으로 보지 않았다. 마셜은 사회가 상상의 결과가 아니라 실재하는 것임을 강조했다. 사회적 개인은 상호성의 원칙에 기반한 공정한 체계라는 생각을 공유한다. 1980년대 전 세계적으로 승리를 거둔 자유지상주의라는 이데올로기는 마셜의 보편적 시민권과 지속적인 갈등을 겪을 수밖에 없다. 모든 사람들이 가지는 지위로서 보편적 시민권은 전통적 신분 위계질서의 흔적을 가진 사회계급을 뛰어넘어 평등의 영역을 확장할 수 있다. 불평등이 빠르게 증가하는 현시대에 마셜의 고전적 저작은 시민권의 발전에 관심을 가지는 많은 사람들에게 중요한 이정표가 되고 있다.

더 읽을거리

마셜, 토머스 험프리, 2013, 『시민권과 복지국가』, 김윤태 옮김, 이학사.

마셜, 토머스 험프리·톰 보토모어, 2014, 『시민권』, 조성은 옮김, 나눔의집.

조효제, 2007, 『인권의 문법』, 후마니타스.

최현, 2008, 『인권』, 책세상.

6. 복지국가

1942년 영국의 윌리엄 베버리지가 발표한 유명한 보고서 『사회보험과 관련 서비스』에는 '요람에서 무덤까지' 표현이 제시되었다. 이는 보편주의의 원칙에 따라 모든 국민에게 국민최저생활과 사회보험을 제공하는 복지국가의 이정표가 되었다.

평화 시에나 전쟁 시에나 정부의 목적은 지배자 또는 종족의 영광이 아니라 보통사람의 행복이다.

- 윌리엄 베버리지, 『사회보험과 관련 서비스』

복지국가라는 말이 처음 사용된 나라는 영국이다. 2차 세계대전이 벌어진 1930년대 윌리엄 템플 캔터베리 주교가 "독일은 전쟁국가(warfare state)인데 영국은 복지국가(welfare state)를 만들자"고 말했다. 1942년 런던정경대학 총장 윌리엄 베버리지는 전시 거국내각의 요청을 받아 『사회보험과 관련 서비스』라는 유명한 보고서를 발표했다. "'요람에서 무덤까지' 국민최저생활과 사회보험을 제공하는 복지국가"라는 유명한 표현이 바로 이 보고서에 있다. 아름다운 문장과 매혹적인 은유가 가득 찬 이 보고서는 전후 영국의 미래를 보여 주는 청사진인 동시에, 독일의 폭격에 맞서 영국 국민이 결사항전을 할 수 있는 용기를 갖도록 격려하려는 정치적 목적을 가졌다.

그러나 원래 최초의 복지제도는 1880년대 독일에서 등장했다. 융커라 불리는 전통적 지주 출신이었던 비스마르크 총리는 공장노동자를 위한 산재보험과 건강보험을 도입했다. 보수적 정치인이었던 비스마르크가 복지제도를 도입한 것은 의미심장하다. 비스마르크는 노동운동을 탄압하는 '사회주의 탄압법'을 만드는 한편, 노동자를 자본주의 체제에 포섭하기 위해 국가가 제공하는 복지제도를 기획했던 것이다. 한 마디로 채찍과 당근을 동시에 사용했다. 당시에 급속한 산업화로 증가하는 급진적 노동운동과 사회민주당의 영향력을 차단하고 부국강병을 향한 프로이센제국의 야심을 이루려는 목적이었다. 이처럼 복지국가 프로젝트는 국가의 절묘한 정치적 전략으로 채택되었다.

20세기에 들어서면서 서유럽에서 복지국가가 본격적으로 발전했다. 인류가 만든 최고의 사회제도로 볼 수 있는 복지국가의 역사는, 불평등을 심화시키는 자본주의 경제의 발전과 깊은 관련을 가진다. 영국 사회학자 토머스 험프리 마셜이 지적한 대로 자본주의 경제는 사상 초유의 놀라운 성장을 이룩했지만, 증가하는 사회 불평등 때문에 사회적 불안이 계속되었다(Marshall and Bottomore, 1992). 급속한 산업화로 노동자계급이 급속하게 증가하였고, 노동자의 권리를 신장하기 위한 노동조합과 정치조직이 생겨났다. 노동자들은 임금 인상, 근로조건의 개선과 함께 투표권을 비롯한 정치적 시민권을 요구했다. 산업화 초기에 기업과 정부는 노동자의 요구를 그대로 수용하기보다 경찰과 군대를 동원하여 진압하려고 시도했다. 그러나 유럽의 자본주의 경제는 2차 세계대전을 거치면서 완전 고용과 사회보장을 위한 복지국가 건설과 노사 간 타협의 제도적 장치를 형성했다.

19세기 카를 마르크스는 노동자와 자본가의 관계를 영원한 대립과 갈등의 관계로 보았다. 그러나 20세기에 서유럽 국가에서는 노동자가 자본가의 사유재산권을 인정하는 대가로 자본가는 세금 인상을 통해 모든 시민에게 복지를 제공하는 새로운 사회계약이 확산되었다. 대표적인 사례가 바로 스웨덴이다(타로, 2003; 김수진, 2008). 20세기 초반 스웨덴은 1938년 살트셰바덴 협약을 통해 노사정 3자가 모여 임금 억제와 복지 확대를 동시에 추구하기로 합의했다. 당시 스웨덴은 유럽에서 가장 가난한 나라 가운데 하나였다. 1920년대에는 노동자 1인당 파업 일수가 세계 1위이었을 정도로 노사갈등이 심했다. 하지만 1930년대 노사정 간 타협을 통해 노동조합은 국유화 강령을 포기하고 파업을 자제하는 대신 기업은 소득세 인상을 받아들였다. 이는 스웨덴 사회민주당(SAF)이 정권을 잡은 후 노사갈등을 중재하여 만든 역사적 타협이다. 1930년대 파시즘과 공산주의로 극단적인 국민 분열을 경험한 독일의 경우와는 매우 대조적이다.

1930년대 대공황 이후 유럽과 북미의 많은 정부들은 노동자와 실업자의 불만을 달래기 위한 조치를 통해 계급 간 타협을 모색했다. 대부분의 민주정부는 노동조합의 활동을 법률적으로 보장하고 노동자의 생활 개선을 위한 제도적 장치를 마련하기 위해 노력했다. 1935년 미국의 루스벨트 행정부는 와그너법(Wagner Act)이라 불리는 전국노동관계법을 제정했는데, 이를 토대로 전국노동단체인 산별노동조합(CIO)이 결성되었다. 2차 세계대전을 거치면서 유럽과 북미의 정부들은, 정도의 차이는 있지만, 스웨덴의 예에서 보았던 기업과 노동조합 사이의 타협을 적극적으로 추진했다. 이러한 노사정 3자 사이의 정치적 연합을 학자들은 3자주의 또는 코퍼러티즘이라고 불렀다(선학태, 2006). 실제로 자유시장경제 체제를 유지한 많은 국가들에서도 국가의 복지 기능을 점차 확대하면서 정치적으로 노사정의 타협을 이룩하는 코퍼러티즘이 확산되었다.

전후 세계의 지도자들은 이해관계가 다른 사회집단들이 서로 화해하고 협력하는 새로운 국가를 건설해야 한다고 주장했다. 자유방임경제에서 대공황의 위기가 발생했다고 생각한 학자들과 정치인들은 자유로운 시장경제에 모든 것을 맡기는 것은 위험하다고 생각했다. 경제위기와 혼란은 대량 실업과 절대빈곤을 급증시키고, 노동자와 자본가 사이의 격렬한 갈등을 일으킬 수 있다고 보았다. 전쟁의 참화를 겪은 세계는 사실상 국가의 적극적인 시장 개입 없이는 경제 회복이 불가능했다. 케인스 경제학이 주장하는 것처럼 국가가 경제에 개입하여 고용을 확대하는 것은 중요한 과제로 부각되었다. 동시에 국가는 계급갈등을 완화할 수 있는 제도적 장치를 만들었다. 공산주의 혁명에 공포를 느끼고 파시즘을 지지했던 중간계급도 계급 간의 타협이 필요하다고 생각했다. 중간계급은 더 많은 세금을 납부하여 노동자계급을 지원하는 복지정책을 수용할 수 있다고 생각했다. 이렇게 거시경제의 관리를 강조하는 케인스 경제학, 노사정 타협을 강조하는 코퍼러티즘, 조세를 통한 복지국가를 기반으로 하는 사회민주적 합의의 정치(consensus politics)가 발전하였다.

이 장에서는 왜 복지국가가 서유럽에서 등장했는지, 그 후 자본주의의 황금기와 경제위기의 부침을 겪으면서 어떤 변화를 겪었는지, 그리고 한국의 복지국가는 어떤 특성을 가지고 있는지를 설명할 것이다. 먼저 복지국가의 발전에 관한 이론적 논의로 산업주의, 네오마르크스주의, 국가주의, 제도주의, 자본주의의 다양성 논쟁 등을 소개하고 평가할 것이다. 특히 1980년대 이후 복지국가의 변화에 관한 이론적 논쟁을 쇠퇴론, 유지론, 재편론 등 세 가지로 분류하고 주요 쟁점을 검토할 것이다. 마지막으로 한국식 복지국가의 등장과 역사적 성격에 관한 이론적 논쟁을 다룰 것이다. 특히 왜 1960년대 한국에서 발전주의 복지국가가 등장했는지, 어떻게 1990년대 후반 경제위기 속에서 복지국가의 발전이 가능했는지, 이러한 역사적 경로 의존성과 경로 전환이 어떻게 한국식 복지국가의 성격에 영향을 미쳤는지 고찰할 것이다.

이론적 논쟁: 왜 복지국가가 등장했는가?

1852년 카를 마르크스는 『루이 보나파르트의 브뤼메르 18일』에서 "인간은 자신의 역사를 창조한다"고 적었다. 그는 다음의 말을 덧붙였다. "인간은 꼭 그들이 좋아하는 대로 역사를 창조하는 것은 아니다. 인간은 스스로 선택한 환경에서 창조하는 것이 아니라, 과거와 직접 마주치고, 과거로부터 주어지고, 전수된 환경에서 역사를 창조한다"(Marx, 1978: 595). 그는 인간이라는 행위자에 영향을 미치는 구조적 필연성에 대해 강조하였다. 그가 자발성을 좋아했다고 말할 수는 없다. 하지만 그의 주장은 국가, 계급, 이데올로기, 정치의 역할을 사소하고 무시해도 좋을 요소라고 치부하는 것이 아니라, 오히려 두 개의 요소를 구별하는 방법을 제시한 것이다. 결정론에서 이탈하여 인간의 역사를 이해하려는 노력은 역사의 구조적 조건에 대한 이해를 필요로 한다.

복지국가의 발전에 관한 전통적 이론 가운데 산업주의(industrialism)와 마르크스주의(Marxism)는 다른 관점을 가지고 있지만, 공통적으로 자본주의의 구조적 조건을 강조한다. 산업주의 이론은 경제성장과 함께 자본주의의 유지를 위해 복지가 확대될 것으로 예상한다(Wilensky and Lebeaux, 1965). 자본주의 산업화는 복지국가가 발전할 수 있는 중요한 경제적 토대를 제공하기 때문에, 자본주의 발전이 복지국가의 필수 요소라고 전제한다. 반면에 마르크스주의 이론은 자본주의의 모순을 극복하기 위해 국가가 복지를 확대했다고 본다(O'Connor, 1973). 이론적 관점의 차이에도 불구하고 둘 다 자본주의와 복지국가가 양립하는 상호 의존성에 주목한다. 이러한 견해는 단순하게 말하면 "자본주의 없는 복지국가 없고, 복지국가 없는 자본주의 없다"라고 표현할 수 있다. 두 관점은 자본주의의 구조적 제약을 강조하며 복지국가와 혼합경제의 등장을 설명한다.

1980년대 이후 복지국가에 대한 구조적 접근과 달리 행위자를 강조한 접근이 이론적 논쟁을 제기했다. 행위자에 초점을 맞춘 설명으로 계급을 중시하는 사회학적 접근인 '권력자원 이론'이 주목을 받았다(Korpi, 1983). 권력자원 이론은 고용과 노동 시장에서 동일한 위치를 가지는 인구집단으로서 계급을 중요한 개념으로 사용한다. 권력자원 이론의 주요 주창자인 스웨덴 사회학자 발테르 코르피는 복지국가란 "권력자원과 위험의 노출에서 차이를 가지는 계급의 분배갈등과 계급정치(class politics)의 산물"이라고 주장했다(Korpi, 2006: 168). 결과적으로 노동운동의 강도와 노동자 정당의 집권 경험, 각료의 지분이 복지국가의 발전수준을 결정한다고 본다. 이러한 관점은 "계급대표 없이는 복지국가도 없다"는 입장을 표현한다. 권력자원 이론의 지지자인 에스핑-안데르센도 계급정치가 복지국가의 성격에 중요한 영향을 미친다고 보았다. 에스핑-안데르센은 "복지국가의 반발 위험은 지출이 아니라 복지국가의 계급적 성격에 달려 있다. … 세 가지 복지국가의 체제 유형에서 발견되는 계급연합은 [복지국가의] 과거의 진화뿐 아니라 미래의 전망도 설명한다"고 주장했다(Esping-Andersen, 1990: 33).

에스핑-안데르센은 사회 내 계급연합의 역학 관계에 따라 자유주의, 보수적 코퍼러티즘, 사회민주주의 등 세 가지 복지국가 체제가 출현했다고 주장한다. 이러한 유형론의 장점은 다양한 제도적 영역의 논리를 설명하기 위해 한 요소를 다른 요소로 환원시키지 않고, 그 속에서 유사성과 상호 연결성을 찾는 개념적 도구를 제공하는 것이다. 그는 복지국가를 동질화하는 본질주의의 관념을 거부하고, 상이한 제도적 배치가 고유한 논리를 가지고 있다고 본다. 현재도 그의 비교연구는 널리 활용되고 있지만, 비판을 받기도 한다. 첫째, 복지국가를 계량적 지표로 표준화한다면 한 유형에 속하는 다양한 국가들의 질적 차이를 간과하는 오류가 발생할 수 있다. 일부 학자들은 '지중해 모델' 또는 '남유럽 모델'을 별도로 분류해야 한다고 지적한다(Ferrera, 1996). 둘째, 세 가지 유형론은 계량적 방법의 이론적 간결성(parsimony)과 모형화(modelling)의 효율성을 강조하는 장점을 상쇄할 만큼 이론적 한계를 가지고 있다. 유형론은 현실 세계의 다양한 내용 가운데 특정한 변수를 선택하여 분석의 대상으로 정하는 한계를 가진다. 대표적으로 에스핑-안데르센의 연구는 남성 부양 모형을 중심으로 복지 체제를 분류했기 때문에 돌봄노동의 역할과 젠더의 관점을 충분하게 고려하지 못했다는 비판을 받는다. 셋째, 유형론이 가지는 가장 심각한 문제는 단선적, 인과론적 관점을 유지하고 있다는 점이다. 이러한 문제는 사회적 세계의 내용과 이를 이해하기 위한 형식의 분리에서 비롯된다. 형식에 대해서는 사회의 변동보다 정태적 특성을 강조한다. 비록 그의 비교연구가 경제적 차원에 매몰되지 않고 행위자들의 정치적 차원에 관심을 가졌지만, 칸트가 제시한 단선적, 인과론적 사고를 그대로 유지하고 있다.

복지국가의 등장을 설명하는 중요한 영향력을 가진 권력자원 이론은 새로운 도전에 직면했다. 첫째, 미국 정치학자 폴 피어슨이 제기한 복지국가의 '새로운 정치(New Politics)' 이론은 복지국가에 대한 연구가 계급정치의 차원을 뛰어넘어야 한다고 주장한다(Pierson, 2001). 새로운 정치 이론에 따르면, 영국과 미국에서 일부 복지 프로그램의 축소가 있었지만, 복지제도의 축소에 반대하는 복지 수혜자집단 때문에 복지국가의 근본적인 토대를 바꾸지는 못했다. 실제로 1980년대 영국과 미국에서 특정한 복지정책의 수혜집단이 강력한 이해관계자가 되어 복지제도를 수호하는 역할을 수행했다(Pierson, 1994). 권력자원 이론이 강조하는 노동조합과 계급정당은 복지국가를 형성하는 초기 단계에는 중요한 역할을 수행하지만, 복지국가가 성숙한 단계에서는 오히려 복지혜택을 받는 다양한 이익집단과 사회조직이 자신의 복지 지위에 따라 대응하는 중요성이 커지고 있다. 한 마디로 새로운 정치 이론은 "복지 지위가 복지국가를 결정한다"고 본다.

둘째, 피터 홀과 데이비드 소스키스의 '자본주의의 다양성(Varieties of Capitalism) 이론'은 복지국가를 형성하는 행위자로서의 노동자 대신 사용자의 차원에 주목한다(Hall and Soskice, 2001). 이러한 관점은 자본주의 경제의 나라별 특성에 따라 다양한 규제, 정책, 전략을 선택하는 제도적 차이가 나타나고, 한 국가의 다양한 제도적 조건들이 상호 연관성을 가지며 '제도적 보완성'을 통해 서로 영향을 준다고 주장한다. 자본주의의 다양성 이론은 복지국가의 주요 정책은 계급투쟁의 결과가 아니라 노사협력을 통해 이루어졌다고 강조한다(Swenson, 2002). 이러한 관점은 "계급 간의 타협이 복지국가를 만든다"는 관점을 제시한다. 자본주의의 다양성 이론에서 분류한 자유시장경제(liberal market economies)와 조정시장경제(coordinated market economies)라는 두 개의 상이한 경제 모형을 비교하면 상이한 논리를 가진 생산 체제와 복지 체제는 선택적 친화성을 가진다. 자본주의의 다양성 이론에 따르면, 조정시장경제에서 고용주는 기업과 산업에 특수하게 적용되는 기술을 필요로 하기 때문에 기술투자와 훈련을 위한 위험 부담을 줄이는 국가복지에 긍정적 태도를 보인다. 그러나 코르피는 자본주의의 다양성 이론의 유용성은 인정하면서도 복지 발전에서 사용자의 역할은 '주도자(initiator)'가 아니라 '동의자(consenter)'에 불과하다고 반박했다(Korpi, 2006). 그는 조정시장경제의 등장도 계급갈등에 직면한 계급 간 타협과 교환의 산물이라고 반박했다.

한국의 사례는 위와 같은 다양한 복지국가 논쟁에 중요한 이론적 의미를 제공한다. 한국 사회에는 권력자원 이론이 주목하는 강력한 계급정당과 노동조합이 존재하지 않기 때문에 실질적인 재분배 정치가 충분하게 발생하지 않았다. 권력자원 이론을 거꾸로 적용하면, 노동자계급의 권력자원이 충분하지 못하여 보수적인 국가와 대기업이 주도하는 제한적 복지국가가 유지되었다고 설명할 수도 있다. 권력자원 이론은 한국에서 복지국가가 발전하기가 얼마나 어려운 문제인가를 역설적으로 보여 준다. 하지만 이런 관점으로는 왜 1997년 외환위기 이후 한국 복지국가에 제도적 변화가 발생했는지를 효과적으로 설명하기 어렵다. 반면에 자본주의의 다양성 이론은 사용자 측면의 관점으로, 1980년대 후반 한국 대기업이 왜 실질임금 인상과 기업복지를 지지하는 전략을 선택했는지 설명할 수 있다. 하지만 이 관점도 1990년대 후반 보편적 사회보험과 복지제도가 급속하게 확대되는 이유를 설명하기는 어렵다. 새로운 정치의 관점도 한국 복지정치의 역동성을 제대로 설명하지는 못하고 있다. 한국에서 복지제도의 수혜를 받은 인구집단과 계층이 적극적인 친복지세력이 되었다는 증거를 찾아보기는 힘들다.

1980년대 이후 신자유주의적 세계화가 진행되면서 상당수 학자들은 경제위기와 세계화가 복지국가를 약화시킬 것이라고 예상했다(Mishra, 1981). 그러나 한국의 경우 경제위기와 세계화의 시기에 복지제도가 도입되고 복지예산이 증가하는 역설적 현상이 발생했다. 한국의 역사적 경험을 보면, 국가는 복지제도의 형성 과정에서 중요한 역할을 수행했다. 특히 김대중 정부에서 복지국가의 발전을 주도한 세력은 사실상 대기업이나 노동조합이 아니라 국가였다. 특히 청와대와 대통령이 사실상 복지국가 건설의 가장 강력한 행위자이었던 것이다. 대통령의 정치적 결정은 과거의 발전국가의 경로 의존성을 탈피하여 복지국가로의 전환을 이룩한 중요한 계기가 되었다. 그러나 이러한 관점 역시 왜 외환위기 이후 한국이 제도적 전환을 추진했는지 제대로 설명하기는 어렵다.

1990년대부터 스코치폴 등 여러 학자들은 복지제도의 형성 과정에서 국가, 특히 관료제의 역할에 주목하였다(Skocpol, 1992). 이러한 제도적, 국가 중심적 이론은 막스 베버와 알렉시 토크빌의 영향을 받았으며 비교역사연구에서 막강한 영향력을 가지고 있다. 스코치폴은 미국 사회정책의 발전 과정을 역사적으로 분석하면서 중앙집권적 정치제도, 강력한 관료제, 재정 능력이 강한 국가가 분산적 제도와 취약한 능력을 가진 국가보다 사회정책을 더 발전시킨다고 주장하였다(Skocpol, 1992). 국가주의적 관점은 복지국가의 형성 과정에서 정부와 중앙집권적 관료제의 역할에 주목한다. 그러나 한국 복지국가의 형성을 정부가 주도한 것으로 보는 것은 지나치게 단순한 해석이다. 한국에서는 1987년 민주화 이후 폭발하는 시민사회의 요구에 따라 복지정책이 정치화되었으며, 종종 이익집단의 거리 시위가 정국을 흔들고, 국정 지지율과 정당의 득표율은 복지정책에 의해 커다란 영향을 받았다. 비록 강력한 노동조합과 계급정당이 존재하지 않았지만, 다양한 사회집단의 복지에 대한 요구는 정당정치와 선거정치에 큰 영향을 주었다. 복지정책의 정치화는 정당과 기업에 대한 상당한 압력으로 작용하였으며, 정부와 사회의 관계 속에서 등장한 정책 레짐(policy regime)은 복지정책의 변화에 영향을 미쳤다. 이러한 의미에서 발전주의 복지국가의 전환은 항상 수많은 사회정치적 세력들 사이의 상호 작용에서 영향을 받았다. 복지국가의 역사적 과정을 이해하기 위해서는 자율적, 독립적 행위자로서의 국가의 역할보다 국가와 사회의 관계에 더 주목해야 한다. 이러한 분석은 다양한 요소의 결합이 특정한 결과를 가져왔는지 설명하는 결합적 인과 관계(conjunctural causation)의 이해를 요구한다.

복지국가의 새로운 변화

1970년대 중반 석유파동이 발생한 후 선진국의 경기 침체가 장기화되면서 점차 복지국가의 물질적 토대가 약화되었다(Pierson, 1991). 좌파는 자본주의의 위기를 강조하면서 복지국가가 더 이상 지속될 수 없다고 비판했다. 반면에 자유시장을 신봉하는 신우파는 복지국가의 지나친 확대가 근로동기를 약화시키고 의존의 문화(dependency culture)를 강화하여 기업에 부담을 주고 경제성장에 해악을 끼친다고 비난했다(Murray, 1984). 1979년 영국의 대처 정부와 1980년 미국의 레이건 정부가 등장하면서 인플레이션을 억제하기 위하여 통화량을 감축하고 정부 재정을 축소해야 한다고 주장하는 통화주의 경제정책이 확산되었다. 레이건 대통령은 "정부가 문제를 해결하는 것이 아니라 오히려 문제를 키우고 있다"고 비판했다. 보수적 정치인과 학자들은 조세 감면을 통해 기업과 개인의 투자를 유도하는 대신 빈곤층에게 의존의 문화를 심어 주는 복지재정은 줄여야 한다고 주장했다. 부유층의 세금을 감면하는 한편 보편주의적 복지제도는 축소되어 자산조사를 통한 선별주의적 복지제도가 확산되었다(Gilbert, 1985).

1980년대 이후 영국과 미국에서 실업이 증가하면서 빈부 격차가 확대되고 사회 해체의 징후가 심각하게 나타났다. 기업의 구조 조정으로 고용이 불안정해지고 노사갈등이 격화되면서 계급 간의 타협을 기반으로 한 코퍼러티즘은 제대로 작동하지 못했다. 중간계급은 세금을 덜 내기 위해 교외로 이전하고, 도심에는 빈곤층만 남아 슬럼이 늘어만 갔다. 복지혜택을 받지 못한 극빈층은 길거리에 나와 노숙자로 변했다. 미국 대도시의 도심에서 범죄율이 증가하면서 사람들은 낮에 걸어 다니는 것조차 무서워했다. 중간계급은 지나친 복지 감축이 자신들에게 이익으로 돌아오는 대신 사회의 불안을 키우고 있다는 사실을 뒤늦게 이해했다. 보수적 정치인들은 계속 조세 감면과 복지 감축을 주장했지만, 중산층의 회의감은 커져 갔다. 다른 한편 좌파 정당은 과거와 같이 조세를 통한 복지 확대가 반드시 효과적인 사회정책은 아니라고 생각했다. 정부의 재정 적자는 증가했지만 경제가 쇠퇴하는 시기에 조세 인상을 반대하는 유권자를 정치적으로 설득하는 일은 힘든 일이었다. 이제 좌파 정치인들도 새로운 복지개혁이 불가피하다고 인정하기 시작했다.

실제로 전통적 복지국가는 종종 효율성이 떨어졌고, 불평등을 실질적으로 감소시키지도 못했다. 복지국가는 관료적 하향식 체계를 유지했고, 단지 빈곤층을 통제하는 수단이 되었다. 역사적으로 보아도 복지국가는 19세기 말 프러시아의 비스마르크 정부가 노동운동을 억압하기 위해서 만들었으며, 빈곤층에게 혜택을 주기 위해서라기보다 그들을 통제하기 위한 방법으로 사용되었다(박근갑, 2009). 그러나 2차 세계대전 이후 복지가 시민권의 중요한 요소가 되면서 유럽과 북미에서 복지국가는 급속하게 확대되었다. 이러한 복지국가는 사회 정의와 연대를 강화하기 위해 매우 중요한 기능을 수행했지만, 지속되는 재정 적자와 경제 침체로 인한 심각한 딜레마를 해결해야만 했다.

많은 학자들은 1980년대 이후 급속한 세계경제의 통합은 거시경제 관리와 사회복지정책을 추진할 수 있는 국민국가의 역량과 가능성을 근본적으로 제약했다고 주장했다. 그들은 지구화되는 세계경제 속에서 근본적으로 변화하는 국민국가의 역할을 재조정하기 시작했다. 이제 대부분의 국가는 더 이상 금융정책과 재정정책에서 완전하게 자율적인 역량을 가지고 있지 않다. 이제 모든 정부는 세계경제의 통합 속에서 제한적인 국민국가의 역할을 받아들여야만 한다. 대표적으로 유럽연합은 1992년 마스트리흐트 조약에 의해 재정지출의 한계를 갖고 있기 때문에 재정지출을 확대하여 복지정책을 강화하는 전통적인 복지국가는 구조적으로 제한을 받고 있다. 이러한 변화에 관한 평가로 복지국가 쇠퇴론, 지속론, 분화론이 제시되었다.

첫째, 복지국가 쇠퇴론은 모든 복지국가는 발달의 조건을 상실하였기 때문에 근본적인 축소와 재편의 길로 갈 것이라고 본다. 영국 사회학자 밥 제숍은 일국주의적 포드주의를 기반으로 하는 케인스주의 복지국가가 지구화와 포스트포드주의의 진행으로 슘페터주의 근로복지국가로 이행하였다고 본다(Jessop, 1994). 근로복지국가는 공공부조나 사회 서비스를 수급하는 경우 일정 기간 동안 노동시장에 참가해야 한다. 근로복지국가의 목표는 완전 고용이나 사회권의 확대가 아니라 유연한 생산 체제에 적합하도록 노동시장을 유연화하는 것이다. 하지만 국가의 역할을 최소수준으로 축소하는 것이 아니라 국가의 기능이 근본적으로 변화한다고 본다. 그리하여 국가복지는 축소되고 재상품화되어 복지정책의 급부수준이 저하되고 노동자의 생활은 다시 시장 논리에 종속된다고 본다.

캐나다 정치학자 라메시 미슈라는 지구화가 진행되면서 국가복지가 하향 압박을 받고 있다고 비판한다(Mishra, 1981). 그는 지구화가 국제시장에서 국민국가의 상호 경쟁을 유발하여 복지의 '하향화(race to the bottom)'를 유발하고 있다고 주장했다. 실제로 지구화가 진행되면서 대부분의 선진 산업국가에서 케인스주의 복지국가의 '1차 방어선'인 완전 고용과 고임금의 상근직이 붕괴되고 있다(Reich, 2008). 개방과 경쟁이 가속화되면서 노동시장의 유연화가 증가하고 고용의 안정이 급속하게 약화되었다. 그러나 빈곤과 의존을 막기 위한 '2차 방어선'인 사회적 보호 체계는 민주주의적 제도의 방어를 통해 상대적으로 덜 약화되었다. 일부 국가에서 사회복지 프로그램을 위한 조세 부담의 비중이 감소하고 소득 불평등이 증가했지만, 선진 산업국가들은 여전히 매우 높은 수준의 사회보장을 유지하고 있다(Rodrick, 1998). 지구화의 급속한 진행으로 노동시장과 고용 형태가 크게 변화하면서 빈부 격차가 점차 증가했지만, 지구화의 영향을 받은 취약계층을 지원하기 위하여 실업 급여와 교육훈련비를 늘림으로써 사회보장지출의 절대적 규모는 지속적으로 확대되었다는 점에서 복지국가 쇠퇴론은 현실과 거리가 있다.

둘째, 복지국가 지속론은 1980년대 이후 복지국가가 이념적으로 많은 공격을 받았음에도 불구하고 실제로는 거의 그대로 유지되고 있다고 본다. 복지국가가 일단 성립된 이후에는 복지국가를 지지하는 세력의 저항 때문에 해체가 용이하지 않다고 주장한다. 미국 정치학자 폴 피어슨은 미국이나 영국과 같이 복지국가를 비판한 강력한 신보수주의 정권에서도 복지국가가 쇠퇴하지 않았다고 주장한다(Pierson, 1994). 미국과 영국의 사회지출은 1978년을 100으로 볼 경우 1992년은 각각 156.8과 142.7이 되며, 국내총생산 대비로 본 경우에도 1978년에 미국이 11.2%, 영국이 24.1%이었는데, 1992년에는 각각 13%와 27%로 증대했다. 특히 보편적 사회보험의 영역과 달리 공공부조의 영역은 사유화라는 대체정책에 의존할 수 없고 재정 삭감을 요구하기도 어렵다.

피어슨은 개별 정책 영역에서 '프로그램 축소'와 체제의 존립 조건에 관련된 '체계의 축소'를 구별하며, 체계의 기반으로 여론, 재원, 정치제도, 이익집단의 네 차원을 지적한다. 그는 영국과 미국의 '체계의 축소'에도 불구하고 '프로그램의 지속성의 원천'을 정치적 맥락에서 설명한다. '복지국가의 위기' 담론이 본격적으로 확산된 지 수십 년이 지났지만 복지국가가 의연하게 살아남은 이유는, 사회복지를 지지하는 사회세력의 정치적 영향력이 강하기 때문이다. 대처 정부와 레이건 정부도 선거에서 유권자의 지지를 받기 위해서는 복지국가를 공격하는 정치적 수사와 달리 급격한 복지 감축을 감행하기가 어려웠다. 한국에서도 1997년 외환위기 이후 경제의 지구화가 급속하게 확대되었음에도 불구하고 김대중 정부의 시기에 국가복지가 전면적으로 확대되고 사회 보호 체계가 강화된 사실도 주목할 만하다. 이에 대해서는 다음에 자세하게 다룰 것이다.

셋째, 복지국가 분화론은 복지국가의 변화는 나라에 따라 다르며 일반적으로 쇠퇴 또는 지속으로 평가하기 어렵다고 본다. 에스핑-안데르센은 각국의 사회지출이 과거에 비해 모두 약간씩 증가하는 경향을 보이고 있으며 복지국가의 후퇴는 전체적으로 심각한 것은 아니라고 주장한다(Esping-Andersen, 1996). 그러나 모든 복지국가가 쇠퇴했다는 주장과 그대로 유지된다는 주장 둘 다 복지국가의 변화를 제대로 설명하지 못한다고 지적한다. 복지국가의 위기와 대응은 사회민주주의, 자유주의, 보수주의 등 세 가지 복지 체제의 모델에 따라 상이한 유형으로 나타난다. 북유럽의 사회민주주의 모델이 채택한 '스칸디나비아 노선', 영미권 국가들의 자유주의 모델이 걷는 '자유주의 노선', 그리고 유럽 대륙 국가들의 보수주의 모델이 추진하는 '노동 삭감의 노선'을 지적할 수 있다.

먼저, 북유럽의 사회민주주의 모델이 심각한 어려움에 빠지게 되었지만, 아직도 복지를 중요한 사회투자로 본다. 공공 부문의 고용을 확대하고 가족정책이나 직업교육으로 남녀 노동자의 노동시장 참가를 지원하는 노선으로 노동력의 유연성을 증대하려고 한다. 둘째, 자유주의 모델은 노동시장의 규제를 완화하고 복지국가의 선별주의를 강화하고자 한다. 이에 따라 실업률이 감소하고 노동생산성이 상승한 반면, 저임금층의 평균소득이 저하되고 공공부조의 수준이 저하되어 계층화가 심화되었다. 셋째, 보수주의 모델은 조기 퇴직과 신규 고용 축소 등 노동 삭감을 통해 노동력의 유연화를 억제한다. 일반적으로 노동자 대부분의 고용보장이 안정되어 있고 직업별로 계층화된 사회보험을 유지한다. 그러나 노동비용이 점차 증가하여 청년 노동자와 여성 노동자의 노동시장 진입이 어렵게 되고, 그들은 비공식적인 주변부 노동시장에 남게 된다. 이럴 경우 노동시장의 노동공급이 점차 감소하고 과세 기반이 약화되어 장기적으로 복지국가의 기반이 약화될 가능성이 크다. 이런 점에서 보면 세 가지 모델 가운데 보수주의 모델은 가장 지속 가능성이 떨어지는 것으로 보인다. 이와 같이 세계 각국의 복지 체제가 변화하는 과정은 각국의 역사적 경로, 정치경제적 모델, 사회정치적 세력 간 역학 관계에 따라 매우 다양한 방향으로 분화되고 있다.

현재 세계 각국 정부의 경제정책과 사회정책은 복잡한 성격을 띠고 있다. 서로 다른 복지 체제는 다른 국가의 경험을 모방하거나 벤치마킹하면서 새로운 혼합형의 특성을 보이기도 한다. 이러한 복지국가의 전환은 보편적 권리와 현금 급여 대신 복지의 사유화와 노동시장의 참여를 강조하는 정책을 선택하면서 적극적 복지(positive welfare), 능력국가(enabling state), 사회적 포용(social inclusion)이라는 표현을 사용했다(Gilbert, 2004). 새로운 복지 체제는 전통적 사회 보호 메커니즘보다 일자리와 책임을 강조하면서, 정부의 역할보다 시민사회를 강조했다. 이러한 전환의 일반적인 특징을 보면 대부분의 국가에서 사유화, 조세 감면, 균형재정 등 신자유주의가 강조하는 경제정책을 유지하는 동시에, 북유럽 국가의 적극적 노동시장정책을 도입하여 노동자의 교육훈련을 위한 정부의 지원을 강조한다. 여기에는 개인의 책임을 강조하는 미국식 근로연계복지(workfare)의 요소가 있지만, 실업에 대한 국가의 책임을 인정하고 적극적인 고용정책을 추진한다는 점은 미국식 사회안전망과는 다르다. 특히 스웨덴에서 추진하였던 적극적 노동시장정책은 인적 자본과 사회투자를 강조하는 유럽연합의 정책에 많은 영향을 주었다.

정보화와 세계화가 급속하게 진행되고 있는 상황에서 현대 복지국가가 1950년대 국가 통제의 전통적인 사회민주주의로 되돌아가기는 어려울 것이다. 전통적 복지국가는 부의 재분배를 통한 사회적 평등을 추구하지만, 궁극적으로 절대적 평등을 이룩할 수는 없었다. 복지국가는 사회적 권리의 확대를 지향했지만, 사회적 권리가 곧 자연적 권리가 되는 것은 아니다. 모든 시민을 사회적 위험에서 보호하는 사회적 권리는 국가의 의무인 동시에 개인의 책임도 요구한다. 이제 국가가 사회의 모든 영역을 통제하고 모든 사람을 위험으로부터 보호하는 복지를 제공하기는 현실적으로 불가능하다.

이제 평등과 불평등은 단지 사회적, 물질적 자원의 배분만 가리키는 것이 아니라 개인이 자원을 효율적으로 사용할 수 있는 능력을 가져야 함을 의미한다(Sen, 1999). 20세기 소련과 동유럽을 지배한 공산주의 체제와 계획경제가 추구하는 평등주의의 실험은 개인의 자율성을 억압하고 사회적 효율성을 근본적으로 제약했다는 점에서 역사적으로 '거대한 실패'로 끝났다. 동시에 서방 세계를 휩쓸었던 자유시장을 절대적으로 신봉하는 시장근본주의의 정책 처방도 성공하지 못했다. 1980년대 뉴질랜드의 급진적 시장주의 개혁은 국영 부문을 급격하게 축소하고 복지를 감축했음에도 가장 비참한 실패로 끝났다. 자유시장을 맹목적으로 추종하는 신자유주의적 경제개혁은 더 이상 현실적 대안이 아니다. 기계적 평등주의와 극단적 개인주의의 양극단을 뛰어넘어 개인의 자율성과 사회적 보호장치가 조화를 이룰 수 있는 새로운 사회정의의 원리가 필요하다. 이에 새로운 평등주의는 개인을 공동체에 포함하는 정책을 통해 개인의 능력을 향상시킬 기회를 최대한 보장하면서, 개인의 역량 강화를 통해 자율성을 존중하는 방향으로 가야 한다는 주장이 새로운 관심을 끌고 있다(Giddens and Diamond, 2005).

복지국가의 전환은 세계경제의 통합과 탈산업화의 구조적 변화에 대응하는 새로운 전략을 실현하는 방향으로 나아가야 한다. 현대 복지국가는 전통적 산업사회의 실직, 산재, 질병 등과 같은 사회적 위험과 달리 새로운 사회적 위험(new social risk)에 직면하고 있다. 탈산업사회가 등장하면서 비정규직 노동, 노동과 가족생활을 병행하는 어려움, 자기 요양과 보호 등 새로운 복지의 영역을 고려해야 한다(Taylor-Gooby, 2004). 현대 복지 체제는 고용의 변화, 고령화, 가족구조의 변화에 어떤 방식으로 대응하느냐에 따라 다른 성격으로 변화할 수 있다(Esping-Andersen, 1999). 세금을 통한 부의 재분배를 추구하는 전통적인 복지국가의 정책은 불평등을 해소하기에 충분치 않다. 동시에 신자유주의가 제시하는 적절한 재분배가 없는 순수한 능력주의 모델은 불평등을 심화시키고 사회 통합을 약화시킬 수 있다. 기회의 평등을 확대하여 사회적 위험을 분산하는 동시에 빈곤과 사회적 배제를 없애고 결과의 평등을 추구하는 정부의 적극적 정책도 필요하다.

결과의 평등을 적절하게 추구하지 않는다면, 진정한 의미의 기회의 평등도 추구할 수 없다. 정부는 기회의 평등을 제공하는 데 그쳐서는 안 되며, 결과의 평등을 위한 정책도 추진해야 한다. 경제성장의 혜택이 모든 계층에 골고루 돌아갈 수 있도록 해야만 지속적인 경제성장이 가능하다. 이를 위해서 정부는 경제성장을 통한 고용창출에도 힘을 쏟아야 하지만, 복지국가를 강화해 사회경제적 불평등을 줄이는 데 적극 나서야 한다(이정우, 2010). 특히 지나치게 자유시장에 맡겨 버린 부동산, 교육, 의료 때문에 빈부 격차가 더욱 커지고 있다. 가난한 부모의 자식으로 태어나 제대로 교육의 기회를 얻지 못하거나 사교육의 격차로 경쟁에서 뒤떨어진다면 가난의 대물림은 더욱 확대될 것이다. 특히 신자유주의적 산업구조 조정과 고용 불안으로 경제 활동에 참여하면서도 절대빈곤층에서 벗어나지 못하는 근로빈곤층의 증가는 '신빈곤'의 문제를 심화시키고 있다. 경제위기 이후 계속되는 실업의 증가와 사회 양극화로 고통받고 있는 빈곤층이 스스로 빈곤에서 벗어날 수 있도록 돕는 정부의 적극적인 정책이 중요하다.

1990년대 후반 이후 경제적 효율성과 사회적 형평성을 통합적으로 바라보는 시각이 새로운 관심을 불러일으켰다. 2006년 미국 브루킹스 연구소가 출간한 『해밀턴 프로젝트(*Hamilton Project*)』는 "기회와 번영, 성장을 위한 경제 전략"을 강조했다(Brookings Institution, 2006). 실제로 경제성장은 자본과 노동의 투입이 지속적으로 증가해야만 가능한 것은 아니다. 지속적인 경제성장을 위해서는 더 넓은 계층에게 성장의 혜택이 돌아가야 한다. 이처럼 성장과 복지의 이분법을 뛰어넘으려는 관점은 다양한 진보세력의 정책 방향에서 발견할 수 있다. 2000년 유럽연합에서 결정한 리스본 전략(Lisbon Strategy)은 역동적 지식 기반 경제, 지속 가능한 경제성장, 일자리 창출을 통한 사회 통합 등 유럽연합 차원의 새로운 전략적 목표를 제시했다. 리스본 전략의 핵심은 경제개혁, 고용 증대, 사회 통합이라는 세 가지 분야의 정책에 드러나 있다. 리스본 전략의 목표가 모호하고 구체적 정책수단이 부족했기 때문에 충분한 성과를 거두지는 못했지만, 유럽연합의 사회정책은 경제성장과 사회 통합을 동시에 강조하려는 사고의 전환으로 평가할 수 있다.

지금도 신자유주의를 지지하는 사람들은 자유시장경제와 미국식 모델을 선택해야 한다고 주장하지만, 효과적인 사회 보호 체제가 없고 불평등을 줄이지 않는다면 장기적으로 국가의 경쟁력도 약화될 수 있다. 변화하는 세계에 대응하는 새로운 복지국가의 방향은 경제성장과 사회 통합이라는 두 개의 목표를 동시에 추구해야 한다. 시장의 효율성과 사회적 형평, 개인의 자유와 사회복지 등 서로 갈등 관계에 있는 것들이 함께 존재해야만 지속적인 사회적 진보를 이룩할 수 있다. 이러한 복지국가의 방향은 전 세계적으로 영향을 미쳤으니, 특히 한국 복지국가의 역사에서도 중요한 의미를 지닌다. 김대중 정부와 노무현 정부의 시기에 본격적으로 발전한 복지국가는 경로 의존성보다 새로운 경로 전환의 가능성을 보여 주는 동시에 이론적으로도 의미를 지닌다.

발전주의 복지국가의 등장과 쇠퇴

한국 복지국가의 역사는 짧다. 1960년대 초반 박정희 정부가 사회보험을 도입한 후 30년 이상 복지제도는 제한적 사회보험에 머물렀다. 소수의 특수 이익집단과 대기업 노동자는 사회보험의 혜택을 받았지만, 대부분의 국민은 복지제도에서 배제되었다. 복지제도는 철저하게 경제성장을 위한 도구에 불과했고, 보수적 국가의 통제를 받아 충분하게 발전하지 못했다. 이러한 성격의 복지국가는 발전주의 복지국가(Developmental Welfare State)로 불리기도 한다(Kwon and Holliday, 2007). 발전주의 복지국가는 국가가 경제성장을 위해 효율적으로 시장에 개입하는 발전국가론의 연장선에서 한국 복지국가의 특성을 조명하였다. 발전주의 복지국가는 사회정책을 생산주의의 관점에서 경제정책을 보조하는 수단으로서 간주하였다. 경제 발전을 우선시하는 국가는 복지제도를 보편적 시민권의 관점에서가 아니라 선별적 규칙을 통해 운영했으며, 사회의 취약집단은 체계적으로 복지 체제에서 배제되었다.

그러나 발전주의 복지국가는 시간이 지나도 변하지 않는 고정불변의 존재가 아니다. 특히 민주주의는 복지국가의 발전과 깊은 관련이 있다. 1987년 민주화 이후 복지제도가 확대되었으며, 1997년 외환위기 이후 민주정부가 집권하면서 본격적으로 복지국가의 발전이 이루어졌다. 국가는 복지를 경제성장의 보조적 수단이 아니라 국민의 기본적 권리로 규정하였으며, 제한적 사회보험에서 벗어나 보편주의의 원칙을 적용한 국민보험을 확대하였다. 국가가 최소한의 사회안전망을 제공하는 데서 나아가 모든 국민을 대상으로 복지제도를 제공하려는 시도는 중요한 이론적 문제를 제기한다. 발전주의의 경로 의존성이 복지국가의 전환적 형태를 규정할 것이라고 단정하기에는 새로운 요소가 증가하고 있다. 이러한 한국의 변화는 경제위기와 세계화의 시기에 복지국가가 약화된다는 이론적 주장과 다르다(Kwon and Holliday, 2007). 단순화시키면, 서유럽 복지국가는 자본주의의 황금기와 함께 발전한 반면, 한국 복지국가는 경제위기의 조건에도 불구하고 탄생했다. 이 특수한 역사적 결합은 복지국가의 제도적 배치에 배태한 독특한 성격에 영향을 주었다. 발전국가의 경로 의존성과 새로운 사회구조적 조건의 만남이 한국 복지국가에 어떤 영향을 미쳤는지에 관한 다양한 학문적, 정치적 논쟁이 벌어졌다.

지난 10여 년 동안 한국 복지국가의 성격을 둘러싼 이론적 논쟁은 주로 복지국가의 유형에 초점을 맞추었다(김연명, 2002; 정무권, 2009). 이 논쟁은 복지국가의 전망을 둘러싼 실천적 논쟁과도 연결되기 때문에 중요한 의미를 가진다. 복지국가의 성격에 대한 경험적 분석은 궁극적으로 '어떤 복지국가를 만들어야 하는가'라는 규범적 차원과 연결되어 있기 때문이다. 21세기 한국 복지국가 논쟁은 1980년대 사회 구성체 논쟁에 비하면 훨씬 경험주의적 기반을 가진 논의를 제공했다. 그러나 유형론에 의존하는 논쟁은 세밀한 사실을 잘 묘사했지만, 역사적 과정에 대한 큰 그림을 보여 주지 못했다. 유형론은 특정 시기의 복지제도에 관하여 순간만 포착하는 스냅 사진을 제공하기에는 유용하지만, 복지국가의 역동적 변화를 충분히 설명하지는 못한다. 이 이론은 칸트의 단선적, 인과론적 사고보다는 헤겔의 변증법적 사고를 통해 사회의 다양한 세력이 지속적으로 상호 작용한 효과에 관심을 가져야 한다고 본다. 중요한 문제는 1998년 이후 한국 복지국가가 경로 의존성을 유지하는 대신 왜 경로 전환을 선택했느냐는 점이다.

한국 복지국가의 시작은 매우 늦었지만, 변화의 속도는 매우 빨랐다. 시간의 틀로 보면 늦은 시작과 빠른 변화는 기능적 설명에 따라 '압축적 현대화'의 한 형태로 분석할 수 있다. 그러나 이러한 역사적 과정은 민주적 이행과 마찬가지로 다양한 행위자들이 관여하는 복잡한 상호 작용의 결과이다. 이는 복지국가가 발전하는 역사적 경험에서도 잘 나타난다. 복지국가의 형성 과정은 크게 세 시기로 구분할 수 있다. 1963년 최초의 사회보험을 비롯한 복지제도 '도입'의 시기에 이어, 1987년 정치적 민주화 이후 복지제도 '확대'의 시기를 거쳐, 1998년 김대중 정부 시대 이후 현재까지 복지제도의 '공고화'가 이루어졌다. 박정희, 노태우, 김대중 정부의 출현은 각각 복지제도가 질적으로 변화하는 데 중요한 계기가 되었다. 이는 정권의 교체 이상을 의미한다. 이 계기는 국가의 성격뿐 아니라 국가와 사회 간 관계의 변화를 반영한다. 위와 같은 분기점을 통한 시기 구분은 경험적 연구의 의제를 설정하기에 유용할 뿐 아니라 중요한 연구 질문과 이론을 추구하는 데 필요한 분석틀을 제공한다.

첫째, 1960년대 이후 박정희 정부가 최초로 산재보험 등 사회보험을 '도입'한 시기는 매우 모순적 특징을 가졌다. 이 시기에 최초로 사회복지관계법이 제정되고 사회복지사업이 확대되었지만, 사실상 실행된 것은 매우 소수이다. 국가의 발전 목표로 '선성장 후분배'

정책을 강조하며 정부의 복지지출은 매우 제약되었다. 이 시기에 등장한 발전주의 복지국가는 경제 발전을 최고의 국가 목표로 설정한 반면에, 시민사회에서 보편적 시민권과 복지를 위한 요구는 거의 제기되지 않았다. 국가의 역할은 매우 제한적이고, 당연히 적용되어야 할 인구집단이 사회보험에 포함되지 않는 경우도 많았다. 복지제도의 적용 범위는 주로 공무원, 군인, 교원, 대기업 노동자에 초점을 맞추었고, 이는 국가의 발전 목표에 따른 국가와 사회의 전략적 동맹의 제도적 결과로 볼 수 있다. 이에 비해 국가와 대기업의 발전연합에서 소외된 대다수 노동자와 민중 부문은 복지제도의 혜택에서 제외되었으며, 이는 국가의 배제적 발전 전략과 상응한다. 복지제도의 도입이 정치적 필요에 의해 단편적으로 이루어져 사회보험제도의 일원적인 통합이 이루어지지 않았으며, 재정적 비효율성이 심각하였다. 이러한 한국 복지국가의 특수성은 국가와 시민사회의 역사적으로 구조화된 상호 관계와 긴밀하게 연결된 것으로 평가할 수 있다.

둘째, 1987년 민주적 '이행'이 시작된 이후 시민사회가 강화되고 민중 부문의 복지에 대한 욕구가 분출되면서 복지제도와 예산이 본격적으로 '확대'되는 시기가 시작되었다. 1987년 민주화운동의 성공으로 제정된 새로운 헌법에 국가가 국민에게 복지를 제공할 의무를 명시했다. 헌법 34조에는 "국가는 사회보장·사회복지의 증진에 노력할 의무를 진다"고 쓰여 있다. 사회권의 불꽃이 타올랐다. 그 후 복지재정의 지출이 지속적으로 증가하면서 1990년대 중반 한국의 국내총생산 대비 정부의 복지지출 비율이 3~5% 수준을 차지했다. 20세기 초반 독일, 영국, 프랑스 등 서유럽 국가가 사회보험 등 주요 복지제도를 도입하고 복지지출을 확대한 경험과 유사하다고 볼 수 있다.

그러나 복지의 확대는 단지 헌법의 조문이나 정부의 행정 절차에 의해 이루어진 것은 아니었다. 이 시기에 국가의 복지정책은 민감한 정치 문제가 되었으며, 대표적으로 1989년 도시 지역 의료보험의 실시로 국민의료보험을 향한 복지 확대가 이루어지기 시작하였다. 실제로 노태우 정부의 시기에 복지제도가 확대되는 과정은 변화하는 국가와 시민사회의 관계를 반영한다. 그 후 발전주의 복지국가의 제도적 전환이 이루어졌으며 '탈발전주의 복지국가(Post-developmental Welfare State)'가 등장하기 시작했다. 그러나 이 시기의 확대된 복지제도는 강력한 제도적 토대를 구축하지 못하였으며, 정부의 정책 선택에 따라 불안정하게 변화될 수 있었다.

1990년대 중반 이후 김영삼 정부는 자본시장의 개방과 노동시장의 유연화를 강조하는 세계화 전략을 선택하는 한편, 국가복지를 확대하는 대신 민간의 자발적 역할을 촉구하는 복지다원주의(welfare pluralism)를 추진하였다. 경제성장에 도움이 되는 사회정책이라는 관점에서 생산적 복지의 개념을 도입하였다. 이렇게 국가와 민간 부문의 협력을 강조하는 논리는 역설적으로 국가의 책임을 회피하는 반복지 이데올로기가 되었다. 이는 정치적 민주화 자체가 복지국가의 공고화를 이루는 것은 아니라는 사실을 보여 준다. 결국 이 시기의 복지국가는 특수한 구조적 맥락에 있는 민주주의의 성격에 따라 영향을 받았으며, 특히 국내 정치에서 국가와 대기업의 유착 관계로 만들어진 전략적 선택이 중요한 영향을 미쳤다.

셋째, 한국 복지국가의 '공고화'가 이루어진 시기는 1997년 외환위기 직후 집권한 김대중 정부의 시대이다. 복지제도의 공고화는 단순한 복지 확대를 넘어서 보편주의 복지제도의 토대가 전반적, 체계적, 불가역적으로 확립된 시기를 가리킨다. 김대중 정부의 복지정책은 출발 당시부터 분명한 계획을 가진 것은 아니었다. 김대중은 야당 후보 시절 권위주의 정부의 발전주의를 비판하고, 중소기업 육성과 노동자를 위한 사회 보호를 강조하였다. 하지만 외환위기의 상황에서 집권한 김대중 정부는 경제 자유화와 노동 유연화를 추진하는 외국 자본의 요구를 수용하면서 신자유주의적 경제정책으로 선회하였다. 경제 자유화 전략을 선택한 김대중 정부가 민주주의와 시장경제를 강조한 점은 놀라운 일이 아니다. 그러나 일찍이 김영삼 정부가 직면했던 신자유주의적 세계화의 구조적 제약 속에서도 김대중 정부는 발전주의 복지국가와 다른 전략과 대안 담론을 제시했다. 김대중 정부는 노사정 협의에 의해 고용보험, 국민연금 등 사회보험의 전면적 확대를 추진하는 동시에 시민사회의 강력한 요구에 의해 국민기초생활보장제를 도입했다. 김대중 정부가 주도한 새로운 사회 보호체계의 도입과 복지예산의 확대는 노동자의 반발을 불러일으킨 노동시장 유연화와 기업의 구조 조정에 대한 정치적 교환(political exchange)으로 볼 수 있다.

여기에서 우리가 주목해야 할 점은 김대중 정부의 복지정책이 서유럽의 베버리지 방식과 비스마르크 방식의 유형을 그대로 답습한 것은 아니라는 점이다. 김대중 정부가 추진했던 생산적 복지(productive welfare)는 미국 클린턴 정부가 추진했던 근로연계복지(workfare)와 영국 블레어 정부가 추진했던 정책(welfare to work)의 영향을 많이 받았다. 김대중-노무현 정부의 복지개혁은 클린턴과 블레어가 추진했던 제3의 길 정치와 상당한 관련성이 있다. 제3의 길은 국가, 시장, 시민사회의 협력을 주장하는 동시에 개인의 권리와 책임을 강조하였다(Giddens, 1998). 특히 복지에 대한 의존을 줄이고 개인의 자활을 지원하는 복지제도를 추구했다. 미국이나 영국과 비슷하게 한국의 국민기초생활보장제와 고용보험에서도 자활과 근로조건의 원칙이 도입되었다. 이처럼 김대중 정부의 생산적 복지는 보편주의, 선별주의, 근로연계복지의 독특한 결합의 결과로 볼 수 있다.

사회정책은 시장을 유지하는 동시에 시장을 제한하는 역할을 수행한다는 점에서 항상 모호한 성격을 가지고 있다. 경제와 사회, 효율성과 형평성, 일과 생활, 최근에는 일과 가정이라는 대립적 요소의 균형을 추구하는 것이 사회정책의 주요 목표가 되고 있다. 이런 점에서 김대중 정부의 생산적 복지는 매우 복합적, 모순적 특성을 가지고 있으며, 전통적 발전주의 복지국가의 유형으로 환원하기는 어려운 점이 많다. 박정희 시대의 발전주의 복지국가의 유산이 오늘날 복지제도의 성격을 규정하고 있다는 주장은 지나친 논리이다. 일반적으로 발전주의 복지국가는 국가보다 시장과 가족을 통한 복지 공급을 중시한다. 국가는 복지 공급에 참여하더라도 가능하면 빈곤층을 대상으로 최소한의 역할만 수행해야 한다. 그러나 김대중 정부가 확대한 국민건강보험, 국민연금, 고용보험 등 사회보험제도가 국민 전체를 가입 대상으로 설정했다는 사실은 보편주의의 원칙에 가깝다고 볼 수 있다. 반면에 사회보험의 사각지대가 존재하고 있어 보편적 사회보험의 기능을 제대로 수행하지 못하는 한계도 가지고 있다. 국민연금 역시 군인, 공무원 등 특수직을 제외하면 사각지대에 놓인 가입 대상자들의 급여수준이 지나치게 낮다는 점도 심각한 문제이다. 사회보험공단을 실질적으로 국가가 운영하며 심지어 기금의 전용을 결정한다. 아직도 정부의 조세 능력이 낮은 반면에 여전히 가족복지의 비중이 크고 복지의 시장화와 가족화의 수준이 매우 높다(남찬섭, 2008). 이로 인해 한국의 복지국가는 아직 매우 미성숙한 상태에 머무르고 있다. 경제협력개발기구(OECD) 회원국의 복지예산에 비해 최하위권 수준이며, 국내총생산 대비 9% 수준에 불과하다. 또한 국민연금과 고용보험의 사각지대가 많으며, 사회보험의 혜택을 받지 못하는 비정규직 노동자의 수가 많다. 결과적으로 근로빈곤층이 증가하고 빈부 격차와 노동시장의 이중화가 심각해지면서 사회경제적 불평등이 더욱 커지고 있다.

그러면 왜 한국에서 형식적인 제도의 배치는 보편주의 원칙을 수용하였음에도 복지지출의 수준은 낮고 비수급자의 비율이 높은 것일까? 이에 대해 일부 학자들은 발전주의 체제의 경로 의존성을 강조한다(정무권, 2009). 그들은 박정희 정부가 추진한 발전국가는 사회정책을 경제성장의 수단으로 강조하였듯이, 김대중 정부의 생산적 복지도 단지 경제성장의 보조적 역할을 수행한다고 평가한다. 그러나 발전국가론의 연장선에서 한국의 복지국가를 설명한다면 왜 과거의 정부들과 달리 그 시기에 김대중 정부가 복지제도를 확대하고 복지재정을 대폭 증가했는지 충분히 설명하기 어렵다. 또한 왜 한국의 건강보험이 미국의 민영보험 또는 독일의 건강보험과 다른 제도적 특징을 가졌는지 효과적으로 이해할 수 없다. 발전주의 복지국가 이론의 정태적 분석은 복지국가의 역동적 변화를 제대로 설명할 수 없으며, 복지국가의 미래에 대해서도 구조적 비관주의에 빠질 수 있다. 만약 한국의 복지국가를 제한적 복지국가 또는 후발 복지국가라고 본다면, 시간이 지나도 복지국가의 실질적 발전을 이루기 어렵다고 예측할 수 있다. 이렇게 경로 의존성을 지나치게 강조한다면, 현재뿐 아니라 미래에도 박정희 시대의 발전주의 복지국가의 특성이 그대로 유지될 것으로 보아야 한다.

많은 학자들은 김대중 정부가 도입한 복지제도가 과거 정부의 복지제도와 다른 특성을 가지고 있다고 인정한다(김연명, 2002). 이론적 관점에 따라 한국 복지국가는 자유주의, 보수주의, 혼합형, 동아시아 복지국가 등 다양한 유형으로 분류되었다. 김대중-노무현 정부의 시기를 거친 후 보수적인 이명박-박근혜 정부의 시기에도 복지예산이 지속적으로 확대되었다(김원섭·남윤철, 2011). 이명박-박근혜 정부의 복지제도와 복지정책은 박정희 시대 발전주의 복지국가의 전통적 스타일로 회귀하기보다 김대중-노무현 정부의 '탈발전주의 복지국가' 유형을 유지하였다. 이는 역사적 경로 의존이 아니라 새로운 경로 전환이 발생한 사실을 보여 준다. 역설적으로 탈발전주의 복지국가의 등장은 또 다른 경로 의존을 형성한다. 그러나 한국의 탈발전주의 복지국가는 단선적, 진화적 경로를 따라 서유럽의 경험을 그대로 추종하지는 않는다.

한국의 복지제도는 기본적으로 유럽형 사회보험제도를 기본적인 토대로 하면서도 자유주의, 사회민주주의, 그리고 남유럽 복지체제의 특성도 일부 포함하고 있다. 또한 한국의 복지 체제는 그 문화에 깊게 뿌리박고 있으며, 가족의 책임을 강조하는 전통적 유교문화의 특성도 상당 부분 포함하고 있다. 이런 점에서 한국의 복지국가는 서유럽 국가에 비해 매우 미성숙한 상태에 머무르고 있다.

한국의 복지국가가 서유럽의 복지정책을 모방, 학습, 이전, 변형함으로써 매우 복잡한 형태의 혼합이 발생하였다. 한국의 복지국가는 에스핑-안데르센의 유형론에서 나타나는 자유주의와 보수주의의 특성을 그대로 보여 주기도 한다. 이러한 한국 복지국가의 전환적 성격은 단순한 유형론의 적용을 어렵게 만든다. 결국 특정한 유형으로 분류하기 위해서 다른 특성을 무시하거나 제외하는 프로크루스테스의 침대의 오류를 범할 수 있다. 오히려 중요한 이론적 과제는 복지국가를 규정하는 요인들 사이의 성격과 역동적 변화의 논리를 설명하는 것이다. 이렇게 다양한 특성을 가진 한국 복지국가는 상당 기간 지속될 것으로 보이지만, 다른 나라와 차별되는 독특한 유형으로 발전할지는 아직 미지수이다. 여기에서 중요한 이론적 논쟁은 정태적 유형론에 머무르는 것이 아니라, 역동적 변화의 성격을 설명하고 사회정치적 역학 관계가 복지 체제의 전환에 어떻게 영향을 미치는지 분석해야 한다.

복지국가의 역동성과 제도적 변화

'경로 의존성'이라는 용어는 경제학뿐 아니라 사회과학에서도 유행어가 되었지만, 엄밀한 개념이 분명하게 제시되지 않는 경우가 많다. 피어슨은 더글러스 노스(Douglass North)와 브라이언 아서(Brian Arthur)의 연구를 활용하여 경로 의존성을 정치 체계에 영향을 미치는 자기강화적(self-reinforcing) 또는 긍정적 피드백(positive feedback)의 역동성으로 설명한다(Pierson, 2000). 일단 특정한 경로가 설정되면 그 과정을 역전하기는 매우 어렵다. 경로가 비효율적인 것으로 드러나도 적절한 정치적 대안은 불가역적으로 사라진다. 결국 경로 의존성의 관점은 처음 시작이 엄청나게 중요하다고 강조한다. 경로 의존성 모형은 어떤 사회적 현상이 지속되는 기능적 이유를 설명하기에는 매우 유용하다. 어떤 사건과 과정이 시간이 지나도 재생산되는 역동성을 설명하는 '역사적 인과성(historical causation)'을 보여 주기 때문이다. 그러나 과거와 현재의 사건과 과정 사이의 유사성이 곧 경로 의존성을 확인한다고 보기 어려운 상황이 발생할 수 있다. 시간이 지나면서 과거와 현재의 차이점이 만드는 변화는 경로 의존성의 쇠퇴 또는 점진적인 제도적 변화의 가능성도 가지고 있다(Streeck and Thelen, 2005; Mahoney and Thelen, 2010).

모든 제도가 그렇듯이 한국 복지제도의 성격도 고정된 것이 아니다. 복지 체제를 구조가 아닌 과정으로 보아야 한다. 복지 체제는 기능적인 동시에 역동적이다. 복지 체제가 다른 (경제 및 정치) 제도의 변화에 따른다는 점에서 복지 체제의 변화는 기능적인 과정이다. 물론 모든 제도에는 지속성이 있다. 그러나 사회가 변화하면서 역동적인 과정 또는 작용이 발생한다. 에스핑-안데르센도 1940년대 영국을 자유주의 복지국가가 아니라 스웨덴과 같은 사회민주적 복지국가로 보아야 한다고 지적하면서 제도적 변화를 인정하였다(Esping-

Andersen, 1999: 87). 1950년대 이후 1970년대 중반까지 영국의 복지제도는 스웨덴과 같은 보편주의적 특성을 많이 갖고 있었지만, 1980년대 대처의 보수당 정부가 등장하면서 미국과 같은 자유주의적 성격으로 변화하였다. 19세기 후반 독일, 1920년대 북유럽 국가, 1930년대 미국, 1940년대 대부분의 유럽 대륙 국가, 1980년대 영국과 네덜란드에서는 중요한 복지제도의 도입, 개혁, 전환이 이루어졌다. 정도의 차이는 있지만, 역사적으로 세계 각국의 복지국가의 성격은 지속적으로 변화하였다.

한국의 복지체제는 박정희 시대에서 김대중 시대로 이행하면서 일정한 성격의 변화가 발생하였다. 김대중 정부가 도입한 복지 체제는 많은 제도적 한계를 갖고 있지만, 전통적인 발전주의 복지국가와는 커다란 차이가 있다. 새롭게 출현하는 복지 체제를 과거 발전국가의 유산으로 단순하게 평가한다면 일면적 분석에 그칠 것이다. 한국 복지국가의 성격을 이해하기 위해서는 지속성과 변동성을 동시에 고려해야 한다. 발전주의 복지국가에서 탈발전주의 복지국가로의 이행에 관한 연구는 시장경제, 자본주의, 민주주의, 시민권에 대한 체계적 분석을 요구하며, 이는 한정된 자원과 삶의 기회를 할당하는 사회체계의 역동적 변화를 보여 준다. 이런 점에서 우리는 한국 복지국가의 변화에서 복지지출의 양적 변화보다 정치적, 경제적 거버넌스의 제도적 패턴(institutional pattern)의 변화에 더 많은 관심을 가져야 한다. 그러나 한국 복지국가의 성격을 규정하는 이론적 연구는 서유럽의 경험보다 훨씬 복잡하고 도전적인 작업이다. 오늘날 우리의 지적 노력은 산업화와 민주화의 내생적 경로뿐 아니라 지구적 상호 의존성,

국내의 정치적·경제적 관계, 사회인구적 변화의 영향을 받는 다양한 유형의 제도적 경향을 살펴보아야 한다. 한국의 복지국가는 과연 어느 정도로 역사적 경로 의존성을 유지하는가? 또는 부유한 민주주의 국가의 제도적 유형을 향해 진화할 것인가? 만약 그렇다면, 어느 특정한 제도적 유형을 지향할 것인가? 이 과정에서 복지 체제의 지속성 또는 새로운 다양성을 만드는 자원은 무엇인가? 우리는 어떻게 복지 체제의 다양성이 변화하는지, 그리고 새로 출현하는 제도적 패턴의 인과적 과정이 무엇인지 이해해야 한다.

한국 복지국가의 지속성에 영향을 미치는 경로 의존성의 주요 요소를 다음과 같이 지적할 수 있다. 첫째, 오랫동안 경제성장을 주도한 발전주의 체제의 역사적 유산이 경로 의존성에 영향을 미쳤다. 1960년대 이래 권위주의적·보수적 성격을 가진 국가가 주도한 복지 제도는 보편적 복지 대신 잔여적, 선택적 복지를 강조하였다. 둘째, 한국의 경제에서는 재벌 중심의 대기업과 다수의 중소기업 간의 위계적, 종속적 관계가 지속하면서 대기업 노동자에 편중된 기업복지가 발전하였다. 결과적으로 대기업 노조는 임금 인상과 후생복지 등 기업복지에 주력하는 한편, 노동자계급 전체의 이익을 대변하는 복지정책을 적극적으로 추진하지 않았다. 셋째, 소선거구제와 대통령제에 기반한 선거제도도 노동자계급을 대표하는 정당과 재분배정치의 발전에 장애물이 되었다. 노동운동의 정치적 역량이 미약한 조건에서 계급 이익을 대변하는 정당이 취약하며, 강력한 친복지 정치세력의 형성도 이루어지지 못했다. 이러한 역사적, 제도적 유산은 한국 복지국가의 성격을 규정하는 중요한 요인으로 볼 수 있다.

다른 한편, 한국의 복지국가는 1987년 민주적 이행 이후 중요한 변화를 경험하면서 새로운 특징을 갖게 되었다. 한국 복지국가의 새로운 변동성을 보여 주는 중요한 요소는 다음과 같다. 첫째, 1987년 민주적 이행 이후 한국 사회에서 복지정치의 역동성이 작동하고 권위주의적 발전연합(developmental coalition)에 맞서 시민사회가 주도하는 분배연합(distributional coalition)이 등장하면서 복지정책의 결정 과정이 더욱 정치화되었다. 민주화 이후 첫 민선정부인 노태우 정부는 노동조합의 강력한 요구에 직면했으며 노동자계급의 포섭이 중요한 정치적 과제가 되었다. 연금, 산재보험, 직업안정법 등 노동자계급의 이해가 달린 입법 조치는 노동자계급을 체제로 흡수하려는 목적에서 도입되었다. 민주화 이후 복지제도의 확대는 단순히 보수적 국가의 시혜가 아니라 다양한 사회세력 간 이해갈등정치의 영향을 받기 시작했다. 대표적으로 건강보험제도가 지속적으로 진화하면서 '사회정책의 정치화'의 중요한 사례가 되었다(최성수, 2006). 민주화는 복지정치를 촉발하였다.

둘째, 1998년 김대중 정부가 등장한 이후 건강보험 통합 등 보편주의적 특성을 가진 복지제도가 확대되면서 한국 복지국가는 새로운 전기를 맞이하게 되었다. 복지국가의 발전 과정에서 중대 시점 또는 결정적 분기점을 이해하기 위해서는 복지제도의 형성 과정에 영향을 미친 국제정치경제의 조건과 사회정치적 역학 관계에 주목할 필요가 있다. 외환위기의 시기에 국제통화기금이 요구하는 구조 조정과 노동 유연화에 따라 급증하는 실업률과 불평등에 직면한 김대중 정부는 사회안전망의 확대를 추진해야만 했다. 이 시기에 국민연금, 건강보험, 기초생활보장 등 복지정책의 결정 과정에서 국가의 주도성은 상대적으로 약화되었다. 복지정책 결정에서 시민사회조직의 역할이 확대된 데 비해, 재경부와 기획예산처 등 경제 부처의 역할이 축소되었다. 대표적으로 1999년 국민기초생활보장법의 제정은 증가하는 시민사회의 역할이 얼마나 중요한지를 보여 준다. 이 시기에 복지정책의 형성 과정에서 국가와 시민사회 사이의 정책 네트워크(policy network) 또는 사회 연결망(social network)의 중요성이 부각되었다(양재진 외, 2008). 건강보험과 국민연금이 도입된 후 사회의 이해관계자가 집단으로 출현하면서 다수의 정치적 행위자가 정책 결정에 참여했다. 노동조합과 시민사회조직과 정권 내부집단의 연결망이 강화된 데 비해 상대적으로 전경련과 경총 등 기업의 연결망은 주변화되었다(송호근·홍경준, 2006: 216~242). 전반적으로 복지정책 결정 과정에서 국가의 일방주의는 사라지고 국가와 사회의 '조정과 협력'의 관계가 중요한 특성으로 부각되었다.

셋째, 보편적 시민권의 개념에 입각한 복지정책의 실행은 국민의 복지인식과 복지태도에 커다란 영향을 미치기 시작했다(김윤태·서재욱, 2014). 복지태도는 단순한 정치적 동원의 결과이거나 변덕스러운 공공여론의 반영이 아니라 사회 구성원의 사회정의와 평등주의 가치에 대한 일관성 있는 관점과 지향을 표현한다. 복지태도의 변화는 2010년 지방선거에서 무상급식과 복지가 선거 쟁점으로 부각되면서 새로운 전환점을 보였다(김윤태 외, 2013). 2011년 10월 14일, 경향신문과 한국리서치의 여론조사에서 응답자의 86%가 '복지 확대'를 원했다. 특히 저소득층과 중산층의 복지 확대와 증세에 대한 지지가 높아졌다. 2012년 총선과 대선에서 양대 정당의 대선 후보가 복지 예산과 프로그램의 확대를 공약으로 내세우면서 복지국가에 대한 정치적 관심이 확대되었다. 비록 전통적인 반공주의와 지역주의 정치가 정치적 기회구조를 제약하지만, 다양한 계층의 유권자들이 선거에서 복지 이슈에 민감하게 반응했다. 경제성장을 강조하는 전통적 발전주의 패러다임의 규정성이 약화되면서 탈발전주의를 지향하는 전환적 형태의 복지국가가 국가 의제로 부각되었다. 앞으로 복지에 관한 대중의 정치적 지지는 한국 복지국가의 미래에 중요한 영향을 미칠 것으로 보인다.

위와 같은 한국 복지국가의 지속과 변화의 이중적 과정은 중요한 의미를 가진다. 첫째, 우리가 지나치게 경로 의존성 이론에 의존한다면, 미래에 대한 예측을 과신할 수 있다. 마치 철도를 달리는 열차가 다음에 도착할 정거장을 미리 알 수 있듯이 제도적 유산이 일정한 패턴을 가진다고 본다. 경로 의존성 모형은 중요한 계기에서 우연성을 지나치게 강조하는 반면, 다른 경우에는 지나치게 결정론에 빠지기도 한다(Thelen, 1999: 385). 다른 한편, 경로 의존성 논쟁은 과거의 영향력을 지나치게 강조하기도 하지만, 미래의 가능성에 대한 개방적 관점을 제시하기도 한다. 결국 경로 의존적 과정의 중요한 특징은 특정한 사회적 환경에서 나타나는 '상대적 개방성'이다. 현재의 지배적인 제도 패턴은 항상 역사적 우연 및 이질적 요소와 만난다. 복지국가의 발전 과정은 단순하게 하나의 경향만 가지는 것은 아니다. 동시에 일단 새로이 특정한 경로가 만들어지면, 스스로 강화하는 과정이 공고화와 제도화를 만든다. '특정한 계기'는 정치적, 이데올로기적 발전의 경로를 더욱 강화한다. 위에서 제시한 한국의 사례에서 볼 수 있듯이, 복지정치, 정책 네트워크, 복지태도의 변화는 전통적인 발전주의 복지국가의 쇠퇴를 결정하는 주요 요인으로 작용한다. 이렇듯 복잡한 사회 변동의 인과 과정은 하나의 이론에서는 명확하게 나타나지 않을 수 있지만, 정치적 자원, 사회 네트워크, 전략적 선택 등 중범위 이론(middle range theory)에서는 잘 나타날 수 있다.

둘째, 한국 복지국가의 지속성과 변동성의 이중적 과정은 민주적 이행 이후 사회정치적 세력과 제도적 배치의 상호 작용으로 인한 역동적 성격을 표현한다. 복지국가가 사회의 일정한 계급연합에 의해 영향을 받거나 결정된다면, 계급 간 역학 관계가 변화하면서 복지국가에 변화가 생긴다. 결국 복지국가의 모든 변화는 사회적 관계에서 초래되며, 복지국가의 전환에 대한 분석은 결국 국가와 사회 간 역동적 관계에 초점을 맞춰야 한다. 실제로 박정희 정부의 발전주의 복지국가는 민주화 이후 노태우 정부를 거치면서 점차 '탈발전주의 복지국가'로 이행하였으며, 정치적 지형과 권력 관계는 제도적 변화에 커다란 영향을 미쳤다(김윤태, 2012a). 이는 단순한 정권의 변화가 아니라 사회적 세력 간 역학 관계의 변화를 수반한다. 특히 박정희 정부 시기에 나타났던 국가와 사회의 관계와 김대중-노무현 정부시기의 양자 사이에 나타난 상호 관계의 성격은 상당히 다르다. 국가와 사회의 관계는 형식과 내용의 차원에서 변화하였다.

민주화 이후 국가와 사회 사이의 복지정치와 재분배정치의 등장이라는 내용의 변화뿐 아니라 상호 작용의 규칙성, 빈도, 고정성을 나타내는 형식의 변화도 발생했다. 박정희 정부 시기의 국가와 사회의 관계는 지배-종속 관계의 성격이 강했던 데 비해, 김대중-노무현 정부 시기에는 상호 조정과 협력의 관계를 강조하였다. 국가와 사회 사이의 상호 연결망이 발전할수록 지시와 명령 대신 (종종 갈등적 관계가 발생했지만) 지속적인 자문과 타협의 과정을 중시하였다. 국민연금 개혁에 대한 연구에서 볼 수 있듯이, 제도적 변화는 행위자 사이의 상호 작용을 통해 만들어지는 역동적 권력 관계에 의해 좌우된다. 반면에 이 시기의 복지정책은 지역주의 정치, 재벌 지배적 경제, 노동조합의 정치적 취약성이라는 구조, 제도, 행위자 차원의 요소로 인해 심각한 제약을 받았다(김영순, 2011). 한국 복지국가의 전환 과정은 제약과 기회의 변증법 또는 구조와 선택의 다차원적 상호 작용의 결과로 이해해야 한다.

복지정치의 등장은 다양한 사회적 행위자들의 복지 담론구조와도 밀접한 관련을 가진다(신광영, 2012). 민주주의를 공고화하는 시기에 김대중-노무현 정부가 경제주의, 성장주의의 이념적 지배가 강한 한국 사회에서 복지정책을 국가 의제로 제시했다는 점은 중요한 의미를 가진다. 그러나 생산적 복지와 동반성장에 대해서는 과거 박정희 시대의 발전주의 복지국가나 김영삼 시대의 신자유주의 복지국가와 비교하면 체계적인 이데올로기를 제시하지는 못했다(김연명, 2009). 새로운 복지 담론과 제도 패턴은 발전주의 복지국가와 신자유주의 복지국가를 비판하며 새로운 대안을 제시하려고 했지만, 사실상 두 관점의 혼합과 절충에 그친 인상을 준다. 김대중-노무현 정부의 복지를 강조하는 정치적 수사에 비해 제한적 복지정책과 낮은 수준의 사회지출로 인해 결국 사회경제적 불평등은 더욱 악화되었다(김윤태,

2010). 그러나 새로운 복지 담론은 복지국가의 한국적 적용 가능성에 관한 새로운 모색을 추구했다는 점에서 미래의 가능성을 보여 준다. 김대중 정부의 생산적 복지, 노무현 정부의 동반성장과 사회투자국가에서 이명박 정부의 능동적 복지에 이르기까지 모두 성장과 복지의 선순환을 강조한다는 점에서 일맥상통하는 특징을 가지고 있다.

새로운 복지 담론은 과거의 생산주의와 분배주의의 타협처럼 보일 수도 있다. 하지만 정권이 선택하는 정치적 수사가 반드시 동일한 정책 내용을 제시하는 것은 아니다. 김영삼 정부 이후 이명박 정부에 이르기까지 정부의 복지예산은 지속적으로 증가했지만, 김대중 정부 시기에 가장 중요한 복지제도의 공고화가 발생하였다. 2012년 대선에서 박근혜 후보는 복지국가를 강조하고 기초노령연금 도입, 건강보험 확대, 교육비 축소를 공약으로 내세우면서 복지정책을 정치적으로 이용했다. 그러나 대선 이후 박근혜 정부가 복지 공약을 포기하거나 취소하면서 복지정책을 둘러싼 정치적 논쟁이 다시 격화되었다. 이러한 복지공약의 포기는 정치적 신뢰의 문제를 넘어서 복지국가의 전망에 대한 사회적 합의의 부재를 보여 주는 것이다. 서유럽 복지국가에서 합의정치가 출현한 것처럼, 한국에서도 복지국가에 대한 정치적 합의가 존재한다는 주장은 성급한 예측으로 볼 수 있다. 이런 점에서 한국 복지국가의 미래는 열린 질문이다.

복지국가의 과제

1944년 칼 폴라니는 『거대한 전환』에서 사회를 구성하는 두 가지 원리가 있다고 지적했다. 하나는 시장의 자유와 자유무역을 통해 이루어지는 경제자유주의의 원리이고, 다른 하나는 인간, 자연, 조직을 시장의 해악에서 보호하는 사회 보호의 원리이다(Polanyi, 1957). 현대 복지국가는 두 가지 원리를 동시에 추구하는 사회경제적 시스템을 유지하려고 노력하였다. 복지국가의 발전은 경제의 논리와 사회의 논리 사이 복잡한 상호 관계에 의해 다양한 형태의 제도적 변화를 만든다. 1998년 이후 한국에서 복지국가가 본격적으로 탄생하면서 과거 발전주의의 제도적 유산과 다른 경로가 등장했다. 왜 이러한 제도적 역동성이 등장했는지 제대로 이해하기 위해서는 단순한 복지지출의 수준과 복지제도의 특징 비교가 아니라 복지정책 결정 과정에 대한 관심과 광범한 사회정치적 차원의 관심이 필요하다.

한국뿐 아니라 세계 각국의 경험을 볼 때 대부분 국가에서 복지 체제의 역동적 변화는 하나의 원리에 의해 이루어지는 것이 아니다. 이런 점에서 복지국가의 역사를 규정하는 다양성은 그대로 지속할 것이다. 그러나 다양성은 단순하게 현상유지를 의미하지는 않는다. 어떠한 복지국가도 기술의 변화, 국제화, 국내의 사회경제적 변화에 직면하여 과거의 안정성을 그대로 유지할 수는 없다. 복지국가의 등장과 발전은 다양한 나라의 역사적 경로 의존성과 사회정치적 세력의 역동적 관계에 따라 상이한 경로를 거치며 이루어진다. 복지국가의 전환에서 구조적 제약과 행위자의 권력자원은 긴밀하게 연결되어 있다. 복지국가의 발전을 위해서는 먼저 사람들이 복지를 확대하기를 원해야 하고 기존의 제도를 바꾸는 데 의미를 느껴야 한다. 행위자 차원에서 보면 국가, 기업, 노동조합, 정당 등 사회정치적 세력의 실천이 중요하다. 특히 복지 체제의 변화를 이해하기 위해서는 정당의 사회적 토대, 선거제도의 제약성, 의회의 입법 과정과 절차의 역동성, 이익집단의 정치적 영향력, 노사 관계와 사회적 대화의 차원 등 다양한 정치적 역동성에 대한 체계적 이해가 필요하다. 이는 복지국가를 강화하는 사회정치적 세력의 전략적 선택이 어떻게 구조적 조건과 결합하는지에 대해 효과적으로 설명할 수 있을 것이다. 이러한 사회학적 접근법의 강조는 구조와 행위자, 사회학과 정치학, 거시 차원과 미시 차원의 중요성을 동시에 고려한다. 결국 사회가 어떻게 복지국가에 반영되느냐는 질문에 대한 답은 바로 사회적 관계의 상호 작용에 존재한다고 볼 수 있다.

한국 복지국가의 정치적 역동성을 이해하는 연구 전략으로 역사적, 제도적 차원과 행위자의 전략적 선택 차원 간 관계의 논리를 이해해야 한다. 역사적, 제도적 차원은 경제구조의 성격, 대기업과 중소기업의 관계, 노사 관계, 노조의 임금 협상 체제의 제도적 조건과 밀접한 관련이 있다(양재진 외, 2008). 반면에 행위자의 전략적 선택은 노동조합과 정당의 이데올로기, 강령, 선거 공약, 정책과 프로그램 등 다양한 차원으로 분류할 수 있다(신광영, 2012). 구조적 조건과 전략적 선택은 분리된 것이 아니라 두 개의 다리로 움직이는 몸처럼 서로 긴밀하게 연결되어 있다. 김대중-노무현 정부가 복지국가 발전을 위해 중요한 역할을 수행했던 한편, 경제 자유화를 통해 국가의 자율적 역량을 제한하고 복지국가 발전에 제도적 장애물을 만들었다는 사실은 중요한 의미를 가진다. 결국 구조적 조건의 변화는 전략적 선택의 기회를 제한한다.

반면에 전략적 선택은 구조적 조건의 변화를 추진할 수 있다. 노동조합이 산별 노조를 강화하고 단체교섭을 통한 조직력과 정치적 영향력을 강화한다면, 복지정책이 정치화되거나 친복지세력이 정치동맹을 형성할 가능성이 높아질 수 있다. 강력한 시민사회가 사회경제적 민주화를 요구한다면 복지국가에 대한 사회적 합의의 기반이 강화될 수 있다. 정당, 노동조합, 시민사회조직의 전략적 선택은 선거제도, 입법 과정, 거버넌스의 제도적·구조적 개혁을 추진할 수 있다. 1998년 민주정부가 등장한 이후 한국 사회에 확산된 생산적 복지, 사회투자, 능동적 복지, 맞춤형 복지의 담론은 많은 한계에도 불구하고 다양한 정치세력이 복지국가에 대한 합의를 만드는 데 기여했다. 대부분의 정당, 노동조합, 시민단체들이 복지 확대를 지지하고 복지예산을 확대하는 가운데 복지국가에 대한 긍정적 태도와 정치적 지지도 증가하였다. 이러한 복지태도의 변화는 단순한 경제성장의 결과가 아니라 정치적 기회(political opportunity)의 구조를 재구성하는 행위자들의 실천과 밀접하게 연결되어 있다. 이처럼 구조와 전략은 상호 관계를 형성한다.

지난 20년 동안 한국 복지국가가 충분하게 발전하지 않은 것은 한국 민주주의의 한계를 보여 준다. 특히 역대 정부가 내세운 생산적 복지, 사회투자, 능동적 복지, 맞춤형 복지가 취약계층만 지원하는 선별주의 원칙에 따라 운영된다면 사회정책의 효과는 매우 제한적 결과를 만들 가능성이 크다. 또한 사회정책이 민주주의의 원리보다 시장의 논리에 종속되어 개인의 노동시장 진입만 강조하고 노동시장에서 배제된 인구집단을 위한 소득 지원이 축소된다면, 사회적 연대와 통합은 불완전한 상태에 머무를 것이다. 장기적으로 복지국가를 강화하려는 목표는 모든 시민에게 동등한 지위를 부여하는 보편적 시민권의 원칙과 긴밀하게 연결될 때 효과가 더욱 커질 것이다. 다수의 시민이 작은 정부의 이데올로기 대신 누진세, 보편적인 사회보험, 공교육, 개인의 역량을 강화하는 적극적 복지를 지지해야만 복지국가가 장기적으로 유지될 수 있다. 결국 지속 가능한 복지국가는 더 보편적이고, 효과적이고, 효율적인 제도 변화를 만드는 다양한 사회적 행위자들의 전략적인 선택에 달려 있다.

더 읽을거리

성경륭·김태성, 2014,『복지국가론』, 나남.

안병영 외, 2018,『복지국가와 사회복지정책』, 다산출판사.

알레시나, 알베르토·에드워드 L. 글레이저, 2012,『복지국가의 정치학』, 전용범 옮김, 생각의힘.

정원오, 2010,『복지국가』, 책세상.

허드슨, 존·스테판 쿠너·스튜어트 로우, 2010,『복지국가를 향한 짧은 안내서』, 김보영 옮김, 나눔의집.

7. 정당과 선거

19세기 말에 본격화된 여성 참정권운동은 20세기 전반기에 성공을 거두었으며, 그 후 남녀 평등을 주장하는 페미니즘운동이 지속적으로 확산되었다.

거대한 인간 공동체, 특히 현대 국가의 정치투쟁은 비교적 특수하게 조직된 다양한 정치조직들 사이에서 이루어진다.

- 모리스 뒤베르제, 『정치란 무엇인가』

현대 정치사회학에서 가장 중요한 관심 대상 중 하나는 정당이다. 18세기 영국의 정치사상가 에드먼드 버크는 정당을 "국가 이익을 증진시키기 위해 모두가 동의하는 특별한 원칙에 따라 단결된 사람들의 집합체"라고 정의했다. 정당은 일반적으로 동일한 견해를 표명하며 선거 과정에서 정치적 공직 후보를 지명하고 당선시켜 정부를 구성하는 역할을 주로 수행하는 사람들의 조직을 가리킨다. 정당은 권력을 획득하고 권력의 행사에 참여하려는 목적을 가진다. 이를 위해 선거에서 의석을 확보하고 국회의원과 장관을 배출하여 정권을 장악하려고 노력한다. 정당은 현대 대의민주주의의 필수 요소이다. 영어로는 파티(party)라 불리며, 말 그대로 분파를 가리킨다. 그러나 정당이 반드시 분파적 이익만 대변하는 것은 아니다. 현대 정당은 사회의 분화된 이익을 대표하면서 정치적 동원을 통해 사회갈등을 일으키는 동시에 대의기구를 통해 정치적 합의를 만드는 역할을 수행한다.

우리가 정당을 좋아하건 말건 상관없이 현대 사회에서 정당이 없는 민주주의를 상상하는 것은 불가능하다. 인간의 역사에서 이러한 정치적 조직 또는 파벌은 오랜 역사를 가지고 있지만, 오늘날 우리가 알고 있는 현대적 정당은 비교적 최근에 생긴 조직이다. 세계에서 가장 오래된 정당은 토리(Tory)라고 불렸던 영국의 보수당이다. 영국은 17세기 청교도혁명을 통해 세계 최초로 의회를 만들었으나, 명예혁명을 거치면서 왕과 귀족의 권한을 놓고 두 개의 정당으로 분열되었다. 왕권 옹호파인 토리당과 왕권 반대파인 휘그(Whig)당이 서로 경쟁했다. 토리는 아일랜드어로 무법자라는 뜻이고, 휘그는 스코틀랜드어로 폭도라는 뜻인데, 서로를 경멸하는 의미가 담겨 있다(박지향, 2017). 토리와 휘그 양당 국회의원들은 칼을 차고 웨스트민스터 의회에 입장했고, 서로 마주 보고 있는 양당 의원들의 좌석 앞에는 긴 선이 그어져 있었다. 누구도 그 선을 넘을 수는 없었고, 그 선 앞에서는 칼을 뽑아도 상대방의 좌석에 닿지 않았다. 싸우지 말라는 뜻이다. 서로 폭력을 쓰지 않겠다는 약속이야말로 민주주의의 출발이었던 것이다. 영국의 국회의원들은 이름 앞에 '존경하는 의원'이라는 호칭을 사용한다. 의회의 심의 원칙은 충분한 토론과 다수결투표로 제도화되었다. 이로써 대의민주주의의 제도적 토대가 형성되었다.

정당과 관료제

현대적 대의정치에서 대중 정당의 출현과 선거를 통한 경쟁은 가장 흔히 볼 수 있는 풍경이다. 많은 사람들이 정당은 대중의 의사를 반영하는 민주적 조직이 되어야 한다고 주장한다. 그러나 대중 정당이 민주적 성격을 가진다는 가정은 많은 사회학자들의 의심을 받았다. 막스 베버는『직업으로서의 정치』에서 "민주주의도 어디까지나 정치 엘리트에 의해 통치되는 것이고, 인민은 엘리트를 선출하는 수동적 역할 이상을 갖지 못한다"고 주장했다. 정당에 관한 가장 고전적 연구는 19세기 후반 독일의 사회학자 로베르트 미헬스의 유명한 저서『정당론』이다. 그는 독일 사회민주당이 스스로 민주적 정당이라고 주장하는 것과는 달리 실제로는 소수의 엘리트에 의해 비민주적으로 운영된다고 날카롭게 비판했다(미헬스, 2015). 민주주의를 확대하기 위해서 당비를 납부하는 당원들의 대중 정당을 만든 사회민주당이 전혀 민주적이지 않다는 주장은 당대 사람들을 놀라게 할 만했다. 현대 사회에서 합리성이 증가할수록 관료제가 확대된다고 분석한 막스 베버의 제자였던 미헬스는 정당에서 소수 지도부에 의해 과두제가 강화되는 현실을 분석했다.

2차 세계대전을 거치면서 유럽과 북미의 정당들은 더 많은 민주주의를 실현하기 위해 공직 후보 선출과 정책 결정에 풀뿌리 당원들이 참여하는 개혁을 추진했다. 영국의 보수당과 독일의 기독교민주당도 공직 후보 선출권을 소수 지도부의 밀실 대신 지구당의 당원들에게 넘기기 시작했다. 영국 노동당과 독일 사회민주당은 전당대회에서는 지역에서 올라온 대의원들의 축조심의와 표결을 통해 정강정책을 결정한다. 토니 블레어 총리와 게하르트 슈뢰더 총리도 상향식 공천을 통해 정치 경력을 시작해 총리의 자리에 올랐다. 그러나 여전히 중요한 정책 결정은 소수의 지도부에 의해 좌우되며 의회의 입법 과정도 대중의 눈에 보이지 않는 곳에서 은밀하게 이루어지는 경우가 많다. 19세기 말 독일의 비스마르크 총리는 "법률을 만드는 과정은 소시지를 만드는 것과 같아, 보지 않는 것이 좋다"는 유명한 말을 남겼다. 오늘날 의회 입법 과정도 매우 복잡하며 정당의 막후 거래와 야합을 거치는 경우도 비일비재하게 발생한다.

정당의 운영구조에서 엘리트와 간부의 역할에 따라 정당을 분류하기도 한다. 대표적으로 프랑스 사회학자 모리스 뒤베르제는 당원에 대해 논의하면서 간부(엘리트) 정당과 대중 정당을 구분했다 (Duverger, 1964).[01] 이러한 차이는 정당의 규모가 아니라 구조에서 온다. 간부 정당은 선거를 준비하고 선거운동을 지도하고 후보자와 접촉을 유지하는 소수의 정당 활동가 중심의 정당이다. 간부 정당은 파벌에 의해 움직이고 분권적이며 결합 관계가 약한 경우가 많다. 반면에 대중 정당은 중앙집권적이고 많은 사람들이 정치운동에 참여하도록 애쓰는 지구당을 운영한다. 주로 유럽의 정당들이 이 경우에 해당된다. 반면에 미국 정당의 경우는 간부 정당의 특성이 강하다.

오랜 역사를 가진 유럽의 대중 정당에서도 풀뿌리 당원에 비

01 모리스 뒤베르제는 프랑스의 사회학자이자 정치인으로, 사회학을 전공한 후 정당 체계와 선거 체계에 대한 많은 연구를 발표했다. 그는 시앙스포(SciencePo)의 설립자이며 유럽 의회 의원을 역임했다. 그의 저서는 프랑스어로 출간되었으나, 이 책에서는 영어 번역본의 서지사항을 소개한다.

해 지도부의 역할은 막강하다. 당원들은 전당대회를 통해 지도부를 선출하고, 지도부는 집권 후 내각을 구성한다. 내각은 주요 정책을 결정하는 집단지도 체제를 운영하지만, 사실상 총리의 권한이 막강하다. 오히려 미국의 대통령보다 영국의 총리가 더 신속하게 법안을 통과시킬 수도 있다. 유럽 정당의 본부 또는 중앙당은 연구소와 포럼의 지원을 받아 정책 결정 과정을 전문적으로 지원한다. 언론홍보를 위한 미디어센터의 운영도 중앙당의 역할이다. 정당의 지도부는 공직 후보를 선출하는 데도 더 강력한 권한을 행사한다. 때로는 지구당이 추천한 공천자를 탈락시키기도 한다. 지도부는 중요한 정책을 결정하고 소속 의원들이 따를 것을 강요한다. 그러나 대부분의 정당은 매년 전당대회를 하고 주요 정책을 당원들의 토론과 투표를 통해 결정한다. 이러한 전당대회는 마치 스포츠 게임처럼 텔레비전으로 생중계된다. 시청률은 중요하지 않은 듯하다. 당원들은 당론을 결정하고 소속 의원은 이에 따라야 한다.

반면에 연방주의 전통이 강한 미국에서는 중앙당의 권력이 약한 편이다. 주 단위로 선거법이 다르며 정당의 운영도 주 단위의 자율성이 높은 편이다. 이런 조건에서 중앙당은 선거를 지원하는 역할을 수행할 뿐이며, 공직 후보 선출과 주요 정책 결정을 좌우할 권한은 거의 없다. 공직 후보의 공천도 대개 지역의 오픈 프라이머리(open primary) 선거로 결정된다. 경우에 따라 정당 당원이나 지지자만 참가하기도 하지만, 아예 모든 유권자가 참여하도록 개방하는 경선제도를 운영하는 주도 있다. 이런 점에서 유럽 정당과 달리 대부분 상향식 공천이다. 정당의 지도자들이 선거자금과 유세를 지원하면서 공직 후보의 경선에 개입하는 일이 가능하며, 유력한 정치인의 영향력을 확대하는 수단으로 활용되기도 한다. 1996년 선거에서 공화당 출신 깅그리치 하원의장의 사례가 대표적이다. 미국 정치에서 전반적으로 중앙당의 역할이 미미하기 때문에 대통령 선거에서도 중앙당보다 후보 개인의 능력이 중요하다. 결국 중앙당이 소속 의원들에게 특정한 법안에 투표하도록 강제하기도 어렵다. 그래서 미국 의회에서는 의원들이 소속 정당의 당론을 거역하는 교차투표(cross-vote)가 가능하다. 그러나 지역 주민의 이해관계가 달려 있는 극소수의 경우를 제외하고 소속 의원들은 당론에 따라 투표하는 경우가 대부분이다. 물론 당론은 매년 개최되는 전당대회에서 당원들이 결정한다. 당원들은 각자 비용을 부담하여 전당대회에 참여한다. 하지만 미국의 정당은 원내 중심의 의사 결정구조를 가지고 있기 때문에 전당대회는 대통령 후보를 선출하는 일을 제외하고는 크게 중요한 역할을 하지 못한다. 결과적으로 공화당, 민주당의 중앙당 대표보다 하원의원들이 선출한 원내대표가 최고 지도부의 역할을 수행한다.

한국의 정당은 전통적으로 유럽 정당과 유사하게 오랫동안 간부 정당을 유지했다. 그러나 유럽 정당보다 훨씬 권위주의적 운영 방식을 유지했다(심지연, 2017). 정당의 대표는 당원이 직접 선출하는 절차를 거치지만, 지도부가 민주적으로 구성되는 것은 아니었다. 정당 내부의 최고위원이나 당료 등 비선출직이 막강한 힘을 갖고 있다. 대표적인 경우가 사무총장이라는 임명직이다. 사무총장은 1960년대 군사정부 당시 김종필 중앙정보부장이 주도한 민주공화당에서 처음 도입되었다. 영어로 표현하면 제너럴 세크리터리(General Secretary)라고 할 수 있는데, 흥미롭게도 공산당의 서기장과 같은 이름이다. 당시에 공화당이 북한 노동당을 모방한 것 아니냐는 비판을 받기도 했지만, 공화당이야말로 한국 정당사에서 최초로 현대적 실험을 시도했다고 평가할 수 있다. 당시 정당은 명망가를 중심으로 하는 사랑방 정치의 수준을 벗어나지 못했지만, 공화당은 사무처 직원을 대학 졸업자 가운데 공채로 뽑아 전문직으로 훈련시킨다는 발상을 시도했다. 그 후 40년 가까이 사무총장은 정당의 자금과 조직을 장악하고 정당 대표를 대신해 하향식 공천도 좌지우지하였다. 그러나 현대 정치에서 사무총장 중심의 정당구조는 민주적 의사 결정과 당원의 참여를 가로막는 요소가 되고 있다는 지적을 받는다.

2000년대 이후 한국의 정당들은 본격적으로 유럽식 대중 정당을 지향하고, 당비를 납부하는 당원을 확대하고, 당원의 투표를 통한 상향식 공천을 제도화하려고 시도했다. 그러나 상향식 공천 대신 중앙당이 여론조사 등을 이용한 하향식 공천을 유지해 정당민주주의가 퇴보하는 경우가 많았다. 심지어 2004년에는 정당법 개정으로 지구당을 폐지하여 대중 정당의 정치적 토대가 매우 취약해졌다(모슬러, 2013). 결국 정당의 운영은 소수의 활동가와 공직 후보자들이 동원한 당원과 대의원에 의해 지배되는 상황이 발생했다. 심지어 경선 과정에서 조직 동원과 금품 살포가 문제시되기도 한다. 19세기 당시 미국과 유럽의 선거에서도 금권선거가 횡행했는데, 그로부터 100년도 더 지난 한국 정치에서는 악습이 계속 유지되고 있다.

2000년대 총선 이후 공직 후보 선출에서 여론조사가 공천의 잣대가 되면서 대의원과 당원의 역할은 위축되었다. 1996년 총선 이후 공천 심사를 위해 여론조사를 참고하는 것이 큰 유행이 되었지만, 공천 과정에서 여론조사 비율을 포함하는 것은 전 세계에서 유일무이한 일이다. 여론조사의 오차 범위도 무시한 채 기계적으로 수치를 계산하여 근소한 차이로 당락을 결정하는 경우는 공천이 아니라 거의 복권 추첨과 비슷하다. 정당의 당원들은 투표를 통해 후보를 선택하는 대신 집으로 걸려 오는 전화를 기다려야 하는 상황이 발생했다. 이처럼 여론조사로 공천을 결정한다면 인지도에서 우위에 있는 현역의원이나 유명인사의 진출이 용이한 반면, 신진인사나 외부 전문가들의 진출은 더욱 어려울 것이다. 다른 한편 정당의 공천 심사에 외부 인사들이 주도권을 갖는 경우가 자주 발생한다. 2012년 총선에서 거대 양당의 공천심사에 외부 심사위원이 대거 참여하면서 공천혁명이라는 말이 널리 퍼졌지만, 정당 스스로 후보를 정할 능력조차 없는 상태에 빠졌다고 인정하는 결과가 되었다. 즉 정당민주주의의 실험이 지속적으로 대중의 신뢰를 약화시키는 역설이 발생했다.

선거제도와 정당 체계

선거제도는 정당의 운영과 구조에 큰 영향을 미친다. 선거의 방식(다수대표제와 비례대표제)과 선거구의 크기는 정당의 특성에 큰 영향을 준다. 민주주의의 초기 단계에 미국과 영국의 국회의원은 토지를 기반으로 한 선거구에서 선출되었다. 이 경우 최다득표를 얻은 승자가 대표로 선출된다. 전통사회에서 토지를 소유한 소수의 사람은 지주나 귀족이고, 남의 토지로 농사짓는 대다수의 사람은 소작농이거나 농노였다. 같은 지역에서 함께 생활하는 사람들은 일정한 동질성을 가졌다. 말투도 같고 먹는 음식도 비슷하고 서로 혼인을 하며 긴밀하게 연결된 공동체를 이룬다. 일정한 지리적 공간은 시간이 흘러도 정치적 공동체의 토대로 유지되었다. 하지만 산업사회에서 대거 인구의 이동이 발생하면서 도시가 거대해지고, 노동 분업이 발생하여 직업별 조직이 결성되면서 불가피하게 선거제도가 변화되었다(파렐, 2017).

비례대표는 원래 유럽에서 산업사회의 다양한 요소, 특히 소수집단을 포용하기 위해서 도입되었다. 1883년 덴마크가 독일 출신 이민자들을 위해 처음으로 비례대표제를 시행하였다. 핀란드에서도 스웨덴 출신 이민자들을 위해 도입하였다. 그 후 1899년 벨기에가 입법부를 위한 비례대표를 선출했다. 20세기에 들어서면서 많은 국가에서 산업화가 진행됨에 따라 토지에 긴박당한 사람들이 해방되어 계층과 직업별로 편성되었다. 그리하여 대부분의 산업사회에서 노동조합 등 직능을 대표하는 비례대표제가 확산되었다. 그러나 많은 경우 비례대표제는 자연적 진화 과정이라기보다 노동조합과 같은 취약계층이 행한 집회, 시위, 폭력적 저항의 압력에 의해 불가피하게 도입된 경우가 많았다(버먼, 2010). 다시 말해 지배계급이 신흥 노동자계급의 등장에 맞추어 선거제도를 통해 계급 간 타협을 시도한 것이다.

대표적인 비례대표제로 독일의 정당명부제가 있다. 독일에는 전체 의원수의 절반을 차지하는 지역구 의원과 함께 지지 정당에 따라 절반의 의석수를 할당받는 비례대표가 있다. 이는 총선에서 정당의 득표율에 따라 의석을 배분하는 헌법의 원리에 따른 것이다. 비례대표는 정당의 지지도에 따라 결정되기 때문에 정당정치가 활성화된다. 정당명부식 투표제도가 없었다면 독일의 녹색당은 성공하지 못했을 것이다. 많은 녹색당 소속 의원들은 지역구에서 일등으로 당선되기보다 정당명부식 비례대표로 의회에 진출할 수 있었다. 스웨덴의 경우 100% 비례대표제로 운영하고 국회의원은 대선거구제로 선출한다. 정당 내부의 공천도 당원 경선을 거치지만, 비례대표 후보도 복수로 추천해 유권자에게 선택의 기회를 제공한다. 현재 유럽 대부분의 민주국가는 비례대표제를 시행하고 있다. 유럽에서 비례대표제를 도입하지 않은 나라는 영국과 프랑스뿐이다(레이프하트, 1997).

1980년대 초반 한국에서도 전두환 군사정부가 전국구라는 이름으로 비례대표제를 도입했지만, 제대로 비례대표의 구실을 하지 못한다는 지적이 많았다. 지금까지도 비례대표가 계층의 대표성도 없고 전문성도 살리지 못하며 지도부의 개인적 이해관계에 따라 결정된다는 비판의 목소리가 크다. 지역주의 기반의 정당 구도로 분리된 한국에서 향후 선거구제의 개혁 방향은 지역구의 수를 줄이고 정당명부 비례대표제를 확대해야 한다는 주장이 정치권에서 널리 받아들여지고 있지만, 지역구 국회의원의 이해관계로 쉽게 타협이 이루어지지 않았다(박동천, 2000). 또한 비례대표가 비민주적이라는 부정적 여론이 강해 쉽게 지지를 얻지 못하고 있다.

한편 소선거구제도가 지역주의 선거와 관련이 있는지에 대해서는 논란이 있다. 민주주의의 오랜 역사를 가지고 있는 영국과 미국은 소선거구제를 채택하고 있다. 최다득표를 얻은 후보가 국회의

원으로 선출되고, 다른 후보를 선택한 유권자의 지지는 사표가 된다. 소선거구제에서 선출된 의원은 다음 당선을 위해 지역구의 이익을 우선시하는 경향이 강하다. 영국 의회에서도 국회의원들이 지역구 현안에 관해 발언하는 것을 쉽게 들을 수 있다. 미국 의회에서는 지역구의 현안에 관해서 자유투표를 해도 중앙당에서 쉽사리 통제하지 못한다. 그럼에도 불구하고 미국에서 소선거구제가 반드시 지역주의를 부추긴다는 증거는 없다. 의회가 지역을 대표하지만 행정부와 독립된 공적 기관들이 여러 문제를 국가적 차원에서 다루기 때문이다. 또한 미국은 양원제를 갖고 있어 상원에서 국가적 차원의 문제를 보완적으로 다루고 있다. 반면에 영국의 경우에는 소선거구제로 인해 지역주의의 경향이 나타났다. 스코틀랜드독립당(SNP)이 분리주의 운동을 펼치고 있으며, 잉글랜드에는 노동당이 장악한 북부와 보수당이 장악한 남부 사이의 정치적 긴장과 갈등이 존재한다.

오히려 소선거구제의 문제는 부자나 기업이 사회의 약자나 노동자보다 지나치게 커다란 권력을 갖게 된다는 점이다. 미국에서 정당의 역할은 미미한 한편, 하원의원은 오로지 지역구 이익만 우선시한다. 결과적으로 막대한 선거비용을 후원하는 대기업, 이익집단, 로비회사의 입김에 따라 정치가 좌우된다(피어슨·해커, 2012). 반면에 정당의 정체성에 따라 공천을 결정하는 유럽의 유권자들은 이념과 정책에 관심이 많다. 선거 경쟁은 주로 전국적 차원의 조세와 복지를 둘러싼 재분배와 삶의 질을 둘러싼 정책 논쟁으로 결정된다. 역사적으로 볼 때 사회가 극단적으로 분리된 다원적 사회에서 소선거구제는 그다지 성공적이지 못했다. 만약 정당이 지역구만 대표한다면 소득,

재산, 성별, 연령을 둘러싼 계층의 균열을 제대로 대표할 수 없다.

정치사회학에서 선거제도와 정당 체계의 관계도 이론적 논쟁의 중요한 주제이다. 프랑스 사회학자 모리스 뒤베르제는 1950년대와 1960년대 동안 정당 체계에 관한 다양한 연구를 발표했다. 뒤베르제는 소선거구제는 양당제를 만들고, 대선의 결선투표제와 총선의 비례대표제는 다당제를 만든다는 가설을 제안했다(Duverger, 1964). 이 가설은 그 후 많은 경험적 연구를 통해 '뒤베르제의 법칙'이라고 불리기도 한다. 첫째 법칙에 따르면 소선거구제는 정당별 득표율과 의석률의 왜곡이 커지는 경향이 있고, 각 정당과 후보자가 두 개의 거대 양당구조로 재편되는 효과가 나타났다. 대표적 사례로 미국의 공화당과 민주당의 양당구조를 지적할 수 있으며, 한국 역시 양당제의 특성을 가지고 있다. 둘째 법칙에 따르면 비례대표제는 정당의 의석률과 그 정당의 득표율을 반영하여 군소 정당의 설립 가능성이 높아지고 다당제가 유지된다. 실제로 비례대표제를 도입하는 유럽 국가에서는 다당제가 보편적 특성이며, 제1당이 과반수 의석을 획득하는 경우가 거의 없기 때문에 정치 성향이 비슷한 연립정부가 구성되는 경우가 많다. 심지어 독일처럼 이념 성향이 완전히 다른 기독교민주당과 사회민주당이 대연정을 구성하는 경우도 있다.

그러나 소선거구제가 반드시 양당제를 만드는 것은 아니다. 뒤베르제의 법칙에는 예외가 존재한다. 특히 지역별로 정치적 편향이 강한 연방제 국가의 경우가 그렇다. 캐나다는 소선거구제를 운영하며 전국적으로 보면 양당제의 경향이 나타나지만, 캐나다 서부에서 제1당 또는 제2당의 위치를 차지하는 신민주당이 전국적으로는 제3당의 정치적 기반을 가진다. 군소 정당이지만 특정 지역에서 강력한 정치적 기반을 가지는 경우, 제3당으로 존립할 수 있다. 인도도 지역적 특성이 강한 연방제 국가이며 소선거구제를 채택하여 다양한 정당이 난립하기 때문에 뒤베르제의 법칙이 적용되지 않는 경우가 발생한다. 그러나 인도의 경우에도 개별 선거구를 보면 주요 정당은 두 개로 수렴되는 경향이 나타나기 때문에 뒤베르제의 법칙이 적용된다고 볼 수 있다. 물론 인도처럼 종족, 종교, 계층 등 다양성의 수준이 높은 사회에서는 선거제도 이외에도 여러 가지 사회적, 종교적, 계층별 요인이 작동할 수 있다.

한국에서도 뒤베르제의 법칙처럼 장기간 소선거구제가 유지되면서 1948년 제헌의회를 제외하고 대부분의 총선과 대선에서 양당제의 특성이 나타났다. 하지만 1987년 대선 이후 충청도에서 지역적 기반을 확보했던 자유민주연합이나 자유선진당이 제3당의 지위를 유지했다. 지역주의 정치구조가 가장 극적인 상황을 보였던 것은 1988년 총선인데, 이때 민주정의당, 통일민주당, 평화민주당, 신민주공화당 등 네 개의 정당이 각 지역을 분할하여 4당 체제가 등장했다. 한편 1996년 정주영의 통일국민당, 2012년 총선에서는 친박연대, 2016년 안철수의 국민의당과 같은 특정 정치인을 중심으로 결성된 정치조직이 제3당의 지위를 차지하는 경우도 발생했다. 그러나 이 경우에도 개별 선거구에서는 양대 정당이 경쟁하는 경우가 많고, 전국적 차원에서도 점차 양당구조의 특징을 보인다.

정치사회학에서 비교적 최근의 이론적 논쟁 가운데 선거제도의 사회정치적 효과에 관한 문제도 큰 관심을 끌고 있다. 선거제도가 집권당의 이념적, 정치적 성향에도 영향을 주며 조세정책과 사회정책을 통해 복지 체제의 상이한 성과를 만든다는 주장이 제기되었다. 토번 아이버슨과 데이비드 소스키스는 선거제도로 양당제와 다수제 민주주의(majoritarian democracy)를 택하고 있는 국가에서 중도우파 정부가 지배적인 반면, 다당제와 비례대표제를 택하고 있는 국가에선 중도좌파 정부가 우세하다고 분석했다(Iversen and Soskice, 2006). 1945년에서 1998년 사이 17개 선진 민주주의의 정부를 분석한 결과를 보면, 단순다수제 국가에선 정부의 약 75%가 중도우파 정부였던 반면, 비례대표제 국가에선 약 74%가 중도좌파 정부이었다. 복지국가의 수준은 당연히 비례대표제를 선거제도로 선택하고 중도좌파 정당이 오랫동안 정권을 유지한 국가에서 월등히 높았다. 결과적으로 합의제 민주주의 국가의 대다수가 복지국가를 안정적으로 유지하였다(Hicks and Swank, 1992).

왜 다수제 민주주의 국가에서 복지국가가 발전하지 못할까? 아이버슨과 소스키스는 단순다수제 선거제도를 선택한 국가에서 중도우파 정부가 주로 등장하는 이유로 중위투표자들이 중도좌파 정당의 집권 후 좌경화를 우려하기 때문이라고 지적한다(Iversen and Soskice, 2006). 중간계급은 중도좌파 정부가 들어서면 복지국가를 급격히 강화하여 지나친 조세를 부과할 수 있다고 우려한다. 그렇다고 중간계급이 반드시 복지국가에 반대하는 것은 아니다. 오히려 중간계급의 대다수는 복지국가를 지지한다. 다만 중간계급은 복지국가의 확대가 점진적이고 단계적으로 이루어지기를 바란다. 우선 대기업과 고소득층에 대한 증세가 먼저 실행된 다음, 중간계급에 대한 과세가 점차 증대하는 방식을 선호한다. 그러나 이념이 양극화된 양당제에서 중간 계급은 자신들의 선호가 이루어지기 어렵다고 생각한다. 중도좌파 정부는 조세 부담을 급격히 늘릴 가능성이 크고, 중도우파 정부는 복지국가에 관심을 갖지 않을 가능성이 크다. 그렇다면 중위투표자들은 당장 조세 부담을 회피하기 위해 보수 정당을 선택한다. 결국 단순다수제 선거제도에서는 복지 공약을 내건 중도좌파 정당이 집권하기 어렵고, 집권하더라도 권력을 유지하기 힘들다.

다수제 민주주의는 주로 양당제를 가지고 있으며, 선거에서 승리한 정당이 정부를 장악하고 권력을 독점한다(레이프하트, 2016). 반면 선거에서 패한 정당과 지지자들은 정치 과정에서 배제된다. 결국 정권 교체의 시기마다 정당의 경쟁이 치열해지고 정당 양극화(party polarization)가 발생한다. 양당제는 승자독식정치(winner-take-all politics)를 만들고, 패자를 철저하게 소외시키는 배제의 정치를 유지한다. 따라서 사회경제적 약자들을 대표하는 정당이 정책 과정에 영향력을 행사할 가능성은 낮다. 미국은 다수제 민주주의 국가의 대표적 사례이다. 한국의 다수대표제 선거 방식도 미국과 유사한 효과를 만들었다. 결과적으로 다수제 민주주의를 선택하는 양당제 국가에서 재분배정치가 발전할 가능성은 낮으며, 정부가 재분배에 관심을 가질 가능성도 적다. 이처럼 재분배정치는 선거제도와 상당한 친화력을 가지고 있으며, 선거제도에 따라 상이한 결과를 만들 수 있다는 명제가 널리 수용되고 있다.

일반적으로 비례대표제의 선택은 좌파 정당과 재분배정치를 강화하는 경향이 있다. 그러면 유럽의 우파 정부는 왜 비례대표제를 선택했을까? 비례대표제는 단순하게 강력한 좌파 정당의 등장이나 분열된 우파 정부가 만든 어쩔 수 없는 결과가 아니라, 좌우 정당 간 타협의 산물이다. 쿠삭, 아이버슨, 소스키스는 노동시장과 기업 특수적 기술의 중요성이 큰 국가의 우파 정부가 비례대표제를 선택하는 경향이 있다고 분석했다(Cusack et al., 2007). 특히 국내 경제가 긴밀하게 조직화된 경우에 주로 발생한다. 적대적 노사 관계, 노조와 사용자 간 조정이 취약한 국가에서 다수제 민주주의는 좌파 정당을 체계적으로 봉쇄한다. 이러한 주장은 자본주의의 다양성과 선거제도 사이의 밀접한 결합이 어떻게 오랫동안 지속되는지를 보여 준다.

정치 체제와 선거제도의 차이는 특정한 복지 체제와 생산 체제를 형성하고, 작동하고, 유지하는 중요한 역할을 수행한다. 그러나 모든 비례대표제가 주요 정당의 정책을 수렴하고, 정권 교체 이후에도 이전 정부의 정책이 지속된다는 보장은 없다. 실제로 1990년대 스웨덴의 중도우파 정부가 집권한 이후 전통적인 복지제도가 상당히 변화되었다. 비록 1980년대 미국의 레이건 정부나 영국의 대처 정부와 같은 급격한 정책 변경은 아니지만, 스웨덴 중도우파 정부의 정책 변화를 무시할 수준은 아니다. 반면에 다수제 민주주의를 선택한 1980년대 영국과 미국의 정책 변화도 과거의 정부와 크게 달라지지 않았다. 비례대표제가 유지되는 나라에서도 유권자의 복지태도에 반응하는 정당의 이념과 선거 공약에 따라 다른 전략적 선택을 하기도 한다. 또한 탈산업화와 지구화가 이끄는 경제구조와 고용구조의 변화는 유권자의 정치적 지형을 바꾸고 정당의 전략적 선택을 바꾸는 중요한 요소가 될 수 있다.

일반적으로 비례대표제를 유지하는 국가들의 정치 체제는 합의제 민주주의(consensus democracy)의 특성을 가진다. 반면에 소선거구제를 유지하는 국가들의 정치 체제는 다수제 민주주의의 특성을 가진다. 합의제 민주주의는 대부분 의회제, 비례대표제, 대선거구제, 다당제, 연합정부의 특성을 가지는 반면, 다수제 민주주의는 대통령제, 다수대표제, 소선거구제, 양당제, 단독정부의 특성을 가진다(정병기, 2018). 합의제 민주주의에서는 국가에서 일어나는 정치적 결정 과정에 모든 주요 정당과 지배적 정치세력뿐 아니라 다양한 사회경제적 소수집단들이 동등한 자격을 가지고 효과적으로 참여한다. 또한 정부 외부의 사회적 합의장치가 발전되어 노사정 사이의 협의주의(consociationalism)와 사회적 동반자 관계(social partnership)가 발전된 경우가 많다.

결과적으로 유럽에서는 시장 경쟁에서 뒤처진 사회적 약자들을 지원하는 복지제도가 발전되고, 빈곤과 실업의 위험을 줄이는 국가의 개입이 활발한 편이다. 이러한 사회적 합의장치의 발전은 민주적 정치 체제의 핵심이 되고, 포용의 정치가 발전한다. 유럽의 복지국가는 대부분 사회적 합의주의의 전통을 유지하고 있으며, 비례대표제, 다당제, 연합정부를 포함하는 합의적 정치제도를 운영한다(Swank, 2001). 이런 점에서 비례대표제와 합의제 민주주의는 선택적 친화성을 넘은 일정한 복합인과성을 가지는 것으로 보인다.

선거와 당파심의 사회적 토대

대의민주주의에서 자유로운 선거는 필수 요소이다. 사람들은 투표를 통해서 자신의 대표를 선출한다. 영국 명예혁명의 이론가 존 로크가 강조한 대로 정치적 대표(representation)가 대의민주주의의 요체이다. 다수의 동의는 "그들 자신이나 그들이 선출한 대표"에 의해 정해진다. 동시에 선출된 정부는 책임(accountability)을 진다. 정부는 "공익을 위해서 법을 만드는" 일을 수행해야 한다. 즉 정부는 사람들의 이익과 혜택을 위해 노력해야 한다. 만약 정부가 자신을 대표하지 않는다고 판단되면, 사람들은 정부를 다른 정부로 교체할 것이다. 이처럼 민주주의는 선거를 통해 실현된다. 그러나 선거에서 자신을 대표할 정당과 후보가 없다면 어떨까? 당연히 투표하지 않을 것이다.

정당의 지도자는 자신이 대표하는 사람이 누구인지 분명하게 표현해야 한다. 사회의 균열에 따라 정당은 자신의 지지층을 대표하기 위해 호소한다. 이런 점에서 정당은 필연적으로 사회갈등을 만든다. 동시에 정치를 통해 사회 통합을 추구하기도 한다. 이런 점에서 정당 내부의 분파(faction)가 존재하는 것도 다양하게 분화되는 현대 사회에서 불가피한 현상이다. 그런데 문제는 정당이 누구를 대표할 것인가 하는 점이다. 이런 점에서 정치의 근본적인 질문은 누가 이익을 얻는가의 문제이기도 하다. 정당이 누구를 대표하고 누구의 이익을 위해 싸울 것인지 밝히지 않는다면 정당이 아니다. 이것이 바로 정당이 '인민 주권'을 대표한다고 보는 미국 정치학자 샤츠슈나이더의 통찰력이다(샤츠슈나이더, 2008). 그는 "갈등이 민주주의의 엔진"이라고 보고 "갈등의 범위를 확대하고 사회화하는 것"이 민주주의의 본질이라고 보았다. 정치의 본질도 바로 갈등을 대표하는 것이다. 정치인의 사명은 자신을 지지하는 사람들의 이익을 대표하는 것이다. 샤츠슈나이더는 1932년 대통령선거에서 루스벨트 대통령이 미국 역사상 가장 큰 갈등의 치환을 만들었으며, 정당 경쟁의 범위를 대폭 확장시켰다고 지적했다.

1920년대 말 프랭클린 루스벨트가 대통령으로 당선되기 이전 미국 정치는 오늘날 한국 정치처럼 북부의 공화당과 남부의 민주당이 장악한 지역주의 정당이 좌우했다. 그러나 루스벨트가 노동자의 권리와 사회보장의 확대를 요구하면서 지역갈등의 정치 구도가 전국적 차원의 사회갈등의 정치 구도로 바뀌었다. 루스벨트 대통령은 소수의 금융회사 소유주와 시장을 독점하는 트러스트(trust)를 주변으로 몰아내고, 중산층과 노동조합을 기반으로 한 뉴딜(New Deal)연합으로 정치적 중간 지역을 장악했다. 그 후 민주당은 남부의 지역 정당이 아니라 광범위한 계층을 기반으로 한 전국 정당으로 환골탈태할 수 있었다. 루스벨트의 전략은 미국 정치의 성격을 근본적으로 바꾸었다. 미국식 공화-민주 거대 양당정치는 보수-진보 양당의 경쟁구조를 만들었고, 미국 정치뿐 아니라 현대 정치의 중요한 특징으로 간주되었다.

반면에 1950년대 이후 선거 경쟁에서 보수와 진보 또는 좌파와 우파 정당의 정책과 공약이 수렴되는 현상이 크게 관심을 끌었다. 1964년 뒤베르제는 프랑스의 1789년에서 1958년까지의 선거에서 80% 이상이 중도에 의해 지배를 받았다고 주장하며, 이를 '영원한

늪지(éternel marais)'라고 표현했다(Durverger, 1964). 그는 좌파와 우파의 정권이 교체된 것이 아니라 중도좌파와 중도우파의 정부가 지배했다고 지적했다. 2017년 프랑스 대선에서 마크롱이 당선되고, 연이은 총선에서 전통적 좌파와 우파 정당이 몰락하고 마크롱이 주도하는 중도 성향 신당인 '레퓌블리크 앙 마르슈(전진하는 공화국: LREM)' 연합이 돌풍을 일으킨 것도 좌우 극단주의에 대한 유권자의 반감과 중도를 지향하는 투표 성향을 보여 준 것으로 볼 수 있다. 다시 말해 신당의 돌풍은 기성 양대 정당인 중도우파 공화당 계열과 중도좌파 사회당 계열이 더욱 보수와 진보 성향을 강하게 추구하는 경향에 대해 유권자들이 외면한 것이라는 해석도 있다(Elgie, 2018). 한편 극우 정당 국민전선(FN)의 마린 르펜과 극좌 그룹 '라 프랑스 앵수미즈(굴복하지 않는 프랑스: LFI)'의 장 뤽 멜랑숑도 대선에서 상당한 지지를 얻었지만, 집권 가능성은 매우 낮다. 프랑스 정치에서 다당제가 유지될 가능성도 존재하지만, 마크롱의 집권은 뒤베르제의 중도화 명제가 여전히 유효하다는 증거로 볼 수 있다.

비슷한 관점에서 미국 경제학자 앤서니 다운즈는 통계분석을 통해 투표에서 경쟁하는 정당이 중도 성향 유권자의 지지를 얻기 위해서 선거 공약이 중간 영역으로 수렴되는 현상을 분석했다(다운즈, 1997). 그는 정치시장도 기업이나 상점처럼 이익(득표) 극대화를 위한 제한적 경쟁시장으로 보았다. 정치인은 판매자, 유권자는 소비자, 공약은 상품에 비유할 수 있다. 따라서 좌우로 치우친 공약보다는 중도에 가까운 공약이 투표에서 우위를 갖게 된다. 달리 말해 다수결투표의 경우 정치 성향이 가장 중간에 있는 중위투표자의 선택이 선거 결과가 결정된다. 이는 다운즈의 역설 또는 중위투표자 정리(median voter theorem)라고 불린다. 실제로 미국의 공화당과 민주당, 영국의 보수당과 노동당의 지지층은 상당히 견고한 반면, 중도 성향 또는 무당파 유권자의 유동적 선택이 선거 결과를 좌우하는 경우가 많다. 이렇게 상황에 따라 달리 투표하는 것을 스윙투표(swing vote)라고 부르기도 한다. 실제로 양대 정당은 선거에서 중도 유권자의 지지를 얻기 위해 비슷한 공약을 내거는 경우가 많다. 1996년 미국 대선에서 민주당의 클린턴이 제3의 길을 내세우고 공화당의 건전재정, 복지개혁, 자유무역의 정책을 수용하여 승리한 사례와 정반대의 현상으로 볼 수 있다. 이를 따라 1997년 영국 노동당의 블레어는 경제 자유화와 감세 등 보수당의 공약을 수용하며 압승을 거두었다. 한국의 선거에서 양대 정당의 공약이 큰 틀에서 비슷해지는 것도 같은 이유로 설명할 수 있다.

그러나 선거 경쟁에서 반드시 중위투표자 원리가 적용되는 것은 아니다. 2017년 공화당의 트럼프 후보는 전통적인 공화당과 민주당의 공약과 다른 보호무역, 관세장벽 등 극우적인 주장으로 선거 돌풍을 일으켰다. 같은 해 영국의 브렉시트(Brexit) 국민투표에서도 예상을 깨고 유럽연합 반대 진영이 승리한 것은 극단적 주장이 오히려 성공하는 역설을 보여 준다. 한편 한국에서는 2017년 민주당의 문재인 후보가 최저임금 인상, 소득세 인상 등을 내걸어 이전보다 더 진보적인 공약으로 선거에서 승리했다. 이러한 결과는 정치시장이 계층의 균열만 대표하는 것이 아니라 경제위기, 정치적 스캔들, 대중적 저항 등 다양한 정치적 기회에 의해 영향을 받으며, 계층 이외에도 이념, 지역, 세대, 인종 등 다양한 갈등을 포함하고 있다는 것을 보여 준다.

그러나 이러한 좌우 극단주의 성향의 정당이 집권하는 경향이 일시적인 현상인지 상당히 장기적 경향이 될지는 아직 미지수이다. 세계 각국의 많은 정당이 선거에서 극단적 주장을 내세우다가도 집권 후에는 중도로 수렴되는 경향을 보이기도 한다.

대부분의 정당은 좌파와 우파의 분파주의와 극단주의를 비판하고 자신들이 사회 전체를 대표한다고 주장하는 경향이 강하다. 거대 양당은 특정 계층보다 모든 계층 또는 국민적 이익을 대변하는 캐치올 정당을 내세우지만, 대부분의 정치학자들은 현대 정당은 여전히 일부 계층만을 대표한다고 본다. 그리고 유권자들은 계층별로 분리되어 있으며 그들의 이익과 정체성에 따라 투표 성향이 결정된다고 본다. 정치사회학에서 투표의 동기를 분석하는 관점은 크게 보아 두 가지이다. 첫째 관점은 직업, 연령, 계층 등 사회구조적 요인을 강조한다(Lazarsfeld et al., 1948). 이는 컬럼비아대학 사회학과 폴 라자스펠트 교수 등이 주장하여 컬럼비아학파라고도 불린다. 둘째 관점은 후보자들의 개인적 성향과 유동적 특성을 강조한다. 이는 미시간학파라고 불린다. 그러나 최근에는 정치적 기회를 강조하는 사회학자들이 등장했다. 그들의 관점에 따르면, 유권자는 자신의 사회구조적 위치에 의해 고정적으로 결정되는 것도 아니고, 개인적 성향에 따라 제멋대로 움직이는 존재도 아니다. 유권자는 다양한 정치적 사건과 정당의 메시지를 통해 형성된 정치적 기회(political opportunity)를 인식하면서 능동적으로 행동하는 주체로 보아야 한다는 것이다.

라자스펠트는 1940년대 대통령 선거 여론조사를 분석하면서 유권자의 투표 성향에 대한 중요한 분석을 제공했다(Lazarsfeld et al.,

1948). 이 연구에 따르면, 신문과 라디오 등 대중매체는 투표 태도에 거의 영향을 미치지 못했다. 투표에 영향을 미치는 요소는 오피니언 리더(opinion leader)였는데, 주로 지역사회의 유지, 직장의 노동조합 간부들이다. 이들은 대중매체의 최상위 소비자인데, 매체를 통해 얻은 정보를 해석하고 의미를 창조하며 다른 사람들에게 영향을 준다. 오피니언 리더는 신뢰와 존경, 집단적 규범과 관습에 따르는 비공식적 압력에 의해 영향력을 행사할 수 있다. 이와 같은 개인적 영향은 메시지를 수용하는 데 중요하다는 것이 널리 받아들여졌다. 집단과 공동체 외부의 소통은 개인들 사이, 또는 가족이나 직장과 같은 제도적 요소를 통해 매개되는 2단계 흐름의 모델로 설명된다.

1970년대까지 라자스펠트의 정치사회학 연구는 지배적 패러다임이 되었지만, 1970년대 이후 라자스펠트의 주장은 학계에서 많은 비판을 받았다. 라자스펠트가 단기간 태도와 행동을 측정하여 효과를 분석한 것은 오류라는 지적이 제기되었다. 토드 기틀린은 라자스펠트의 연구가 미디어가 사회적·정치적 활동을 정상과 비정상으로 정의할 수 있는 능력에 관심을 갖지 않는다고 비판했다(Gitlin, 1978). 다시 말해 대중매체의 의제 설정을 통해 사람들이 무엇을 생각할지 알려 주는 것이 아니라, 오로지 무엇에 대해 생각할지만 알려 준다는 것이다. 미디어는 특정 이슈를 부각시키고 다른 이슈는 무시할 수 있기 때문에 강력한 영향력을 가진다. 특히 대자본에 의한 미디어의 독점 때문에 빈곤과 불평등, 국제무기 매매, 제3세계의 인권, 환경 파괴의 문제가 제대로 다루어지지 않는다는 비판도 있다. 또한 미디어는 관습적 사고, 상징적 프레임, 인식론적 사고를 고정화한다는 지적도 있다.

대중매체의 의제 설정 이론은 다수 여론이 개인의 행동에 영향을 준다는 이론으로 발전했다. 대표적으로 독일 정치학자 엘리자베스 노엘레-노이만은 사람들이 고립되는 것을 두려워하며 침묵을 지키는 성향이 있다고 주장한다(Noelle-Neumann, 1984). 어떤 이슈가 대중매체에서 다루어지면 그 방식에 반대하여 사회적 고립을 자초하는 데는 큰 용기가 필요하다는 것이다. '침묵의 나선' 이론은 사회의 다수 여론을 수동적으로 따라가는 경향을 가리킨다. 예를 들어 1930년대 나치당의 반유대인 선전이 미디어를 통해 광범위하게 확산되자 대다수 독일 중산층은 반대의 목소리를 내지 못했다. 교육수준이 높고 자유주의적 정치 성향이 강한 중산층은 나치당의 주장에 동의하지 않았지만, 대다수 의견에 반대하는 소수 의견을 제시하지 못했다. 침묵의 나선 이론은 전체주의 정부의 폭력적 억압 상황뿐 아니라 민주적 정부의 자유로운 언론 상황에서도 발생할 수 있다. 그러나 노엘레-노이만의 이론은 왜 어떤 상황에서는 사람들이 위험이 두려워 침묵을 지키지만, 다른 상황에서는 위험을 무릅쓰고 발언을 하거나 정부에 저항하려고 하는지 충분히 설명하지 못하는 한계가 있다. 특히 동유럽 공산주의 국가에서 반체제운동이나 제3세계 권위주의 정부에 맞선 민중운동과 선거를 통한 체제 전환 등을 침묵의 나선 이론으로는 제대로 설명할 수 없다.

상당수 학자들은 투표의 동기를 이해하기 위해 사회구조적 요인이나 개인적 성향 이외에 정당의 역할에 관심을 가졌다. 정당과 투표 행위에 관한 실증적 연구는 정당과 계급의 관계에 관한 이론적 질문과 밀접하게 관련된다. 특히 유권자의 계급적 위치가 투표 성향에 미치는 영향에 관한 연구가 중요한 논쟁이 되었다. 전통적으로 마르크스주의 학자들은 노동자계급이 독자적 계급의식을 갖고 집단행동을 할 것으로 예상했다. 이런 전제는 마르크스주의 정당이 노동자계급의 대변자를 자임하는 주장과 밀접한 관련을 가진다(몰리뉴, 2013; 서순, 2014). 그러나 모든 사회에서 노동자계급이 독자적 정당을 가지는 것은 아니다. 시모어 마틴 립셋은 『미국 예외주의』에서 미국에서 사회주의 정당, 노동운동, 복지국가가 발전하지 못한 이유로 역사적으로 뿌리 깊은 인종주의를 지적했다(Lipset, 1996). 미국은 유럽에 비해 계급과 정당의 연합이 상대적으로 약하다. 20세기 초 사회당과 공산당의 실험이 실패하고 1930년대 루스벨트의 민주당이 사회보장개혁을 지지한 이후, 미국의 노동조합은 선거에서 민주당 후보를 지지하고 정치자금을 기부하기도 한다.

정치사회학에서도 계급과 정치 사이의 이론적 논의에 많은 관심을 가지고 다양한 경험적 연구가 발표되었다. 그러나 1960년대 이후 서유럽과 미국의 정치에서 계급정치가 지속적으로 쇠퇴했다는 이론적 주장이 제기되었다(Lipset, 1981; Huckfeldt and Kohfeld, 1989). 이러한 견해를 주장하는 사람들은 계급이 더 이상 투표 행위에 영향을 미치지 않는다고 주장한다. 그러나 통계분석의 정교한 방법이 등장하여 사회계급에 대한 세련된 개념을 사용하고 새로운 측정수단이 제시되면서 '무경향적 변동(trendless fluctuation)'을 주장하는 관점이 제기되었다(Hout, 1993; Hout et al., 1995). 이러한 관점은 계급의 중요성이 쇠퇴한 것이 아니라 계급이 유동하고 있다고 본다. 이들은 정당을 지지하는 사회적 토대의 변화보다 정당의 전략에 따라 계급투표의 변화가 발생한다고 주장한다(Przeworski and Sprague, 1986). 영국에서도 유사한 결과를 발견할 수 있다. 특히 미국 정치의 초계급적 호소와 인종적 호소가 투표 결과에 큰 영향을 미치는 것으로 나타났다. 하우트의 연구에 따르면, 미국 정치에서 계급은 계속 중요한 역할을 수행하지만, 공화당을 지지하는 숙련노동자들이 비일관적 투표 성향을 보이는 것으로 나타났다. 노동자들은 정치에 관심이 많지만, 대개 조세, 복지 재정 등 공공정책보다 정치적 스캔들에 영향을 받으며 공화당과 민주당 등 양대 정당에 거부감을 가지고 있다. 가난한 노동자들은 많은 경우 인종주의와 종교적 가치에 영향을 받아 오히려 자신들의 사회경제적 이익과 반대로 복지 삭감과 감세를 주장하는 보수 정당을 지지하기도 한다(Frank, 2004).

이와 같이 자신의 계급과 다르게 투표하는 성향을 계급배반투표라고 부르는데, 이에 관해 많은 이론적 논쟁이 제시되었다. 이 가운데 사회 이동에 관한 사회인구학적 연구는 중요한 시사점을 제공한다. 일찍이 미국 사회학자 립셋과 벤딕스는 미국과 유럽에서 상향 사회 이동을 경험한 사람들이 더 보수적 성향을 보일 것이라고 주장했다(Lipset and Bendix, 1959). 과잉 순응과 과잉 동일시 태도를 지닌 사람들은 자신들이 지향하는 계급과 스스로를 동일시하기 때문이다. 따라서 노동자계급에서 중간계급으로 이동한 사람들이 더 보수적일 가능성이 크며, 노동자계급 출신 중간계급 유권자들은 자신들의 부모가 지지했던 진보 정당이 아니라 보수 정당을 지지할 가능성이 많다. 상향 사회 이동을 경험한 사람들이 더욱 보수적인 태도를 보일 것이라는 가정은 한국과 같이 급속한 경제성장과 중간계급의 확대를 경험한 사회는 자동적으로 보수화될 것이라는 주장을 지지할 수 있다. 그런 개연성은 매우 높지만, 이에 관한 경험적 연구는 충분하지 않으며 결론을 내리기도 어렵다. 한국의 경우 저소득층의 낮은 복지인식과 소극적 복지태도는 사회경제적 조건 등 구조적 조건과 일치하지 않는다. 비정규직이 증가하고 사회경제적 격차가 커지면서 저소득층은 사회의 공정성에 대해 불만을 가짐에도 복지 확대와 증세에 적극적으로 동의하지 않는다. 증세가 기업에 부담을 주고 경제에 악영향을 미칠 것이라는 정치 이데올로기와 담론의 영향력이 막강하다. 양대 정당도 여론의 압력에 따라 복지 확대를 지지하지만, 대중의 인기가 없는 증세를 주장하지는 않는다.

계급과 투표 성향에 관한 연구에서 정치적 기회의 개념이 점차 많은 관심을 끌고 있다. 이는 사회운동의 연구에서 처음 제시되었으나 사람의 정치적 인식과 태도를 결정하는 효과를 이해하기 위해서 널리 사용되고 있다. 미국 사회학자들이 분석한 사회운동의 사례를 보면, 대중이 불만 또는 조직적 의식을 갖고 있지 않고, 자원이 충분하지 못하고, 정치적 기회를 갖지 못하는 경우에는 어떠한 운동도 성공하기 어렵다(Meyer, 2004). 이처럼 정치적 기회를 갖지 못하는 대중은 자신들의 불만을 적극적으로 표출하거나 정치적 변화를 만들지 못하는 경우가 많다. 1960년대 미국 흑인 폭동의 사례에서 볼 수 있듯이, 불만을 표출할 정치적 기회를 갖지 못하는 대중은 폭발적으로 집단행동에 참여하기도 한다. 한국의 경우 최근 대기업의 정규직보다 비정규직 노동자의 노사갈등이 빈번하게 발생하는 현상에서도 유사한 경향이 발견된다. 여기에서 정치적 기회는 "사람들을 논쟁적 정치(contentious politics)에 참여하도록 격려하는 정치투쟁의 지속적(반드시 공식적, 영구적이지는 않더라도) 차원"을 가리킨다(Tarrow, 1998). 그러나 정치적 기회 이론은 정치적 과정을 지나치게 광범위하게 이해하고 있으며, 역사적 맥락에 따라 운동의 특성이 달라지는 현실을 제대로 보지 못했다는 비판을 받았다. 또한 정치적 기회 이론은 정치 과정이 국가와 분리된 것처럼 간주하고 사회 네트워크의 역할을 지나치게 강조하며 문화적 특성을 제대로 이해하지 못한다는 지적도 받았다(McAdam et al., 2001).

한편 선거에 관한 정치사회학 연구에서는 계층과 선거의 관계보다 연령 또는 세대가 중요한 변수로 관심을 끌었다. 실제로 미국의 청년 세대에서는 민주당 지지층이 압도적으로 많고, 노인 세대에서는 공화당 지지층이 압도적으로 많다. 한국의 경우에도 청년 세대는 진보 정당을 지지하는 비중이 높고, 노인 세대에서는 보수 정당을 지지하는 인구 비중이 높다. 이는 2002년 대선 이후 지속적으로 나타나는 정치적 경향으로 평가되기도 한다. 이러한 분석에 편승하여 정당은 세대별 맞춤 공약을 제시하는가 하면, 특히 진보 정당에서 청년층을 공략하기 위한 선거 전략이 강조되기도 한다. 대표적으로 2012년 한국 대선에서 민주당의 2030세대 동원 전략은 많은 논란을 불러일으켰다. 대선 직후 민주당 내부에서는 인구 고령화로 5060세대의 인구 비중이 커졌기 때문에 선거에서 패배했다는 주장이 제기되었다. 상당수 분석가들은 고령화가 급속하게 진행되면서 변화보다는 안정을 추구하는 중년 또는 노인 세대의 비중이 증가하는 추세라고 본다.

심지어 인구가 줄어드는 젊은 세대의 지지를 받는 진보 진영이 앞으로 권력을 잡기는 어려울 것이라는 성급한 예측도 나왔다. 과연 점점 증가하는 고령 인구가 선거 결과를 결정할 것인가?

젊은 세대가 투표에 많이 참여하면 진보 진영이 승리할 것이라는 명확한 실증적 증거는 없다. 이준한과 황원재는 2012년 『Asian Survey』 저널에 게재한 논문에서 선거 시뮬레이션을 활용하여 젊은 층의 투표율이 높아져도 진보 정당이 승리하는 것은 아니라고 분석했다(Lee and Hwang, 2012). 젊은 세대가 투표해도 그들이 보수 정당을 지지한다면 반드시 진보 정당이 승리한다는 보장은 없다. 또한 가난한 사람들의 투표율이 높아져도 사회경제적 이익보다 가치와 문화를 중시하는 투표가 이루어지면 가난한 사람들이 보수 정당을 지지할 가능성도 크다. 이처럼 선거정치의 역동성이 발생하는 이유는, 우리가 전혀 예상하지 못한 변수가 더 큰 영향을 줄 수 있기 때문이다. 인구사회학적 구조의 변화에 대한 분석은 중요하지만 선거정치에 영향을 주는 요소는 매우 다양하기 때문에 세심한 주의가 필요하다. 2012년 미국 대선에서도 인구학적 분석이 커다란 관심을 끌었는데, 많은 선거 전문가들은 오바마 대통령의 재선은 유색 인종이 증가한 결과라고 보았다. 앞으로 유색 인종이 50% 가까이 증가하는 인구구조의 변화로 공화당의 집권이 어려워질 것이라는 주장도 관심을 끌었다. 그러나 2016년 대선에서 공화당의 트럼프가 백인 노동자들의 압도적 지지를 통해 당선되면서 유색 인종 우세론은 갑자기 사라졌다.

2017년 한국 대선에서 문재인 민주당 후보가 당선되면서 인구 고령화론을 제시하는 분석은 사라졌다. 만약 고령 세대가 모두 보수화된다면, 고령 인구의 비중이 가장 큰 유럽이 가장 보수적이어야 할 것이다. 그리고 미국이 젊은 인구가 가장 많으니 가장 진보적이어야 한다. 아마도 세계에서 고령 인구가 가장 많은 일본은 초보수사회가 되어야 한다. 그러나 선거를 인구 변화의 결과로만 보는 것은 지나치게 단순한 해석이다. 사회학자들은 인구집단보다 세대(generation)의 개념을 중시한다. 헝가리 사회학자 카를 만하임(Karl Mannheim)이 말한 대로 연령(cohort)에 따른 인구통계적 범주와 공통의 역사적 경험을 가진 세대라는 사회문화적 범주는 구분되어야 한다(만하임, 2013). 정치적 세대(political generation)의 차원에서 보면, 1930년대 미국의 대공황을 경험한 세대는 공화당보다 민주당에 투표하는 성향이 강했다. 일반적으로 대공황을 경험한 노인 세대가 가장 강력하게 민주당을 지지하는 것으로 나타났다. 대공황 시기에 살았던 세대는 이미 노인이 되었기 때문이다. 그러나 전반적으로 고령화를 통해 민주당에서 공화당으로 이탈하는 경향을 보였다. 일반적으로 대다수 나라에서 고령 세대일수록 보수 정당을 지지하는 경향이 크고, 젊은 세대일수록 진보 정당을 지지하는 경향이 큰 것은 사실이다. 그러나 선거는 세대적 구분 이외에도 계층, 성별, 지역, 종교 등 다양한 변수에 의해 영향을 받기 때문에 한 가지 요소로 환원하여 설명할 수 없다. 같은 연령집단이라고 반드시 동일한 투표 성향을 갖는 것은 아니기 때문이다. 결국 앞으로 인구 고령화가 보수화를 촉진한다는 주장에는 아무런 근거가 없다.

나폴레옹 보나파르트는 "그 사람을 제대로 알기 위해서는 그 사람이 20대에 살았던 세상을 알아야 한다"고 말했다. 한국 선거에서

캐스팅 보트의 역할을 수행한다고 평가받는 50대는 1960년대에 태어난 베이비붐 세대로도 불린다. 이들은 산업화 초기의 궁핍을 겪었지만, 상당수 사람들이 부모의 교육열로 계층 상승 이동을 경험했다. 50대의 대다수는 고등학교 학력으로 생산직, 사무직, 도시 자영업에 진출하여 급속한 산업화의 집중적인 수혜층이 되었다. 이들은 경제성장의 혜택도 많이 받았지만, 유신 체제와 군사정부의 폭압을 경험했다. 이들 중 약 20% 인구는 20대 후반 대학을 마친 후 화이트칼라가 되어 1987년 6월 항쟁 당시 넥타이 부대가 되었으며, 대선에서 김대중과 노무현을 지지했다. 이처럼 50대를 하나의 유권자집단으로 구분하는 것은 정확한 분석이 아니다. 동일한 연령집단은 공통적 정치 경험을 공유하는 한편 사실상 다양한 계층으로 분리되어 있기 때문이다. 이처럼 세대와 계층은 서로 중첩되어 있으며 선거정치의 역동적 국면에 따라 매우 다른 정치적 효과를 가질 수 있다.

투표의 결정 요인

한국은 오랜 냉전과 분단 구조로 인해 보수 정당이 압도적으로 우세한 사회이다. 그만큼 오랫동안 노동조합과 시민사회조직이 위축되어 있었다. 사회민주주의를 표방하는 정당도 철저하게 정치적 탄압을 받았으며, 야당의 활동도 매우 위축되었다(정영태, 2007). 반면에 보수 정당은 재벌 대기업, 대형 언론사, 대형 교회, 주요 대학과 손잡고 막강한 영향력을 행사하고 있다. 한국의 보수 정당은 선거에서 반공주의와 지역주의를 통해 정치적 헤게모니를 유지하는 데 익숙했다(김수진, 2008; 조현현, 2009). 먼저, 한국전쟁 이후 반공주의는 노동조합의 정치 활동과 진보 정당의 등장을 막을 뿐 아니라 보수적 야당의 활동과 시민사회에서 모든 종류의 진보적 정치 의제와 담론의 형성과 전파도 원천적으로 봉쇄하는 중요한 이데올로기로 작동했다(김동춘, 2006; 박명림, 2011). 둘째, 지역주의는 1971년 대선에서 호남 출신 김대중 후보를 반대하는 박정희 정부의 선거 전략으로 이용되었다가, 1990년 민정, 민주, 신공화당의 3당 합당 이후 호남을 대변하는 김대중의 평민당이 지역주의로 인해 정치적으로 고립되는 현상이 발생했다.

1987년 민주화 이후 한국 정당이 계층균열보다 지역균열을 대변하는 정당 체계를 형성한 것은 매우 특이한 변화이다. 대개 민주적 국가에서는 정당이 사회적 균열을 대표하는 경우가 많은데, 한국에서는 오히려 정당이 사회적 균열을 조장하고 그것을 정치적으로 동원했다. 물론 1971년 대통령 선거 이후 호남은 야당을 지지하는 성향이 강해지고 군사정부에 저항하는 김대중이라는 반체제 정치인의 상징 효과가 발생하면서 호남 출신이 상층 엘리트에서 점차 배제되는 경향이 나타났다. 그러나 이런 정치적 배제를 유럽과 미국의 종교, 종족, 인종의 균열처럼 심각한 것으로 보기는 어렵다. 이런 점에서 단순한 지역감정이나 지역적 정체성과 달리 지역주의라는 정치 이데올로기의 등장은 정치 엘리트가 위로부터 동원된 결과로도 볼 수 있다. 특히 1990년 3당 합당 이후 보수 정당이 영남에서 전면적인 패권을 장악하면서 민주당은 '호남당'이라는 낙인과 함께 정치의 주변부로 밀려났다. 그 후 선거에서 호남을 대표하는 김대중과 좌경용공(공산주의를 받아들이는 진보세력)을 연결하는 반호남 전략은 보수 정당의 필승 전략으로 활용되었다.

군사정부에 의해 고립된 호남 유권자들은 민주화운동을 지지했으며, 패권적 지역주의에 맞서 저항적 지역주의를 선택했다. 그러나 호남에서도 지역주의적 투표 성향이 표출되기도 했다. 2016년 총선에서 안철수의 국민의당도 문재인을 비판하며 지역주의를 자극했다. 국민의당 정치인은 노골적으로 지역감정을 이용했으며 '호남정치 부활'을 선거 구호로 내걸었다. 호남정치론은 호남 이익을 대변한다는 합리적 행위가 아니라 문재인의 민주당이 싫다는 감정을 정치에 이용하였다. 옳음과 그름보다 좋음과 싫음이 더 중요한 변수로 떠올랐다. 이성의 정치보다 감정의 정치가 우세했다. 일본 정치학자 요시다 도루는 『정치는 감정에 따라 움직인다』에서 "인간은 이성으로 환원될 수 없는 목적을 설정하지 않으면, 합리적인 행동을 취할 수 없다"고 주장했다(요시다, 2015). 그는 정치란 본질적으로 "감정과 상징에 의해 지배되는 행위"라는 사실에 주목했다. 합리적 계산보다 동감, 공감, 인정, 존중, 호혜, 연대감을 이끌어 내는 감정이 정치에서 다시 중요하게 간주되어야 한다고 본다. 이런 점에서 선거에서 유권자의 감정을 이해하고 새로운 상징 매개를 만들고, 유권자의 감정을 움직이는 선거운동이 주목을 받았다.[02]

02 사회운동의 연구에서도 합리적, 이성적 접근 대신 감정을 중시하는 사회학자들이 등장했다. 재스퍼 등은 미국 사회학자들은 레즈비언운동, 노동운동, 동물 보호운동 등의 사례연구를 통해 감정이 어떻게 사람들을 운동으로 이끌고 집단 정체성을 형성시키는지를 실증적으로 연구했다(재스퍼 외, 2012). 한국에서도 미국산 쇠고기 수입을 반대하는 촛불 시위, 서울 시청 광장에서 월드컵 경기를 단체로 응원하는 문화 등 사회운동에 참여하는 사람들을 이끄는 감정의 효과에 대한 관심이 커졌다.

한국 정치에서 지역주의가 중요한 요소로 작동하면서 압도적인 인구를 보유한 영남에서 보수 정당 후보를 지지하는 투표는 선거 결과에 결정적인 영향을 미쳤다(박상훈, 2009). 이는 1990년 3당 합당 이후에 영남 지역을 정치적 기반으로 장악한 보수 정당의 정치적 패권을 그대로 유지하는 중요한 요소이다. 1992년 총선 이래 역대 대선에서 영남은 보수, 호남은 진보라는 공식이 거의 그대로 유지되었다. 2012년 한국 대선에서 지역주의가 다소 완화되고 세대갈등이 심화되었다는 주장은 어느 정도 맞는 말이지만, 정치적 지역주의가 여전히 가장 강력한 선거 변수라는 사실은 부정할 수 없다(박찬욱·강원택, 2013). 다만 2017년 대선에서 최초로 민주당의 문재인 후보가 부산·경남 지역에서 보수 정당을 앞서면서 지역주의가 상당히 완화된 것으로 나타났다. 그래도 다른 지역에서 지역주의의 균열을 그대로 반영하는 투표 결과가 나타난 점은 아직도 지역주의 정치구조가 존재하다는 사실을 보여 준다.

다른 한편 한국 정치에서 우리가 주목해야 할 가장 두드러진 특징은 계급투표의 실종이다. 계급투표는 자신이 속한 계급을 대표하는 정당을 지지하는 투표 성향을 가리킨다. 그러나 한국에서는 가난한 사람들이 더 강하게 보수 정당을 지지하는 정치 현상이 오랫동안 유지되었다(김영순·여유진, 2007). 한국 정치에서 가난한 사람이 부자 정당을 지지하는 계급배반투표의 현상은 진보 진영의 커다란 족쇄이다. 한국의 노동자와 저소득층이 자신의 사회경제적 이익을 대변하는 진보 정당보다 오히려 자신의 이익을 저해하는 보수 정당을 지지하는 것은 오랜 역사적 과정에 의해 형성된 반공주의와 지역주의의 결과이다. 반공주의와 지역주의가 지배하는 한국 정치의 근본적 문제는 영남이 보수 정당을 지지하고, 호남이 진보 정당을 지지하는 문제가 아니다. 가장 심각한 결과는 비호남 지역(영남, 충청, 수도권)의 서민층과 중산층이 자신들의 사회경제적 이익을 대변하지 않는 보수 정당을 지지하는 것이다.

왜 가난한 사람들이 부자의 이익을 대변하는 보수 정당을 찍는 비율이 압도적으로 높은 것일까? 저소득층, 저학력층 유권자들이 보수 정당을 지지하는 역설은 해외 정당의 사례에서도 찾아볼 수 있다. 1960년대 유럽 국가에서도 육체노동자가 줄어들고 서비스노동자가 많아지면서 보수 정당을 찍는 노동자의 수가 증가했다. 1980년대 미국 공화당이 흑인에 반대하는 백인 노동자의 인종주의적 성향을 정치적으로 이용하면서, 민주당은 흑인과 백인 노동자의 표를 동시에 얻기는 힘들어졌다. 1988년 조지 부시는 대선에서 흑인 범죄를 부각하는 인종 공포 전략으로 백인 노동자의 지지를 얻어 내는 데 성공했다. 여기에서 교훈을 얻은 빌 클린턴은 1992년 선거에서 인종 쟁점을 몰아내고 "바보야, 경제가 문제야(It's the economy, stupid)"라는 구호를 부각시켰다.

2000년대 이후 미국 정치에서 종교가 새로운 이슈로 부상했다. 미국 역사학자 토머스 프랭크는 『왜 가난한 사람들은 부자를 위해 투표하는가』라는 저서에서 미국의 네오콘(Neo-conservative) 보수세력이 부자, 보수 기독교, 영향력 있는 언론사와 가치의 연합전선을 구축해 보수적 가치를 전파했다고 분석한다(Frank, 2004). 이 과정에서 가난한 사람들이 빈곤의 원인인 경제 문제를 외면한 채 낙태와 동성애 반대 등

보수적 가치관에 사로잡혀 공화당을 노동자, 농민을 위한 정당으로 믿게 되었다는 것이다. 이에 맞서 민주당의 오바마 후보는 2007년 금융위기 이후 중산층의 즉각 복원을 주장하며 사회경제적 이슈를 주도한 덕분에 대선에서 승리했다.

미국에서 인종과 종교가 가난한 사람들을 사로잡은 데 비해 한국에서는 반공주의와 지역주의가 민심을 좌우했다. 군사정부가 통치하던 시절에는 빨갱이와 용공이라는 낙인은 정치적 사형선고와 같았다. 1987년 이후에는 지역주의가 한국 정치를 지배했다. 선거를 결정하는 지역주의는 개인들 사이에서 벌어지는 지역 차별의 결과만이 아니다. 중요한 것은 선거 경쟁에서 지역이 계층을 몰아내고 가장 중요한 요소로 부각되었다는 점이다. 정당의 사회적 토대가 변한 것이 아니라 정당의 전략이 계급투표에 영향을 주었다. 1990년 3당 합당 이후 보수 정당의 전략은 호남을 혐오하는 서민층을 사로잡았으며, 그 결과 '민주당은 호남당'이라는 낙인이 찍혔다. 보수 진영과 진보 진영의 대부분의 선거 캠프에서 전라도는 정치적 게토(ghetto)가 되었다. 그 후 계급투표가 완전히 사라진 것은 아니었지만, 계급배반투표가 지배적 경향이 되었다. 다른 한편 정당 일체감과 충성심이 쇠퇴하면서 유권자의 무당파성이 증가하였다.

계급 이익과 모순적인 투표 성향을 보이는 계급배반투표는 한국 정치에서 분배 이슈가 유권자의 관심을 얻는 데 결정적 장애물이 되었다. 한국의 저소득층은 복지 확대와 조세 인상을 요구하는 진보 정당보다 정반대 공약을 제시하는 보수 정당을 지지하는 경향이 강했다. 이와 같은 계급배반투표 성향이 한국 사회에서 오랫동안 유지되는 첫 번째 원인은 반공주의와 지역주의 정치 구도로 인해 유권자의 투표 성향이 조세와 복지 이슈보다 이념 논쟁, 지역주의 갈등에 좌우되었기 때문이다. 둘째, 정치적 대표 체계가 소선거구제와 다수제 민주주의를 유지하면서 주로 지역 개발 공약이 선거 이슈로 부각되었다. 또한 노동조합은 기업별 노조 체제를 유지하면서 복지 이슈보다 임금 인상을 노동운동의 주요 목표로 삼았다. 셋째, 한국의 복지제도는 잔여적인 극빈층에 대한 시혜에 그쳤기 때문에 복지정치가 제대로 발전하지 못했다. 민주주의는 선거권 획득에 머물고 사회경제적 민주화는 뒤로 밀려났다. 복지는 선거 공약으로 제시해도 대중의 관심을 끌지 못하는 의제로 간주되었다.

그러나 한국 정치에서 다양한 사회계층의 정치적 경향은 고정된 것이 아니라 선거 국면에 따라 지속적으로 동요한다. 1997년 대선 이후 지역주의 기반을 가진 양대 정당은 모두 서민층에 호소하는 캐치올 전략을 선택했다. 전통적으로 영남과 호남 지역의 지역주의는 계층과 세대 변수를 압도했지만, 다양한 인구가 모여 사는 수도권에서는 지역주의 투표 성향이 상대적으로 약화되고 있다. 2002년 대선 이후 블루칼라와 화이트칼라 노동자는 주로 진보 정당을 지지하는 경향이 강한 반면, 전문직, 자영업자는 보수 정당을 지지하는 비율이 상대적으로 높다. 또한 고소득 전문직과 화이트칼라가 진보 정당에 기우는 반면, 저소득·저학력 서민층, 자영업자, 전업주부는 보수 정당으로 더욱 쏠렸다. 그러나 2010년 지방선거에서 무상급식 이슈가 정치화되면서 진보 성향 유권자들이 복지 이슈에 민감하게 반응하기 시작했으며, 보수 정당을 지지하는 성향이 강했던 전업주부의 진보 정당 지지율도 지속적으로 증가하고 있다. 특히 30~40대 주부들이 보육, 교육 이슈에 관심을 가지면서 유동적 투표 성향을 보였다. 이런 사례는 고소득 전문직과 저소득 서민층의 정치 성향도 얼마든지 달라질 수 있음을 보여 준다.

선거정치에서 계층, 연령 등 사회구조적 요인보다 정당의 선거 전략 등 정치적 기회에 대한 관심이 커지면서 다양한 이론적 주장이 제기되었다. 미국 정치학자 앨버트 허시먼 교수가 『보수는 어떻게 지배하는가』에서 보수가 승리하는 전략으로 역효과 명제, 무용 명제, 위험 명제를 지적했다(허시먼, 2010). 보수주의자들은 진보의 개혁이 정반대의 결과를 만들 것이고, 그래 봐야 기존 체제는 바뀌지 않을 것이며, 그렇게 되면 자유와 민주주의가 위태롭게 될 것이라고 주장한다. 특히 진보의 주장이 위험하다고 공포를 심어 주는 이데올로기 전략은 보수 정당의 대표 전략이다. 예를 들어 1980년대 레이건 행정부가 등장하면서 복지국가가 자유와 민주주의를 위협할 것이라는 보수세력의 전략은 큰 효과를 거두었다. 레이건 대통령은 "정부는 해결책이 아니라 문제의 원인"이라는 주장을 펼치면서 높은 세금과 복지가 개인의 자유를 침해하고, 복지에 의존하는 형국을 만들 것이라고 비난했다. 이러한 신보수주의 이데올로기는 유권자들에게 복지가 경제에 장애가 될 것이라는 공포를 심어 주면서 효과적으로 유권자의 의식을 지배했다.

미국 언어학자 조지 레이코프는 선거에서 사용하는 의제, 정책, 용어가 프레임(frame)을 형성하는 데 중요하다고 강조했다. 그는 『프레임 전쟁』에서 진보주의자들이 많은 표를 얻기 위해서 오른쪽으로 이동하는 것은 오류라고 주장했다(레이코프, 2007). 진보주의자들이 오른쪽으로 이동할수록 우파의 가치를 활성화하고 진보주의의 고유한 가치를 포기하여 자신의 정치적 지지자들을 소외시킨다고 지적했다. 예를 들어 빈곤과 불평등을 해결하는 국가의 책임보다 개인의 책임을 강조하는 공화당의 주장에 동조한 민주당은 더 이상 선거를 주도할 수 없었다. 한국 정치에서도 보수세력이 주도하는 경제성장 담론에 이끌려 노무현 정부는 '2만 달러 시대'를 내걸었으나 집권 후반 대부분의 선거에서 참패했다.

그러나 정치 프레임이 선거에서 항상 결정적인 것은 아니다. 2012년 대선 초반에 새누리당이 박정희 대 노무현의 프레임을 제시한 데 비해, 민주당은 자신의 고유한 가치인 민주 대 반민주를 강조하기 위해 '민주당 대 독재자의 딸'이라는 선거 구도를 내세웠다. 그러나 민주 대 반민주의 정치 프레임은 오래 지속하지 않았다. 박근혜 새누리당 후보는 이명박 정부가 주장했던 감세를 철회하고 진보 진영이 내세웠던 복지국가와 경제민주화도 공약에 포함했다. 심지어 정당의 상징색도 빨간색으로 바꿨는데, 이는 반공 콤플렉스를 조장하던 보수 정당으로서는 놀라운 변화이다. 이는 정치 프레임론보다 중위투표자 이론이 더 설득력이 있음을 보여 준다. 한편 선거에서 정치 프레임과 함께 집권 플랜이 유권자에게 강력한 호소력을 발휘했다. 총선은 회고투표인 데 비해, 대선은 전망투표라는 선거의 오랜 상식이 중요한 효과를 발휘했다.

2017년 대선에서도 정치 프레임보다 집권 플랜에 대한 유권자의 반응이 중요한 역할을 수행했다. 2017년 박근혜 대통령의 탄핵 이후 새누리당이 당명을 자유한국당으로 바꾸고 박근혜와 거리를 두려고 했지만, 선거 구도는 박근혜 탄핵의 찬반으로 이미 결정되었다. 민주당은 탄핵을 주도한 정당으로 부각하면서 선거 국면에서 '적폐청산'을 내세우며 압도적으로 유리한 위치를 차지했다. 문재인 후보는 2012년 대선 패배 이후 중도층의 지지를 확대하기 위해서 경제민주화와 복지국가의 진보적 공약을 축소하려고 했지만, 탄핵 국면이 장기화되면서 다시 최저임금 인상, 소득세 최고세율 인상, 기초연금 인상 등 진보적 공약으로 방향을 선회했다. 2017년 대선에서는 촛불시민혁명이라는 혁명적 열기 속에서 진보적 선거 공약이 압도적 우세를 얻게 되었다. 이런 점에서 2017년 대선은 과거의 어떤 대선보다 반공주의와 지역주의의 이데올로기 효과가 약화된 선거라고 볼 수 있다.

정당의 미래

1919년 독일 학생단체의 초청으로 뮌헨대학에서 '직업으로서의 정치'라는 제목의 강연을 한 독일 사회학자 막스 베버는 "정치란 열정과 균형적 판단 둘 다 가지고 단단한 널빤지를 강하게 그리고 서서히 구멍 뚫는 작업"이라고 말했다(베버, 2007). 그는 또한 "만약 이 세상에서 몇 번이고 되풀이하면서도 불가능한 것을 잡으려고 노력하는 사람들이 없었다면, 아마 가능한 것마저도 성취하지 못했을 거라는 말은 전적으로 옳고 모든 역사적 경험에 의해 증명된 사실이다"라고 강조했다.

베버의 말대로 사회를 바꾸기 위해서 정치가 필수적 요소라면, 정당이야말로 가장 중요한 수단이다. 하지만 최근 세계 각국의 여론조사를 보면 정부뿐 아니라 정당의 신뢰도는 급락하고 있다. 당원 가입률이나 투표 참여율도 점차 낮아지고 있다. 선거제도가 소수의 엘리트와 귀족적 지배에 의해 점차 민주적 성격을 잃어 가고 있다는 비판도 커지고 있다(마넹, 2004). 지도자, 이념, 정책이라는 토대가 없는 정당은 그저 당권과 공천을 둘러싼 특수 이익집단에 불과하다. 정부의 보조금을 받으며 현직 의원의 이익에 몰두하는 카르텔 정당(cartel party)은 민주주의의 발전에 전혀 도움이 되지 않는다. 어떤 분석가는 앞으로 수십 년 이내에 정당은 마치 공룡처럼 사멸할 것이라 예측하기도 한다. 한편 정당 대신 신사회운동이 더 신뢰를 얻고 있으며, 인터넷을 이용한 새로운 포퓰리즘 정당이 유권자의 지지를 받고 있다. 그러나 대의민주주의에서 유권자의 요구에 반응하고, 효율적이며, 책임감 있는 정당은 필수적이다. 정당이 선거에서 유권자의 지지와 선택을 받기 위해서는 정치 지도자, 정치 이데올로기, 세부 정책과 프로그램을 통해 지지자를 모아야 한다.

정당이 새로운 리더십을 만들기 위해서는 먼저 정당의 이념을 체계적으로 제시해야 한다(조성대, 2015). 한국 사회에서는 이념에 대한 부정적 편견도 많지만, 일관성을 가진 이념이 없다면 다양한 사람들이 모인 정당이 제대로 운영되기 어렵다. 이념이 없는 정당일수록 인맥과 경력에 따른 폐쇄적 파벌이 정당을 장악하기 쉽다. 정당이 대중의 지지를 확대하기 위해서는 파벌 대신 가치와 정책을 기반으로 하는 대중적 정치 활동을 강화해야 한다. 정당은 이념에 맞는 인물을 공직 후보로 선출해야 하고 새로운 시대에 부응하는 개혁적 리더십을 만들어야 한다. 정치는 지도자가 대중과 소통하며 만드는 예술이다. 새로운 지도자를 꿈꾸는 정치인이라면 대중 속으로 들어가 풀뿌리조직을 만들고 다양한 시민사회조직과 소통하며 새로운 비전과 전략을 제시해야 한다. 정당은 이념의 연계를 실현할 수 있는 정당 외부의 다양한 시민사회조직, 온라인조직, 지식인, 싱크탱크와 긴밀하게 협력하는 광범한 네트워크를 형성해야 한다.

시간이 흐를수록 선거 전략의 중요성이 커지고 있다. 대선 후보 캠프나 소수의 의원이 좌우하는 전략이 아니라 정당이 선거를 지휘하는 현대적 조직으로 변화해야 한다. 특히 중앙당이 전략기획, 미디어센터, 싱크탱크를 지휘하는 효과적인 조직이 되어야 한다. 오바마 대통령의 승리를 이끈 하워드 딘의 민주당전국위원회(DNC) 개혁은 주목할 만하다. 단순한 전화여론조사와 여론조사 전문가(pollster)에 의존하던 시대는 지나갔다. FGI 조사, 패널데이터 조사와 함께 정보분석 전문가(CIO)가 이끄는 빅데이터 조사를 통해 지역별, 계층별, 연령별 유권자에게 영향을 미칠 수 있는 정교한 메시지와 정책 공약을 제시해야 한다. 오바마 대통령이 대선 캠페인에서 활용했던 것처럼 유권자 빅데이터를 확보하고 계층별 마이크로타기팅(micro-targeting) 전략을 준비해야 한다.

정당의 정책 생산 역할도 더욱 중요해지고 있다. 집권 후 국정을 운영할 구체적인 정책 공약을 체계적으로 준비해야 한다. 이를 위해서는 중앙당의 싱크탱크 역할을 강화하고 정당의 이념에 맞는 대선 공약을 세심하게 준비해야 한다. 대선 한 달을 앞두고 대선캠프와 자문교수단에 의존하여 급조된 공약이 아니라, 중앙당 차원에서 최소한 1년 전부터 준비된 공약을 발표하고 집권 플랜을 제시해야 한다. 미국의 레이건 대통령에게 헤리티지 재단이 제시한『리더십을 위한 과제(*Mandate for Leadership*)』, 클린턴 대통령에게 제시했던 신민주당 리더십 평의회(DLC), 오바마 대통령에게 제시한 브루킹스 연구소의 『해밀턴 프로젝트』처럼 집권 직후 실행한 정책 공약집은 일관성이 있는 개혁에서 필수적이다.

선거 공약을 잘 만드는 일은 쉬운 일이 아니다. 어쩌면 선거 공약은 너무 중요하기 때문에 정치인에게만 맡겨 두어서는 안 될 것이다. 좋은 공약과 집권 후 플랜을 설계하기 위해서는 학자와 전문가의 역할도 중요하다. 경제학자 칼 폴라니는 1951년 미국 공공여론조사협회에서 사회학자에게 당부하는 연설을 했다. 그는 사회학은 "표면적 여론과 객관적 구조를 결정하는 상황 사이의 연결고리를 설명해야 한다"고 주장했다(폴라니, 2015). 지금도 여론조사는 표면에 드러난 수치는 중시하면서도 이면에 감춰진 논리는 무시한다. 정치인들은 겉에 드러난 여론조사 수치를 절대화하는 오류를 저지르곤 한다. 2012년 대선에서 안철수 후보는 여론조사를 근거로 국회의원 정수 축소를 새로운 정치의 방안으로 제시했다. 그러나 이러한 해석은 국회의원에 대한 유권자의 불만을 오해한 것에 불과하다. 2012년 대선에서 여야 정당의 유력 후보들은 복지국가를 주장했다. 2010년 지방선거에서 폭발한 무상급식 논쟁 이후 복지에 대한 유권자의 기대가 커졌기 때문이다. 그러나 여야 후보들은 '증세 없는 복지'를 말했다.

복지는 지지해도 증세는 반대하는 여론조사에 따른 것이었다. 그러나 증세 없는 복지는 경제학 이론에서 불가능하다.

정치인은 여론의 지지를 통해 권력을 얻는다. 그래서 권력을 준 여론을 넘어설 수 없다. 그러나 국가 지도자의 과업은 여론의 분위기를 바꾸는 것이다. 국가 지도자는 여론에 따라 행동하더라도 그 목적은 환경 자체를 바꾸는 것이다. 고대 그리스의 페리클레스와 미국의 루스벨트는 정파의 지도자에서 국가의 지도자로 변모했다. 페리클레스는 명문 출신이었으나 평민파를 이끌고 민회와 민중재판소에 권력을 부여해 민주주의를 강화했다. 루스벨트는 부유한 가문 출신이었지만 노동자와 빈곤층을 위한 사회보장을 확대하고 대공황을 극복하기 위해 대기업과 은행에 고율의 세금을 부과하여 미국 경제의 혁신을 이루었다. 페리클레스와 루스벨트의 개혁은 여론조사에 의존한 것이 아니라 지도자의 결단에 의한 것이었다.

20세기 후반 선거에서는 딕 모리스와 칼 로브 같은 여론조사 전문가가 전략가의 역할을 수행했지만, 21세기에는 분화된 유권자의 욕구를 꿰뚫어 보는 빅데이터 전문가가 대신한다. 그러나 가장 중요한 정치 문제는 국가 지도자가 결정하는 것이다. 애플 창업자 스티브 잡스(Steve Jobs)는 "사람들은 눈앞에 갖다 주기 전까지는 그들이 원하는 것이 무엇인지 모릅니다"라는 유명한 말을 남겼다(아이작슨, 2015). 애플은 시장조사를 통해서 탄생한 것이 아니다. 오히려 시장조사를 했다면 애플은 성공하지 못했을 것이다. 한국 정치에서 대통령직선제, 국민건강보험, 햇볕정책, 무상급식은 여론조사 결과에 의한 것이 아니라 지도자의 비전에 의한 것이다.

정당의 문제는 궁극적으로 결국 지도자의 문제이다. 정치 지도자는 심정윤리를 넘어 책임윤리에 직면한다. 그렇기 때문에 정치인은 시대의 과제를 정확하게 인식해야 한다. 오늘날 정치의 중요한 문제는 어떻게 국가의 부를 늘리는가의 문제에 그치지 않는다. 어떻게 모든 국민에게 이익이 되도록 분배하는가의 문제이다. 최근 국제통화기금은 기업과 부자의 세금을 감면해야 투자가 늘어난다는 낙수경제학은 실패했다고 인정했다. 그러나 한국의 정당은 아직도 성장담론에 매몰되어 있다. 보편적 사회보험, 공교육, 조세정의에 대한 관심은 뒤로 밀려나고 있다. 칼 폴라니가 "표면의 여론에 대응하기만 급급하다면 그 사람은 아무리 해 봤자 정치인이다"라고 지적한 것처럼, 정치인은 여론을 따르기만 해서는 안 되고 국가를 위한 비전을 가지고 여론을 이끌어야 한다(폴라니, 2015). 국가의 성패는 정치인을 넘어 국가 지도자의 리더십에 의해서 결정된다.

더 읽을거리

김윤철, 2009,『정당』, 책세상.

레이코프, 죠지, 2007,『프레임 전쟁』, 나익주 옮김, 창비.

메이어, 피터, 2011,『정당과 정당체계의 변화』, 김일영 외 옮김, 오름.

박동천, 2000,『선거제도와 정치적 상상력』, 책세상.

박상훈, 2017,『정당의 발견』, 후마니타스.

8. 혁명과 사회운동

1789년 프랑스 혁명으로 부르봉 왕정이 무너졌다. 대중의 폭력으로 왕정을 타도한 프랑스 혁명은 후대 혁명의 원형으로 간주된다.

만국의 노동자여 단결하라.

- 카를 마르크스·프리드리히 엥겔스, 『공산당 선언』

지구적으로 사고하고, 지역적으로 행동하라.

- 신사회운동에서 널리 사용하는 문구

1789년 프랑스 혁명으로 부르봉 왕정이 무너졌다. 루이 16세는 "이것은 반란이다"라고 말했으나 리앙쿠르 공은 "아닙니다, 폐하. 혁명입니다"라고 응답했다는 일화는 유명하다. 대중의 폭력으로 왕정을 타도한 프랑스 혁명은 후대 혁명의 원형으로 간주된다. 그해 7월 14일 불과 1,000명도 안 되는 성난 군중은 머스킷 총을 탈취하고 화약을 구하기 위해 바스티유 감옥을 공격했다[공식적인 '바스티유 정복자(vainqueurs de la Bastille)'는 954명이다]. 『인민의 벗』 발행자 마라(Jean Paul Marat)는 더 많은 피를 흘릴 것을 선동하였고, 혁명은 걷잡을 수 없이 전국으로 퍼져나갔다.

프랑스 혁명은 구체제, 즉 앙시앵 레짐(ancien régime)을 무너뜨렸다. 왕과 귀족이 아닌 평민의 대표들이 국민회의를 결성하고 평등을 보장하는 새로운 헌법을 제정하기까지 투쟁을 그치지 않을 것임을 선언했다. 프랑스 혁명의 발단은 세금이었다. 인구의 2%밖에 안 되는 제1신분(가톨릭 성직자)과 제2신분(귀족)은 모든 권력과 부를 독점하였다. 그들은 세금도 내지 않았다. 반면에 제3신분(평민)은 무거운 세금을 부담해야 했다. 미국 독립전쟁을 지원하는 과도한 군사비 지출과 베르사유 궁전의 건립 등 선대의 사치로 왕실재정이 고갈되자, 루이 16세는 성직자와 귀족에도 과세하려고 했지만 강력한 저항에 부딪혔다. 결국 국고의 파산 직전에 다다르자 제3신분에 대한 과세가 가중되었다. 특히 오스트리아 출신 왕비 마리 앙투아네트의 사치로 재정위기가 왔다는 주장이 널리 퍼졌고, 대중의 감정은 격앙되었다.

제3신분 중에서 변호사, 사업가, 의사 등 전문 지식으로 부를 축적한 부르주아지는 새로운 혁명의 지도세력으로 부상하였다. 반면에 육체노동자, 소상인, 빈곤층 등 프롤레타리아 계층은 혁명에 참여했음에도 점차 권력과는 멀어졌다. 제3신분의 새로운 혁명가들은 20~30대 젊은 나이에 정치에 뛰어들었는데, 의회의 웅변과 거리의 대중 활동에 능숙한 사람들이 많았다. 혁명이 거리에서 폭발한 후 혁명가들은 분열되었으며, 로베스피에르와 자코뱅당은 토지 분배를 둘러싸고 당통과 지롱드당에 맞서 권력투쟁을 벌였다. 지롱드당이 자코뱅당에 맞서 폭력의 자제를 호소했지만 두 혁명세력의 갈등은 커졌다. 급진적 변화를 주장했던 로베스피에르는 의회 온건파인 지롱드당에 대해 테러정치를 감행했다. 로베스피에르는 정적인 당통과 수십 명의 국회의원을 기요틴(단두대)에 보냈다. 하지만 로베스피에르 역시 테르미도르 반동 사건으로 처형당하고 자코뱅당도 몰락했다. 테르미도르파는 혁명정부를 개편하고 2원제 의회와 5명의 총재로 구성된 정부를 발족시켰다. 이로써 혁명은 수많은 사람들의 유혈로 얼룩지면서 절대왕정 체제를 타파했지만, 나폴레옹 보나파르트의 등장으로 군사독재를 거쳐 황제의 제정으로 끝났다.

프랑스 혁명이 현대 정치에 미친 영향은 매우 크다. 먼저, 프랑스 혁명은 모든 국민이 평등하다고 선언한『인권선언』을 제정하고, 모든 국민의 주권을 실현하는 단일한 제도의 구조를 만들었다. 그러나 프랑스 혁명은 아테네와 같은 민회나 직접민주주의를 채택하지 않았다. 국민의 모든 주권은 국민회의라는 입법기구가 갖게 되었는데, 이 기구는 국민의 선택을 받은 대표들로 구성된다. 이는 그리스보다 로마의 민회 선출 방식에 따른 것인데, 프랑스의 국호도 공화국이 되었다. 둘째, 프랑스 혁명은 개인의 소유를 기초로 하는 부르주아 사회를 성립하는 결정적 계기를 제공하였다. 비록 귀족의 재산을 몰수하고 농촌의 토지 분배를 둘러싼 계급투쟁이 벌어졌지만, 전반적으로 재산권을 보호하는 입법이 이루어지면서 부르주아지의 지배권이 공고해졌다. 셋째, 프랑스 혁명은 유럽 전역에 혁명을 촉발하는 동시에 국민주의를 확산시켰다. 프랑스 국민이라는 정체성은 정치적 공동체에 대한 강력한 소속감과 충성심을 불러일으켰다. 국민주의의 깃발 아래 이루어진 나폴레옹의 대외전쟁은 이탈리아, 독일, 스페인의 국민주의를 촉발하였으며, 군주정을 무너뜨리고 현대적인 국민국가를 유럽 전역에 수립하게 하였다. 오늘날 우리가 알고 있는 국민국가, 시민권, 국민주의는 모두 프랑스 혁명의 결과물이라고 볼 수 있다.

많은 사회학자들은 프랑스 혁명을 현대적 혁명의 전형으로 본다. 일반적으로 혁명은 갑작스럽고 폭력적인 방법으로 정부를 변화시키는 것을 의미한다. 그러나 정부만 교체하는 쿠데타나 궁정혁명과 달리, 사회학에서 혁명은 사회구조의 총체적 변화를 의미한다. 이런 점에서 미국 혁명도 현대적 혁명의 전형이다. 프랑스 혁명에 앞서 1776년 미국은 영국 식민지 지배에 반대하는 독립전쟁을 통해 영국 왕이 지배하는 군주제를 타도하고 공화국을 수립했다. 미국 동부의 13개 주는 『독립선언문』을 선포하고 유혈전쟁을 통해 새로운 정부를 수립했다. 필라델피아에 모인 55명의 건국의 아버지들은 성문헌법을 채택하고 연방정부를 수립한 후 선거를 통해 대통령제와 양원제를 도입했다. 미국 혁명은 프랑스 혁명에도 큰 영향을 주었으며, 많은 나라에 민주주의 혁명의 이상과 영감을 주었다. 이후 200여 년 동안 대부분의 나라에서 공화국이 수립되면서 인간의 정치생활이 근본적으로 변화하였다.

미국 혁명과 프랑스 혁명이 폭력적 대중 반란이라는 점에서 외관은 비슷하지만 실제 과정은 매우 달랐다. 미국 혁명은 로크의 사상에 따라 자유와 재산을 강조했지만, 프랑스 혁명은 루소의 영향을 받아 재산을 둘러싼 격렬한 투쟁이 벌어졌다. 한나 아렌트는 『혁명론』에서 좌파 또는 마르크스주의 학자들의 평가와 달리 미국 혁명이 성공한 데 비해 프랑스 혁명이 테러, 독재, 제정의 악순환을 거치며 사실상 실패했다고 비판했다(Arendt, 2007). 프랑스 혁명의 지도자들은 대중의 동정을 얻기 위해 자유를 박탈한 반면, 미국 혁명의 지도자들은 헌법의 자유를 지켰다고 평가했다. 아렌트는 공적 분야에서 자기의 권리를 실현하는 공적 자유를 위해 작은 규모의 평의회제를 통해 미국 정신을 부활해야 한다고 주장했다. 그러나 미국 혁명에서 어떻게 평등의 정신이 사라졌는지 충분하게 평가하지 못했고, 프랑스 혁명이 추구한 평등한 시민권 개념에 대한 고려도 부족했다.

역사적으로 보면 모든 혁명이 반드시 폭력적 대중운동에 의해 이루어지는 것은 아니다. 영국 혁명은 폭력적 혁명에서 비폭력 무혈혁명으로 변화하는 복잡한 과정을 보여 준다. 1640년 영국에서 세계 최초의 부르주아 혁명인 청교도 혁명이 발생했다. 올리버 크롬웰(Oliver Cromwell)이 주도한 의회파는 찰스 1세를 처형하고 정권을 장악했다. 그러나 의회파는 지나친 종교적 금욕주의로 대중의 지지를 얻는 데 실패하고 왕정으로 복귀하였다. 이후 1688년 명예혁명을 통해 귀족과 부르주아지의 타협으로 『권리장전』을 제정하여 의회의 동의가 없는 왕의 전제를 제한했다. 영국에서 권리의 개념은 미국과 프랑스에서의 개념과는 다르다. 미국과 프랑스는 주로 국가에 대한 시민의 권리를 규정한 데 비해, 영국의 『권리장전』은 주로 군주제와 의회의 관계를 규정했다. 영국은 명예혁명을 통해 입헌군주제를 수립하는 동시에 세계 최초로 의회주의 정치제도를 확립했다. 하지만 의회의 대표를 선출하는 투표권을 가진 사람은 15% 비율의 귀족과 자본가계급이었고, 대다수 노동자와 여성은 배제되었다. 그 후 노동자와 여성의 참정권을 요구하는 정치운동이 지속적으로 발생하였으며, 종종 폭력적 시위가 발생했지만 대체로 평화적인 대중운동이 이어졌다.

한나 아렌트는 혁명을 정치적 용어로 처음 사용한 것은 1688년 영국의 명예혁명이라고 지적했다(Arendt, 2007). 혁명이라는 개념은 원래 천문학 용어로, 코페르니쿠스의 천체회전설에서 회전, 순환, 주기, 공전을 의미하는 개념이었다. 혁명이 정치적 용어가 되면서는 인간이 저항할 수 없는 순환운동의 개념으로 사용되었다. 현대 정치학의 아버지로 일컬어지는 마키아벨리는 혁명에 대해 거의 언급하지 않았으며 대중적 반란으로 수립된 정권보다 군주정과 민주정이 결합된 혼합정을 선호했다. 그는 폭동, 봉기라는 용어를 사용했지만, 혁명이라는 용어는 『군주론』에서 메디치 가문에 경고하는 의미로 썼을 뿐이다. 그러나 현대 민주주의는 영국, 미국, 프랑스의 혁명이 아니었다면 등장하지 않았을 것이다.

부르주아 혁명과 프롤레타리아 혁명

영국, 미국, 프랑스 혁명은 대표적인 현대 혁명인 동시에 부르주아 혁명 또는 시민혁명이라고 불린다. 혁명의 주도세력이 자본가 계급 또는 시민이라고 불리는 도시의 상공업자였기 때문이다. 부르주아 혁명 이후 사유재산제가 법률적으로 규정되었으며 사회의 지배계급도 세습 귀족에서 부르주아지로 대체되었다. 비록 실패했지만 1848년 혁명은 유럽 등 50여 개 국가에서 동시다발적으로 일어난 국제적 부르주아 혁명이라 불릴 만하다. 이에 비해 20세기 이후 러시아와 중국 등에서 발생한 혁명은 매우 다른 양상을 보였다. 혁명의 주도세력이 부르주아 대신 노동자와 농민 또는 소수의 직업혁명가로 구성되면서 프롤레타리아 혁명 또는 인민혁명이라고 불린다. 20세기의 정치혁명은 많은 경우 마르크스주의 또는 사회주의의 영향을 받았지만, 20세기 후반의 동유럽에서는 사회주의에 반대하는 혁명이 발생했다.

1917년 10월에 발생한 러시아 혁명은 세계 최초의 사회주의 혁명이다. 10월 혁명은 프랑스 혁명과 같은 자발적 대중에 의한 아래로부터의 혁명이라기보다 소수 전위에 의한 위로부터의 혁명으로 이루어졌다. 볼셰비키는 제헌의회에서 다수파가 되지 못하자 전격적으로 제헌의회를 해산하고 공산당이 주도하는 정권을 수립했다. 레닌의 사망 이후 스탈린의 테러정치가 시작되면서 세 차례에 걸친 숙청과 반혁명재판으로 반대파를 제거하고 독재권력을 강화했다. 이런 점에서 스탈린 체제는 테러로 혁명을 수호하려는 자코뱅 독재와 비교할 만하다. 그러나 스탈린 체제는 점차 노동자 대표 대신 공산당 관료가 지배했고, 소련은 거대한 전체주의 사회로 변화했다. 러시아 혁명은 인류 최초로 착취계급을 전복한 프롤레타리아 혁명으로, 무상교육과 무상의료를 제공하고 남녀평등사회를 건설했다는 평가를 받지만 대규모 숙청과 강제수용소를 통해 개인의 자유를 억압하고 통제하는 독재 체제라는 비판도 받았다.

다른 한편 소련은 지속적으로 레닌이 결성한 제3인터내셔널을 통해 사회주의를 전파하고 세계혁명을 지원하려고 노력했다. 특히 중국과 인도에 공산당 간부를 파견하여 직접 혁명을 지도했다. 그러나 중국 혁명은 러시아 혁명과는 매우 다른 경로를 걸었다. 1921년 상하이에서 창건한 중국 공산당은 수차례의 도시 무장봉기에서 실패한 후, 인구의 절대다수를 차지하는 농민의 지지를 이끌어 내는 유격전으로 전환한다. 마오쩌둥은 농촌 근거지론을 주장하며 농촌에서 도시로 포위 공격하는 전략을 제창한다. 1940년 마오쩌둥은 『신민주주의론』에서 민주주의 혁명 단계에서 노동자와 농민뿐 아니라 지식인과 민족 자본가까지 포함한 신민주주의 정권을 수립해야 한다고 주장했다. 마오쩌둥은 대중 속으로 들어가 대중의 요구를 파악하여 정책을 만들어야 한다는 대중 노선을 강조했다. 1950년대 고도성장 정책인 대약진운동의 실패로 실각하지만, 1966년 자본주의와 관료제를 비판하는 문화대혁명을 통해 집권한다. 마오쩌둥의 문화대혁명은 중국을 커다란 혼란과 무정부 상태로 빠뜨렸고, 1976년 마오쩌둥이 사망할 때까지 계속되었다.

1950년대 이후 제3세계에서 민족해방혁명이 잇따라 발생했다. 쿠바 혁명(1953~1959), 알제리 혁명(1954~1962), 베트남 혁명(1945~1975), 니카라과 혁명(1979~1990)이 대표적인 사례이다. 이러한 혁명은 외국 군대 또는 외국의 지원을 받는 정부에 저항하는 무장세력이 주도했는데, 크게 두 가지 유형으로 분류할 수 있다. 첫째, 비정규군 무장세력인 게릴라가 주도하는 혁명인 경우가 많았다. 쿠바 혁명에서 체 게바라(Che Guevara)가 주장한 "소수의 핵심이 저항전쟁을 일으킨다"는 포코(Foco) 전략이 유명하다. 니카라과의 산디니스타 해방전선도 게릴라전쟁을 벌였다. 둘째, 베트남 해방군 총사령관이었던 보응우옌

잡은 베트남전쟁을 정규군의 전쟁이 아니라 모든 민간인이 참여하는 전 인민 항쟁이라고 부르기도 했다. 셋째, 2010년 '아랍의 봄'이라 불리는 튀니지, 이집트 등 북아프리카의 민주화운동은 자발적 대중의 평화적 시위로 민주주의 혁명을 이룩하였다. 제3세계 혁명은 베트남, 니카라과 등 초기에는 사회주의정책을 추구하기도 했으나, 점차 세계경제에 통합되면서 시장경제를 수용했다. 1980년대에 도이모이 개혁정책을 추구한 베트남이 대표적이다. 폭력으로 집권한 혁명세력이 폭력을 스스로 포기한 경우도 있었다. 니카라과 산디니스타 민족해방전선은 혁명으로 정권을 장악했지만, 의회선거에서 패배하여 야당이 되었다가 다시 선거를 통해 집권하기도 했다.

20세기 말 사회주의 혁명의 붕괴는 가장 극적인 역사적 전환을 보여 주었다. 1989년부터 1992년까지 동유럽과 러시아에서 발생한 혁명은 대중이 자발적으로 참여하여 공산당 정권을 교체한 혁명이다. 이런 점에서 '반혁명(counter revolution)'이라고 불리기도 하지만, 대체로 민주적 혁명이라는 용어로 정의한다. 러시아 혁명 이래 70여 년을 유지한 사회주의 체제는 권위주의적 정치와 비효율적 경제로 인하여 붕괴되고 말았다. 동유럽의 민중혁명은 시민사회를 부활시키고 민주주의 혁명을 지지했다는 점에서 주목을 받았다. 동독, 체코, 헝가리의 반체제운동, 폴란드의 연대 노조가 민주화 과정에서 주도적 역할을 수행하면서 동유럽 시민사회에 대한 관심이 커졌다. 민주화 이후 동유럽과 러시아는 다당제와 의회제도를 실시하고 자유민주주의와 시장경제를 도입하였다.

왜 혁명이 발생하는가

혁명에 대한 초기 사회학 연구는 주로 혁명의 원인에 초점을 맞추었다. 1950~1960년대 미국의 기능주의 이론은 혁명의 원인과 과정에 대한 체계적 분석을 시도했다. 미국 사회학자 데이비스(J. C. Davies)는 기대상승의 J 곡선 이론을 통해 혁명이 절대적 박탈감의 상황이 아니라 경제 번영이 장기적으로 지속되다가 갑자기 악화되었을 때 발생하는 상대적 박탈감의 상황에서 발생한다고 주장했다. 거(T. R. Gurr)는 기대상승과 악화되는 현실을 상대적 박탈감의 이론과 결합했다. 이러한 이론은 사회적 차원에서 재화와 서비스의 제공이 그 성원들의 기대에 미치지 못했을 때 혁명이 발생한다고 보았다.

기대상승과 상대적 박탈에 관한 이론은 토크빌의 주장과 비슷하다. 그는 유명한 저서인 『미국의 민주주의』에서 혁명은 사회적 조건이 최악인 상황이 아니라 개선되기 시작할 때 발생한다고 지적했다(토크빌, 2013). 러시아 혁명을 이끌었던 레닌도 혁명은 하층계급이 더 이상 낡은 방법을 지속하기를 원하지 않고 지배계급이 더 이상 낡은 방법을 계속할 수도 없을 때 쉽게 발생한다고 주장했다. 그러나 하층민의 생활수준 악화와 지배층의 개혁정책 중 어떤 것이 더 중요한 원인인지 밝히기는 쉽지 않다. 또한 기대상승과 상대적 박탈을 강조하는 이론은 혁명의 원인을 설득력 있게 설명하지만, 혁명의 전체적인 모습에 대한 설명이나 예측력은 높지 않다. 대중의 기대가 상승하거나 상대적 박탈감이 커져도 혁명이 발생하지 않는 경우도 있으며, 오히려 그렇지 않은 상황에서도 혁명이 발생하는 경우도 있다. 기능주의 사회학자들의 설명은 많은 경우 원인과 결과를 혼동하기도 하고, 결과적으로 동어반복식인 경우도 있다.

미국 정치학자 찰머스 존슨은 기능주의 이론을 여러 가지 모델로 정식화하여 더욱 복잡한 모델을 활용하여 혁명의 원인을 설명했다. 그는『인민전쟁의 해부』에서 혁명의 주체가 대중 또는 엘리트인가, 참여자의 목표와 이데올로기가 어떠한가, 그리고 공격의 목표가 무엇인가에 따라 혁명의 이념형을 6개로 분류하였다(Johnson, 1973). 그의 주장에 따르면 다음과 같이 구분할 수 있다: ① 자발적인 대규모 농민봉기(러시아의 푸가초프 반란), ② 이탈리아 피렌체의 사보나롤라(Savonarolla)와 같은 살아 있는 메시아의 유토피아 환상을 가진 천년왕국의 반란(중국의 태평천국의 난), ③ 진보적 변화에 대한 반동으로 일어난 무정부주의적 반란(영국의 러다이트 운동), ④ 자코뱅 공산주의 혁명 등 전격적인 정치, 경제, 사회 변화를 포함한 혁명(프랑스 혁명과 러시아 혁명), ⑤ 음모적인 쿠데타, 소규모 엘리트가 권력을 장악한 후 사회 변화의 프로그램을 추진하는 혁명(이집트의 나세르가 주도한 군사혁명), ⑥ 군사적 대중 반란, 엘리트가 지도하는 대중적 혁명전쟁(유고슬라비아의 티토와 공산당, 베트남의 호찌민과 베트민의 반란). 이러한 여섯 가지 유형은 특정한 혁명의 유형을 보여 주지만, 어떤 상황에서 혁명이 발생하는지 구체적으로 설명하지 못했다.

혁명의 원인에 관한 현대 사회학의 논쟁은 주로 마르크스주의 이론이 주도했다. 이 이론은 정부 내 정치적 변화와 경제조직의 근본적인 변화 사이에 명확한 차이가 존재한다고 가정한다. 마르크스는 인도에 대한 분석에서 정부와 왕조의 주기적 변화는 지배적 생산양식의 정태적인 본질을 근본적으로 바꾸지 않았다고 주장했다. 마르크스는 혁명이 봉건제에서 자본제로의 이행과 같이 한 생산양식의 변화를 포함한다고 보았다. 혁명에 대한 마르크스주의 이론은 사회계급 사이의 투쟁이 중요하다고 강조한다. 일찍이 마르크스는 『공산당 선언』에서 "인간의 역사는 계급투쟁의 역사"라고 주장했다(마르크스·엥겔스, 2002). 그는 생산력과 생산 관계 사이의 모순을 강조했다. 계급갈등을 마르크스주의 분석의 본질적 특징으로 보는 마르크스주의 학자들은 혁명을 계급의식, 역사적 환경, 정치조직, 노동자계급의 억압 등 복잡한 결합의 불확실한 산물로 간주한다. 생산양식의 분석에 관심을 가지는 마르크스주의 이론가들은 혁명을 경제적 토대의 모순에서 오는 불가피한 결과로 제시하는 경향이 있다. 또한 혁명이 지구적 차원에서 발생할 것으로 본다. 마르크스와 엥겔스는 자본주의의 혁명적 붕괴가 영국과 같은 선진 자본주의 국가에서 발생할 것이라고 예상했지만, 20세기 주요 혁명은 러시아, 아시아, 남미 등 소위 주변 지역에서 주로 발생했다.

프랑스의 마르크스주의 철학자 루이 알튀세르는 『마르크스를 위하여』에서 혁명은 사회갈등이 가장 첨예한 자본주의의 '약한 고리'에서 발생한다고 주장했다(Althusser, 1969). 이러한 주장은 자본주의가 고도로 발전한 영국에서 혁명이 발생할 것이라는 마르크스의 주장보다, 자본주의가 미성숙한 러시아의 혁명을 이끈 레닌의 주장과 유사하다. 그러나 정치갈등, 공장 파업, 경제 침체에도 불구하고 유럽 자본주의가 그대로 유지되는 것은 마르크스주의 혁명 이론이 중대한 문제점을 가지고 있음을 보여 준다. 마르크스주의 이론가들은 노동자계급이 주도하는 혁명이 발생하지 않는 이유를 복지제도의 도입, 보편적 시민권의 확대, 부르주아지 이데올로기의 공세 때문이라고 설명한다. 다시 말하면 사회갈등을 제도화하면서 사회혁명의 가능성을 예방한다는 것이다.

이탈리아의 마르크스주의 이론가인 그람시는 1920년대 서유럽에서 혁명이 발생하지 않는 이유를 설명하기 위해 가장 진지하게 노력했다. 그는 선진 자본주의 국가에서 노동자계급의 혁명이 발생하지 않는 것은 지배계급이 지적, 도덕적 지배를 통해 헤게모니를 갖고 있기 때문이라고 보았다(Gramsci, 1971). 자본주의 사회는 학교, 대중매체, 교회, 다양한 사회조직을 통해 대중의 의식에 영향을 미치고 자본주의적 가치를 널리 전파한다. 그람시는 자본주의 체제의 혁명 전략은 정치적 폭력과 교육을 통해 유지하는 지배계급의 헤게모니를 파괴해야 한다고 주장했다. 또한 헤게모니를 파괴하기 위해서는 소수의 직업혁명가를 통해 무장봉기를 주도한 레닌의 기동전보다 다양한 문화투쟁을 포함한 장기적인 진지전이 필요하다고 보았다(서순, 1984).

현대 마르크스주의 이론은 계급갈등을 강조하는 마르크스의 고전적 명제를 그대로 따르지는 않는다. 사실상 현대 혁명의 모든 문제를 포함하는 일반적 이론은 존재하지 않는다. 미국의 마르크스주의 사회학자 찰스 틸리와 루이스 틸리는 광범한 신문과 사례를 통한 질적 연구를 수행하고 『반란의 세기, 1830~1930』을 출간했다(Tilly and Tilly, 1975). 그들은 반란세력의 권력과 자원에 따라 우연히 발생하는 역사적 모델을 제안했다. 이 연구에 따르면 프랑스, 이탈리아, 독일의 도시화, 산업화, 정치권력의 집중은 대중이 자신들의 불만과 영감을 표현하는 수단에 영향을 미쳤다. 틸리는 뒤르켐의 '해체' 개념과 달리 '예광탄(tracer)'의 개념을 제시하면서 파편화되고, 취약하고, 뿌리 뽑힌 사회집단의 폭발을 저항으로 분석했다. 기아, 실업, 인플레이션, 물질적 박탈에 대한 즉각적 반응으로 나타나는 집합적 폭력은 '집합행동'을 강조하는 사회학자들처럼 단순히 일탈적이거나 비이성적으로 간주해서는 안 된다고 보았다. 틸리는 유럽 국가에서 경제적, 정치적 전환은 집합행동 및 대중적 폭력과 관련을 가진다고 주장했다. 사람들이 집단적 권리를 획득하기 위해서(식료품 부족으로 인한 폭동, 조세 반란, 토지 점유), 일정한 목표를 획득하기 위해서(파업, 시위, 쿠데타) 행동하는 경우에, 그 결과는 행위자의 정치적 위치와 정부의 억압정책에 의해 좌우된다. 집합적 폭력의 적극적 참가자는 대부분 이미 중요한 정치적 자원을 통제하고 있는 사회집단(노동조합, 정당)에서 출현하는 경우가 많다. 그러나 폭력의 수준과 성격은 정부가 어떻게 폭력의 도전에 대응하느냐에 따라 크게 달라진다.

1970년대 이후 혁명에 대한 사회학적 설명은 국가의 역할과 기능에 대한 분석에 주목했다. 대표적으로 미국 사회학자 스코치폴은 『국가와 사회혁명』에서 위기에 대처하는 제도의 무능력을 강조하는 혁명 이론을 정식화하였다(Skocpol, 1979). 스코치폴은 거시적 차원에서 구조적 설명을 시도하여 정부의 리더십이 변화하는 정치혁명과 사회 전체를 전환하는 사회혁명을 명확하게 구분했다. 스코치폴은 사회혁명을 기대상승 또는 계급갈등과 같이 한 가지 원인으로 설명하는 방법을 거부했다. 혁명을 설명하기 위해 매우 복잡하고 유동적인 모델을 강조하고, 국가의 능력과 국제적 경쟁 같은 외부 요소의 역할도 주요 변수로 설정했다. 러시아와 중국의 사례에서 볼 수 있듯이 국가가 급격하게 약화되거나 세계대전과 같은 전쟁 상황이 발생할 때 혁명이 일어나기 쉽다. 스코치폴은 사회학적 시각을 활용하여 사회계급 간 불만의 차이를 강조했다. 혁명을 주도하는 계급의 객관적·물적 토대는 정치적 불만에 영향을 미치며, 이를 조직하고 동원하는 혁명세력에게 중요한 정치적 가능성을 제공한다. 그러나 스코치폴의 연구에서도 혁명의 사례는 유럽과 러시아, 중국 등 일부 국가에 국한되기에, 혁명의 일반 이론을 제시하기에는 많은 한계가 있다.

1980년대 이후 합리적 선택 이론이 사회과학에서 인기를 얻으면서 혁명을 설명하는 논쟁에서 활용되었다. 미국 정치학자 애덤 쉐보르스키는 『자본주의와 사회민주주의』에서 1940년대 이후 서유럽에서 더 이상 혁명이 발생하지 않는 이유를 합리적 선택 이론과 게임 이론으로 설명했다(Przeworski, 1985). 2차 세계대전 이후 서유럽의 노동자는 혁명이라는 실패의 위험성이 큰 급진적 변화보다 의회를 통한 점진적인 개혁을 선호했다. 자본가도 노동운동을 폭력적으로 탄압할 때 발생하는 혼란 상태를 피하는 대신, 완전 고용과 복지제도를 실시하는 복지국가를 수용했다. 의회민주주의가 확산되면서 계급 간의 타협은 안정적인 정치 체제를 구성하는 중요 요소가 되었다. 하지만 이러한 사회민주주의 체제는 서유럽의 특수한 경험이라고 할 수 있다. 왜 서유럽이 아닌 다른 나라에서는 사회민주주의가 등장하지 않고 혁명 또는 반혁명적 권위주의 정부가 등장하는지에 대한 설명이 부족하다.

20세기의 역사에서 혁명이 많은 나라를 휩쓸고 지나갔지만 쉐보르스키가 지적한 대로 의회민주주의가 발전하면서 혁명의 발생 가능성은 현저하게 감소했다. 1970년대에 세계 국가들 가운데 민주주의를 채택한 나라는 30여 개국에 불과했다. 21세기에는 100여 개에 달하는 국가들이 민주주의를 표방하고 있다. 민주주의의 정의는 매우 복잡하지만, 일반적으로 현대 대의민주주의는 자유선거와 의회를 중시한다. 하지만 어떤 의회도 한 정당이 완전히 지배할 수는 없다. 중국, 북한, 베트남, 쿠바 같은 공산주의 국가나 싱가포르를 제외하면, 일당독재의 국가는 거의 없다. 결국 의회에 참여하는 다양한 정치세력은 사회갈등을 대변하면서 정치투쟁을 벌이는 동시에 법률 제정과 정부 운영을 위해 불가피하게 서로 타협하고 협상해야 한다. 정치혁명이 성공한 서유럽 국가에서도 대부분 의회에서 계급 간 타협이 제도화되면서 정치적 안정을 이룰 수 있었다.

마르크스는 혁명이 발생한다면 생산력이 가장 높은 영국에서 이루어질 것을 기대했지만, 혁명은 가장 낙후된 러시아에서 발생했다. 이 점은 계급 간의 타협이 어떻게 혁명의 가능성을 억제할 수 있는지 잘 보여 준다. 실제로 2차 세계대전을 거치면서 대부분의 서유럽 국가에서는 자본가계급과 노동자계급의 타협으로 의회민주주의가 강화되었다. 19세기 말에서 20세기 초에 이르기까지 서유럽 국가들은 보통선거권을 부여하여 의회민주주의의 정치적 정당성을 확보했다. 반면에 러시아 볼셰비키 혁명이 주창한 프롤레타리아민주주의는 결코 민주주의가 되지 못했다. 계급독재는 프롤레타리아의 민주주의로 발전하지 못한 채 소수 공산당 관료의 독재로 변질되었다. 불평등을 만드는 사유재산제가 붕괴하자 국가에 저항하는 개인의 물질적 토대도 사라졌다. 노동자들은 모두 국가가 배분하는 학교, 직장, 주택, 병원, 휴양지를 할당받았으며, 공산당 간부와 대중은 생활수준에 차이가 있었다. 정부에 반대하는 경우 자신이 받는 모든 혜택을 몰수당하기 때문에 누구도 정부를 비판하기 어려웠다. 그러나 정치적 억압에 반대하는 지식인, 종교인, 예술가, 청년들의 반체제운동이 확산되면서 점차 공산당의 독재에 저항하는 대중운동으로 발전하였다. 1989년 이후 전개된 동유럽의 민중혁명은 궁극적으로 독재에 반대하는 민주주의혁명이었다. 요란한 프롤레타리아 혁명의 구호가 사라지는 대신 의회의 토론이 시작되었다. 권위주의 정부가 몰락하는 대신 시민사회가 다시 부활하였다.

많은 학자들은 대의민주주의의 등장이 폭력혁명의 가능성을 제거했다고 본다. 제3세계 국가에서 실제로 민주적 전환이 이루어진 후 내전, 반란, 폭력혁명의 가능성은 거의 사라졌다. 물론 민주주의가 제대로 작동하지 못한다면 언제든지 저항운동이 발생할 수 있다. 그러나 2008년 세계금융위기 이후 발생한 미국의 '월가를 점령하라' 운동이나 유럽의 대규모 항의 시위는 대부분 평화적으로 이루어졌으며, 의회의 무능을 비판했지만 의회의 폐지와 새로운 권력기관의 대체를 주장하지는 않았다. 자본주의의 커다란 위기 상황에도 불구하고 정치체제가 거의 변화하지 않은 것은 주목할 만한 일이다. 한편 대의민주주의에서는 사회의 다양성, 공론, 삶의 질, 가치의 중요성을 강조함으로써 폭력혁명 대신 다양한 사회운동에 대한 관심을 촉발했다.

사회운동이란 무엇인가?

사회학자들은 일반적으로 사회운동(social movement)을 사람들이 집단적으로 모여 일정한 목표를 달성하기 위해 조직한 활동으로 정의한다. 이는 18세기에 프랑스 사상가 생시몽이 사회의 저항운동을 묘사하기 위해 처음 사용한 표현이다. 생시몽은 사회운동의 필수 요소로 다수 대중의 참여와 대안 제시를 지적했다. 이처럼 구체적인 목표를 가지고 다수 대중이 참여하거나 동원되는 사회운동은 19세기부터 본격적으로 등장했다. 사회운동의 대표적인 사례로는 노동운동을 지적할 수 있다. 오늘날 사회학에서 사회운동은 노동운동 이외에도 정치 체계의 주류와 분리된 외부에서 활동하는 다양한 사회집단과 조직을 가리키기 위해 사용한다. 대표적으로 노동운동, 농민운동, 여성운동, 환경운동, 평화운동, 인권운동, 동물해방운동의 사례가 널리 알려져 있다. 사회운동은 다양한 사회적 문제를 제기하여 정치권 외부에서 정당과 의회를 비판하거나 공격하지만, 때로는 정당과 의회와 협력하여 문제를 해결하려고 한다. 사회운동은 적극적인 민주주의에 필요한 기본 요소이며, 권위주의 사회에서는 민주주의의 등장과 사회 변동의 원인이 되기도 한다.

사회학자들은 주로 사회운동의 기원, 충원, 자원, 조직적 동화, 사회에 미치는 영향에 대한 연구를 시도했다. 일반적으로 사회운동은 집단행동(collective behavior)과 구별된다. 프랑스 사회심리학자 귀스타브 르봉(Gustave Le Bon)은 『군중심리』에서 "군중을 형성한 개인들은 누구나 그들의 생활양식, 직업, 성격, 지능이 유사하든 아니든 상관없이 군중으로 변화하면서 하나의 집단정신에 속하게 된다"고 말했다(르 봉, 2013). 사회운동은 목적을 가지고 있는 조직적 행동을 가리키며, 집단행동은 무차별적이고 혼란스러운 행동을 가리킨다. 사회운동의 대표적 사례로는 노동조합운동, 여성운동, 환경운동, 게이운동을 들 수 있다. 집단행동의 사례로는 폭동(riot), 유행(fad), 공포(panic), 컬트(cult), 유언비어(rumor)를 들 수 있다. 폭동의 대표적인 사례는 1992년 미국 LA 흑인 폭동이나 2011년 영국 런던 폭동이 있다. 뚜렷한 주도세력이나 지도부가 없고, 구체적인 목표를 내걸거나 조직적 행동을 하지 않으며 자연적, 우발적으로 발생하는 경우가 많다. 하지만 이러한 집단행동은 갑자기 등장했다가 덧없이 사라지는 경우가 많다.

사회운동은 일정한 목적, 공식적 조직, 지속적 활동의 특성을 가진다. 사회운동은 사회의 정치제도와 분리되어 있고, 주로 의회 외부에서 활동한다. 그러나 사회운동은 이익집단으로서 의회에 압력을 가하기도 하고 정당과 협력하기도 한다. 사회운동의 목적은 난민지원 또는 고래사냥 금지 등 특정한 이슈를 제기하는 한편, 자본주의 세계 체계를 타도하자는 주장처럼 사회의 전면적 변화를 요구할 수도 있다. 일반적으로 사회운동은 혁명적 또는 개혁적 성격으로 구분된다. 개혁운동도 체제 내적 운동과 체제 저항적 운동으로 구분된다. 그러나 모든 사회운동이 일정 정도 현재 상태를 변화시키려는 시민사회조직의 활동이라는 점에서 공통점을 가지고 있다. 사회운동은 민주화운동, 평화운동, 통일운동과 같이 광범위한 목표 아래 수많은 개별적 사회운동의 조직이 독립적인 방법으로 작동하기도 한다. 그러나 때때로 사회운동 내부에서 혼란과 갈등이 일어나기도 한다.

미국 사회학자 데이비드 아벌은 사회운동을 전환적, 개혁적, 구원적, 개조적 특성으로 분류했다(Aberle, 1991). 전환적 사회운동은 세계사회포럼(World Social Forum)처럼 사회의 구체적인 재구성을 목적으로 한다. 개혁적 사회운동은 반핵캠페인(Campaign for Nuclear Disarmament)과 같이 현존 질서의 제한적 측면을 개혁하려고 시도한다. 구원적 사회운동은 종교적 분파, 집단과 같이 구성원들이 타락한 생활 방식에서 빠져나오도록 돕거나 촉구한다. 개조적 사회운동은 알코올 중독자 치료(Alcoholics Anonymous)와 같이 개인 성원의 특정한 습관을 변화하려는 운동이다. 전환적 사회운동과 개혁적 사회운동은 사회의 전체 또는 부분의 변화를 추구한다. 반면에 구원적 사회운동과 개조적 사회운동은 단지 개인들의 생활습관 또는 행동을 바꾸고자 할 뿐이다.

사회학은 사회운동의 원인에 관한 이론적 연구를 수행했다. 먼저, 마르크스주의 이론은 계급분화와 계급갈등의 새로운 형태가 사회운동의 원인이라고 주장했다. 19세기에 마르크스는 현대 자본주의 사회에서 노동자계급이 단일한 직장과 거주 지역의 공동생활을 통해 일정한 연대감을 형성하게 된다고 보았다. 노동자계급은 자신들을 단순하게 노동자로 생각하는 즉자적 의식과 달리 혁명적 자각을 통해 행동하는 대자적 의식을 갖게 될 것이라고 예측했다. 그리하여 계급의식을 가진 혁명적 노동자계급은 사유재산제를 폐지하고 무계급사회를 만들어 사회주의 혁명을 완수할 것이라고 기대했다. 하지만 노동자계급이 어떻게 이러한 대자적 의식을 갖게 되는지에 대해서는 규명되지 않았다. 또한 마르크스의 예언과 달리 노동자계급은 사회주의 혁명 대신 자본가계급과 타협하여 의회제도와 복지국가를 수용했다. 또한 탈산업사회에서 노동자계급이 점차 파편화되고 개인화되는 한편 능력주의 및 소비주의와 같은 부르주아 이데올로기를 그대로 수용하는 경향을 보인다.

20세기에 사회운동은 노동자계급 이외에도 광범한 중간계급이 참여하는 형태로 변화되었다. 사회운동에 대한 이론적 설명은 주로 누가 사회운동에 참여하고, 왜 참여했는가에 대한 문제에 초점을 맞추고 있다. 1960년대 이후 미국의 기능주의 사회학은 사회운동에 사람을 동원하는 과정에서 기대상승과 상대적 박탈이 중요한 효과를 불러일으켰다고 주장했다. 미국 사회학자 닐 스멜서는 『집단행동의 이론』에서 '부가가치 이론'을 통해 사회운동의 여섯 단계를 설명했다(Smelser, 1962). 그는 사회운동이 발전하기 위해 필요한 연속적인 결정 요인이 있다고 주장했다. ① 구조적 요인은 운동이 발생할 수 있도록 하는 가장 광범한 사회적 조건을 가리킨다. ② 구조적 긴장은 사회적 정의 또는 불만으로 표현된다. ③ 일반화된 신념이 새로 만들어지고 확산된다. 예를 들면, 사람들이 고통을 겪는 문제에 대한 해답을 제공하고자 하는 이데올로기가 등장한다. ④ 행동을 촉발하는 사건이 발생하여 촉진 효과가 일어난다. ⑤ 행동을 위한 참여자의 동원이 발생한다. ⑥ 사회운동에 대응하는 사회 통제가 작동한다. 기능주의 이론은 사회운동의 과정을 분석하려고 시도했다. 하지만 사회운동이 어떻게 참여자를 동원하는지 체계적으로 설명하지는 못했다.

스페인 사회학자 마누엘 카스텔은 규범적 이론을 제시하여 스멜서의 기능주의적 설명을 비판했다(Castells, 1985). 기능주의 이론이 집단행동을 정상적 사회 과정을 방해하는 행위라고 보는 반면, 카스텔은 사회 과정 내부에 있는 모순을 반영하는 것이라고 보았다. 그는 스멜서의 이론이 체계 통합적 접근법에 갇혀 있다고 비판하면서 마르크스주의 이론을 통해 도시의 사회운동을 조사했다. 카스텔은 현대 자본주의 사회의 사회운동을 거대한 금융자본과 가정, 학교, 공공시설을 가지고 있는 도시 공간을 차지하기 위한 경쟁으로 보았다. 하지만 이러한 도시의 저항운동은 집합적 소비의 제한을 받는다고 보았다. 노동조합의 행동은 생산 자체의 성격은 변화하지 않은 채 더 많은 소비의 배분을 추구한다. 그리하여 도시의 사회운동은 도시계획의 과정을 통제하는 것보다 참여를 통한 이익 추구에 집착한다. 카스텔의 이론은 사회운동의 구조적 조건에 대해 설명하였지만, 스멜서의 이론과 마찬가지로 집단행동의 동원에 대해서는 체계적인 설명을 제공하지 못했다.

1970년대 후반 이후 사회운동에 대한 새로운 접근이 제기되었다. 먼저, 미국에서 자원 동원 이론을 정식화한 잘드와 맥카시는 『사회운동의 동학』에서 사회운동의 자원을 동원하는 조직의 필요성에 초점을 맞춰 분석한다(Zald and McCarthy, 1979). 자원은 경제적 자원, 이데올로기, 수사, 상징 등 광범위한 의미로 사용한다. 리더십, 의사소통 네트워크, 유용한 시간, 자금, 기업 또는 정치적 연줄이 사회운동의 성공 또는 실패를 설명하는 데 있어 결정적인 요소라고 보았다. 자원 동원 이론은 이전의 이론들이 구조적 조건에 대한 설명에 그치는 한계를 넘어, 사회운동의 동원에 대한 실증적 접근을 시도했다.

프랑스 사회학자 알랭 투렌이 제시한 정체성 지향 이론은 현대 사회와 사회 변동의 중심에 있는 사회갈등의 특정한 유형으로서 사회운동을 분석한다. 투렌은 『행위자의 복귀』에서 사회운동을 중요한 정체성의 자원으로 간주했다(Touraine, 1988). 이 관점은 여성운동과 환경운동을 새로운 사회적 정치와 여러 가지 동맹의 중요한 집단으로 간주한다. 투렌이 제시하는 사회학적 개입의 방법은 사회운동을 시민운동의 가장 근본적인 형태 중 하나로 취급하고, 사회학자가 단지 연구를 위해 참여할 뿐 아니라 사회운동을 촉진한다고 주장한다. 실제로 사회운동은 사회학의 이론적 발전에 중요한 영향을 미친다. 그러나 영미권 사회학자는 일반적으로 투렌이 말한 미묘한 영역에 참여하지 않으며, 대부분 사회운동의 사회학은 그것의 조직과 정치 과정의 객관적 분석에 초점을 맞춘다.

노동운동의 쇠퇴와 신사회운동의 등장

20세기 사회운동에서 가장 중요한 변화는 노동운동의 쇠퇴와 신사회운동의 등장이다. 특히 서유럽과 북미에서 노동자계급의 대중운동은 쇠퇴한 반면 여성운동과 환경운동 등 새로운 사회운동이 부상했다. 마르크스의 예견과 달리 노동운동은 체제 내부의 개량적 운동으로 변화했으며, 영향력이 급격하게 약화되었다. 1983년 프랑스 사회학자 앙드레 고르는 『프롤레타리아여 안녕』에서 선진 산업사회에서 노동자계급이 더 이상 사회혁명의 주체이거나 사회운동에서 가장 중요한 세력이 될 수 없다고 주장했다(Gorz, 1983). 대부분의 사회학자들은 1960년대 이래 컴퓨터와 인터넷이 주도한 정보기술혁명과 로

봇을 이용하는 자동화가 급속하게 진행되면서 육체노동자계급의 감소가 탈산업사회의 보편적 특징이 되었다고 인정한다.

역사적으로 보면 2차 세계대전 직후 영국의 노동자계급이 전체 인구의 50% 수준에 도달했지만, 그 후 지속적으로 감소했다. 1960년대 이후 제조업의 비중이 감소하는 탈산업화가 진행되고 포드주의(Fordism)의 대량 생산 체제 대신 등장한 포스트포드주의(post-Fordism)의 유연전문화는 노동자의 성격을 근본적으로 변화시켰다. 노동자계급은 양적으로 감소하기 시작했고 노동운동도 상대적으로 침체하기 시작했다. 이제 서유럽 노동자계급이 전체 인구에서 차지하는 비율은 35%가량이며 최근에는 점점 더 감소하는 추세이다. 최근 미국 제조노동자의 비율은 15% 정도이며 이들 중 상당수가 비정규직 노동자들이다. 노동조합에 가입한 노동자의 비율도 지속적으로 감소하는 추세이다.

노동자계급은 양적으로 감소할 뿐 아니라 질적으로도 변했다. 첫째, 제조업 분야의 육체노동자 대신 서비스노동자가 증가했으며, 중산층 이데올로기로 간주했던 소비주의와 개인주의의 성향이 증가했다. 둘째, 노동자계급의 개인화와 파편화는 초기산업사회의 집단적 생활 기반과 공통의 문화적 정체성을 토대로 전통적인 노동운동을 심각하게 약화시켰다. 셋째, 1950년대 자본주의의 황금기에 국가적 차원에서 조직된 복지국가는 노동자계급의 생활수준을 실질적으로 향상시켰다. 이렇듯 급격한 향상은 카를 마르크스도 제대로 예견하지 못한 사실이다. 이에 따른 사회주의 이데올로기의 세속화와 보수화도 급속하게 진행되었다. 대표적으로 1990년대 후반 인기를 얻었던 영국 노동당의 제3의 길과 독일 사회민주당의 신중도 노선은 자유시장의 논리를 대거 수용하여 사회주의 운동의 약화와 분열을 초래했다.

1980년대 신보수주의 정부의 등장과 장기적 탈산업화 과정을 거치면서 유럽과 북미의 노동운동은 계급성, 조직력, 전투성이 심각하게 약화되었다. 노동자계급의 이익을 대변하는 사회민주주의 정당도 정치적 영향력이 퇴조하는 추세이다. 그러나 이러한 추세가 곧 노동운동의 소멸을 의미하는 것은 아니다. 사실상 영국을 제외한 대부분의 산업국가에서 노동자계급은 언제나 전체 인구 중 소수였다. 더욱 중요한 사실은 1980년대 포스트포드주의가 등장한 이후에도 육체노동이 완전히 소멸된 것은 아니라는 점이다. 노동자계급은 마르크스주의 이론가들이 주장한 것처럼 역사적인 변혁을 수행하는 계급이라고 할 수는 없지만, 현대 사회를 이끄는 주요한 사회세력 중 하나이다. 한편 지구적 차원에서 보면 제3세계 후발 산업국가인 남미와 동아시아의 노동자계급이 양적으로 증가하고 노동운동이 발전하는 것도 매우 주목할 만한 현상이다.

19세기 후반의 사회운동을 주도한 노동운동의 쇠퇴와 달리, 20세기 후반에 과거와 다른 여성운동, 환경운동, 평화운동, 인권운동 등 신사회운동의 물결이 등장하기 시작했다. 사회학자들은 이러한 사회운동을 전통적인 노동운동과 구별하여 신사회운동이라고 부른다. 신사회운동은 1968년 학생운동의 급진화와 관련되어 있다. 전 세계를 뒤흔든 1968년 혁명 이후 좌파운동의 이념적 변화가 발생하였다. 많은 사람들은 소련의 마르크스레닌주의를 근본적으로 부정하거나 회의적으로 생각하기 시작했다. 마오쩌둥, 체 게바라, 보응우옌잡 등 제3세계 혁명 지도자들이 한때 학생운동의 우상이 되었지만, 1970년대의 적군파를 비롯한 테러리스트의 몰락과 함께 과격한 무장운동은 쇠퇴했다.

신사회운동에서 비폭력운동은 매우 중요한 요소이다. 인류의 역사를 돌아보면 정치투쟁은 언제나 폭력과 전쟁을 수반했다. 폭력은 지배계급이 피지배계급을 억압하는 수단이기도 했지만, 압박받는 민중이 저항하는 마지막 방법이었다. 군주의 전제를 타도한 미국 혁명과 프랑스 혁명은 전형적인 폭력혁명이다. 프랑스의 생디칼리슴 사상가 조르주 소렐(Georges Sorel)은 『폭력에 대한 성찰』에서 노동자 중심 사회주의를 성취하기 위한 수단으로 폭력을 찬양했다(소렐, 2007). 소렐의 책을 탐독했던 블라디미르 레닌은 폭력은 과학이라고 단언했다. 서양 열강의 식민지주의에 반대하는 독립운동도 폭력을 사용하였다. 그러나 19세기 말 미국 사상가 헨리 데이비드 소로는 정반대의 주장을 펼쳤다(소로우, 2011). 그는 "옳고 그름을 실질적으로 결정하는 것은 다수가 아니라 양심이다"라고 주장하고, 잘못된 국가정책에 복종하지 않고 개인의 양심에 따라서 저항하는 불복종운동을 제안했다. 소로의 영향을 받은 간디는 영국 식민정부에 저항하는 불복종운동을 펼쳤는데, 이를 흔히 직접행동(direct action)이라고 표현한다. 간디는 "직접행동이라는 표현이 없다면 비폭력은 무의미하다"고 말했다. 이런 점에서 간디는 소로, 톨스토이, 힌두교의 영향을 받았지만, 대중운동을 이끄는 아주 독창적인 사상과 방법을 제시했다. 간디의 정치적 전략은 20세기 후반 마틴 루터 킹의 흑인 민권운동에 영향을 주었을 뿐만 아니라 신사회운동의 변화에도 큰 영향을 주었다.

신사회운동은 스스로 폭력을 포기했지만, 반드시 보수적 성향을 가진 것은 아니었다. 신사회운동은 유럽과 미국의 전통적 노동운동이 보수화되고 개량화되었다는 비판에서 출발했다. 1960년대 독일 철학자 헤르베르트 마르쿠제는 미국의 노동자계급이 혁명적 성격을 상실하고 학생운동이 중요한 역할을 할 것으로 보았다(Marcuse, 1991). 신사회운동은 노동자들이 더 이상 자본주의 사회에 대한 실질적인 비판세력이 아니라고 본다. 교육수준이 높은 도시의 급진적 중간계급이 신사회운동의 주요 세력이 되었다. 신사회운동이 노동운동에 비판적 태도를 취하면서 노동운동과 연결된 사회주의 정당에 대해서 거리를 두는 경향이 나타났다. 노동운동이 적극적으로 참정권을 주장하고 의회에 대표를 보내거나 정당을 창당하려고 노력했던 것과 달리 신사회운동은 대개 의회 외부에서 활동하고 정당을 결성하려는 노력을 거의 기울이지 않았다.

그 외에 주목할 점은, 신사회운동은 산업사회에서 탈산업사회(post-industrial society)로 전환하면서 등장했다는 점이다. 산업사회의 노동운동은 계급과 같은 집단을 강조하는 반면, 탈산업사회의 신사회운동은 개인을 강조하는 경향이 강하다. 계급적 이익은 주로 물질적 이익에 집중하지만, 개인적 이익은 다양한 탈물질적 요구를 포함하기도 한다. 현대의 많은 사회학자들은 신사회운동이 산업사회에서 탈산업사회로 변화하면서 발생한다고 본다. 산업사회에서는 개인보다 계급이라는 집단적 요소가 더 강했지만, 탈산업사회에서는 계급보다 개인이 강조되기 때문이다. 이 과정에서 집단에 의해 가려지고 제한되었던 개인의 다양하고 복잡한 이익이 표현된다. 개인의 이익은 물질적 욕구뿐 아니라 개인이 삶의 영역에서 추구하고 싶은 정신적 욕구까지 포함한다.

독일 사회학자 위르겐 하버마스는 1981년 출간한『의사소통행위이론』에서 탈산업사회 이론을 제시했다(하버마스, 2006). 그는 사회가 의사소통적 합리성에 의해 조정되고 규범적으로 통합되며, 상징적으로 구조화된 개인의 생활 세계와 합리적 목적성에 주도되고, 화폐와 권력에 의해 이루어지는 체계로 구성된다고 보았다. 생활 세계와 체계는 서로 분리되어 있으면서 서로 영향을 주고받는데, 산업화가 진행되고 복지국가가 확대되자 체계가 복잡해지고 국가의 사회에 대한 개입이 확대되어 결국 생활 세계를 침범하게 되었다. 그리하여 의사소통의 합리성이 합리적 목적성을 압도하여 일상생활 영역이 파괴되고, 체계의 비대화가 지식 생산의 제도화를 초래하고 대중이 배제되면서 문화적 빈곤 상태로 전락한다. 체계는 물질적 생산 영역에서 축적의 위기를 겪게 되고, 생활 세계에서도 아노미, 신경쇠약, 목적의식의 상실과 같은 병리적 현상이 증가한다.

하버마스는 이와 같이 체계가 생활 세계를 침범하는 현상을 '생활 세계의 식민화'라고 정의했다. 이러한 관점에서 하버마스는 신사회운동이 탈산업사회의 산물이자 개인적 생활 세계를 침범하는 경향에 대한 저항이라고 보았다. 20세기 후반의 신사회운동을 19세기의 노동운동과 비교하면서 사회운동은 물질적인 재생산 과정에서 발생하는 반면, 신사회운동은 탈산업사회의 문화적 재생산 과정과 사회적 통합 과정의 산물이라는 견해를 제시했다. 신사회운동은 국가와 기업이 관리하는 물질적 재분배 과정 이외에 다양한 생활 세계에서 발생하는 삶의 질 악화, 소외, 주변화 등 문화적, 사회적 차원의 문제를 해결하려고 노력한다. 국가와 기업이 주도하는 체계는 효율적 기능성을 강조하지만, 생활 세계에서는 의사소통의 합리성과 사회통합을 중시한다.

독일 사회학자 클라우스 오페는 하버마스와 달리 탈산업사회의 모순을 국가와 시민사회의 혼합에서 찾는다(Offe, 1984). 그는 낡은 패러다임으로 간주되는 독일식 복지국가 체계가 내부적 모순에 직면하게 되었다고 본다. 자본 축적의 필요성과 복지재정 축적의 필요성이 상충하는 과정에서 높은 조세 부담과 복지재정의 문제가 부각된다. 이로 인해 정부는 막대한 재정 부담을 지게 된다. 복지재정이 증가하면서 정당도 정부의 관리 체계에 종속되고 독자적 기능을 제대로 수행하지 못한다. 정당이 무력화되는 상황에서 새로 등장한 신사회운동은 자본과 노동의 모순을 해결하기보다 삶의 질을 강조한다. 이런 점에서 오페도 하버마스와 같이 정당의 기능이 상실하고 물질적 재생산의 모순이 증가하면서 신사회운동이 발생한다고 지적한다.

미국의 정치사회학자 로널드 잉글하트는 산업사회의 가장 중요한 사회적 동력은 물적 자본이었고, 이러한 물적 자본을 소유한 자본가계급과 물적 자본을 소유하지 못한 노동자계급 사이의 이익갈등이 사회의 주요 모순이라고 본다(Inglehart, 1990). 잉글하트는 후기산업사회에서 사회적 동력은 더 이상 물적 자본이 아니라 지식과 기술이라는 문화자본으로 이동하였으며, 이러한 유형·무형의 재화를 생산하는 서비스 산업의 비중이 제조업보다 커지고 있다고 지적했다. 후

기자본주의 사회로 진입하면서 물질적 풍요가 확대되고 문화 자본이 등장하면서 자본가계급은 사회적 권력을 점차 상실한다. 산업사회에서는 물질적 욕구가 대표적이었던 데 비해, 탈산업사회에서는 점차 환경, 인권, 삶의 질 등 탈물질주의적 욕구가 증가한다. 이러한 탈물질적 욕구는 기성 정당과 선거에서도 해결되지 않기 때문에 신사회운동이 발생한다고 본다.

이제 구사회운동과 신사회운동의 목표와 조직 운영의 중요한 차이는 다음과 같다. 첫째, 신사회운동의 목표는 물질적 보상과 배분보다 가치와 생활양식의 변화를 추구한다. 신사회운동은 계급적, 경제적 이익보다 초계급적 또는 탈계급적 요구를 추구한다고 볼 수 있다. 신사회운동은 정치적 억압과 계급적 착취에 반대하는 해방의 정치보다 삶의 질을 개선하기 위한 생활정치를 지향한다. 그리하여 신사회운동의 단체들은 정당을 결성하고 의회로 진출하기보다는 의회의 바깥에서 압력집단으로 주로 활동한다. 예외적으로 1980년대 독일의 환경단체는 녹색당을 결성하여 의회로 진출했다.

둘째, 신사회운동의 조직 형태는 정당이나 노동조합과 같이 대표-사무총장-회원으로 이어지는 수직적 위계질서와 권위주의적 운영 대신, 평등한 네트워크와 의사소통을 중요시하는 경향이 강하다. 예를 들어 환경단체인 그린피스는 대표 대신 다수의 공동대변인 제도를 운영한다. 일부 신사회운동은 아예 자본주의나 소비주의와 구분되는 새로운 규범을 내세우고 독자적인 소규모 공동체를 형성하여 대안적 생활 방식을 추구한다. 이는 마치 마르크스와 엥겔스가 말한 과학적 사회주의 대신 푸리에, 프루동, 오언 등 초기사회주의자들이 제창한 협동조합 사회주의 또는 소규모 공동체 사회주의와 유사하다. 권위주의를 비판하는 다양한 신사회운동의 조직 운영 방식은 탈권위주의를 향한 새로운 이념적 전환의 토대가 되었다. 정치학자 샹탈 무페와 에르네스토 라클라우는 풀뿌리 차원의 다양한 신사회운동이 급진적 민주주의를 확대할 것이라고 보았다(Mouffe and Laclau, 2001).

셋째, 신사회운동은 지역 단위의 커뮤니케이션 네트워크를 강조하면서 기성 정당과 노동조합에서 나타나는 중앙집권적 조직에 반대하고 관료주의를 비판했다. 관료적 조직의 대형화를 반대하기 위하여 신사회운동은 전문성을 가지고 단일 이슈를 제기하는 운동으로 세분화되기도 한다. 독일의 환경운동은 핵폐기물, 에너지, 핵무장, 교통 등으로 환경 문제를 세분화하고, 환경단체도 세분화되어 있다. 동시에 다양한 단체들은 긴밀한 네트워크로 서로 연결되어 있다. 1968년 학생운동의 활동가들이 제시한 지역 단위의 커뮤니케이션 네트워크, 직접행동, 대중매체를 이용한 사회운동, 대안적인 생활 방식은 여성운동, 환경운동, 평화운동 등 신사회운동의 등장에 많은 영향을 주었다.

1987년 민주화 이후 한국에서도 시민사회가 급속도로 성장하면서 다양한 시민운동이 등장했다. 새로운 사회운동은 노동운동과 달리 서유럽 및 북미의 신사회운동과 비슷한 성격을 보였다. 여성민우회, 여성의 전화, 여성단체연합 등 여성운동은 남녀고용평등법의 제정과 가족법의 개정을 주장하며 여성의 사회적 권리를 확대하기 위해 적극적인 활동을 벌였다. 환경운동연합과 녹색연합 등 환경운동은 공해 반대, 생태계 보호, 기후 변화에 대한 대응을 주장하는 대중적 운동으로 확산되었다. 또한 재벌의 문어발식 경영과 부동산 투기를 비판하는 경실련(경제정의실천시민연합)과 재벌의 족벌 경.영을 비판하는 소액주주운동을 주장했던 참여연대는 커다란 관심을 끌었다. 이후에는 평화운동, 동물의 권리, 동성애자의 인권, 정보인권 등 다양한 형태의 신사회운동이 확산되었다.

2000년 참여연대, 환경운동연합 등 사회단체는 총선시민연대를 결성하여 정당의 공천 부적격자를 발표하고 공천반대 낙선운동을 벌여 많은 논란을 일으켰다. 특히 참여연대는 의정감시센터 등 국회의 활동을 감시하고 비판하는 활동을 벌이고 경제, 복지, 인권 등 다양한 분야의 입법 과정에 관여하기도 한다. 이러한 시민단체의 정치 활동은 한국의 미성숙한 정당정치에서 시민의 민주적 권리를 옹호하는 사회운동으로 인정받는다. 다른 한편 사회운동이 지나치게 정부와 기업의 체계 영역에 관여하여 다양한 생활 세계의 문제가 제대로 부각되지 못한다는 지적도 있다. 아직도 한국의 시민사회에서 환경, 여성, 인권, 평화운동이 충분하게 대중적 활동을 벌이지 못한다는 평가도 있다. 예를 들어 산림 개발과 엄청난 양의 살충제 살포로 환경을 파괴하는 골프장 건설을 반대하는 시민운동이 지속됨에도 불구하고, 부자들의 전용시설로 전락한 수백 개의 골프장이 건립되고 있다. 여성운동과 거센 페미니즘의 열풍 속에서도 미모지상주의에 편승한 성형수술과 네일아트, 화장품 산업이 발전하면서 여성의 몸은 지위재 또는 소모적 상품으로 취급되고 있다. 이런 점에서 한국의 시민운동은 정치와 경제 체계 외부에서 발생한 심각한 사회 문제를 제기하고 새로운 해결 방안을 제시하는 중요한 과제를 떠안고 있다.

온라인 커뮤니케이션 효과

2008년 한국에서 촛불 시위가 최고조에 달했을 때, 이명박 정부는 배후를 찾으려 애썼다. 하지만 시위에 나선 사람들은 정당이나 시민단체가 동원한 사람들이 아니었다. 이들은 휴대전화와 인터넷을 통해 모인 사람들이었다. 이들은 언론보다 더 빨리 정보를 전달하고 거리에서 집단행동을 감행했다. 인터넷에서 만난 온라인 동호인들이 오프라인으로 뛰쳐나온 것이다. 왜 수많은 사람이 인터넷을 통해 모이는가? 왜 얼굴도 보지 못한 사람들이 인터넷을 매개로 거리에서 함께 행동하는가? 왜 이름 없는 사람들이 유명 언론사 기자들보다 더 빨리 뉴스를 전하는가? 이러한 질문에 답하기 위해서는 현대 사회의 가장 급격한 변화를 제대로 이해해야 한다.

클레이 셔키 뉴욕대 교수는 『끌리고 쏠리고 들끓다』에서 새로운 사회와 대중의 탄생을 강조한다(셔키, 2008). 인터넷을 이용한 새로운 커뮤니케이션 도구가 이전에는 상상할 수 없었던 규모의 사람들을 연결하고 잘 훈련된 조직을 만들어 낸다는 것이다. 전통적인 경제학은 거래비용을 줄이기 위해 위계적 조직이 발생했다고 보았다. 하지만 어떠한 기업도 거래비용을 완전히 없앨 수는 없다. 오히려 조직이 아주 커지면 관리비용도 커지기 때문에 조직은 더 이상 성장하기 어렵다. 그러나 유연한 커뮤니케이션 도구들은 새로운 거대집단의 형성을 가능하게 만들고 공유, 협력, 집단행동을 이끌어 낸다. 수많은 소비자들은 소셜 미디어를 통해 자신의 요구사항을 관철하고 대기업의 항복을 받아 낸다. 홍콩상하이뱅크(HSBC)가 대학생 고객의 집단행동에 무릎을 꿇고, 아메리칸항공은 승객들에게 사과했다. 새로운 대중은 정치의 영역도 바꾸고 있다. 벨라루스에서 플래시 몹(flash mob)을 통해 깜짝 시위를 벌였고, 필리핀에서는 문자메시지를 통해 시위 참가자들에게 연락할 수 있었다.

'웹 2.0'이라 불리는 커뮤니케이션 네트워크는 신문사, 방송사, 출판사 등 전문성과 희소성을 기반으로 하는 전통적인 사회구조를 조용히 해체하고 있다. 온라인 백과사전 위키피디아는 무수한 이용자들이 자발적으로 참여하여 전통적 백과사전보다 훨씬 큰 규모의 정보를 빠르게 전달한다. 2005년 런던 지하철 폭탄 테러의 현장을 세계에 알린 것은 사진 공유 사이트 플리커(flickr)였고, 동남아를 강타한 쓰나미를 알리는 데도 블로그의 역할이 컸다. 이제 인터넷은 단순한 정보의 바다가 아니라 새로운 사회의 기반을 이루는 플랫폼이 됐다. 셔키는 여기저기서 동시에 서로 연결되어, 끌리고 쏠리고 들끓는 조직 없이 조직력을 갖춘 대중의 탄생을 주장한다. 그는 현대 사회가 원자화되고 무력한 개인의 집합이 아니라고 강조하고, 현대 사회는 '그럴듯한 약속'과 '적절한 도구', '수용 가능한 합의'만 있다면 조직의 능력을 발휘할 수 있는 세상으로 진화한다고 예측한다.

소셜 네트워크 서비스 즉 SNS는 정치에도 커다란 영향을 주고 있다. 2012년 서울시장 선거에서 박원순 시장의 당선에는 기성 정치권에 대한 청년층의 불만을 전파한 SNS가 결정적 역할을 했다. 스마트폰 이용자 수가 폭발하면서 많은 사람들이 혁명적인 변화가 일어나고 있다고 말한다. 과연 페이스북과 트위터가 세상을 바꾸는 것일까? SNS의 영향력을 강조하는 사람들은 중동의 재스민 혁명, 남유럽의 시위, 미국 월가 시위에서 그 위력이 충분히 발휘되었다고 평가한다. 2011년 '월가를 점령하라' 시위가 벌어진 뉴욕에서 스마트폰, 태블릿 PC 등 전자통신기기들이 중요한 역할을 수행했다. 월가 시위는 페이스북, 트위터, 유튜브를 이용해 빠르게 전 세계로 중계되었다. 스페인 마드리드 시청 앞 광장에서 천막을 치고 농성하던 대학생들도 노트북, 인터넷, 스마트폰을 활용했다. 2011년 튀니지 재스민 혁명의 시발도 소셜 네트워크 서비스였다. 청과물을 팔던 노점상 청년이 경찰의 단속에 맞서 분신자살을 한 소식이 트위터와 페이스북을 통해 급속하게 퍼졌다. 튀니지 인구 1040만 명 중 60%가 25세 이하의 젊은이인데, 인터넷 사용자는 350만 명 이상, 페이스북 사용자는 200만 명을 넘었다. 튀니지 정부는 SNS를 통제하지 못했고, 반정부 시위는 장기독재 체제를 한순간에 종식시켰다.

많은 사람들은 "페이스북이나 트위터가 없었다면 이집트 시민혁명은 일어나지 않았을 것이다"라고 주장했다. 이집트 시민들이 30년 독재자 무바라크를 몰아낼 수 있었던 것이 SNS 덕분이라는 평가도 있다. 일각에서는 이집트 혁명을 페이스북 혁명이라고 부른다. 과연 그런가? 수많은 시민의 봉기를 SNS 혁명이라고 부르는 것이 맞는가? 나는 그런 용어에 동의하지 않는다. 우리는 역사의 혁명적 변화를 기술의 발전으로만 보아서는 안 된다. 정보기술이 등장하지 않았던 1789년 프랑스 시민들은 바스티유 요새를 점령했다. 소셜 미디어가 없었던 1848년과 1968년에도 세계는 거대한 혁명적 격변을 경험했다. 페이스북이 없이도 1991년 소련은 무너졌다.

2011년 튀니지 사람들은 자신들의 혁명을 재스민 혁명이라고 불렀다. 튀니지의 국가적 상징인 재스민을 손에 들고 시위에 참가하기 때문이다. 그렇다면 과연 이집트 혁명의 상징이 SNS인가? 사실 SNS 혁명이라는 용어는 서방 언론의 작품이다. 이는 SNS라는 서양 문명의 영향으로 이집트 사회가 변화했다는 의미를 담고 있다. 여기에는 매우 정치적인 해석이 개입되었다. 이집트 무바라크 정권의 퇴진은 미국 행정부에게는 매우 당혹스러운 사건이었다. 테러와의 전쟁에서 미국을 도운 무바라크 친미 정권의 붕괴는 미국의 중동정책이 실패했음을 상징적으로 보여 준다. 미국과 유럽의 언론은 이집트의 정권 교체를 다른 상징으로 전환할 필요가 있었다. 이런 점에서 아랍 혁명을 SNS 혁명이라고 부르는 것은 매우 서방 중심적이다.

1968년 세계를 뒤흔든 학생혁명은 당시 통신수단이었던 전화와 텔렉스가 만든 것일까? 68혁명 당시 서방 세계 대부분의 신문과 방송은 기득권층이 독차지했다. 학생들은 대자보와 유인물을 만들며 행동에 나섰다. 파리, 베를린, 런던, 뉴욕 등 전 세계 대학에서 점거농성이 시작되었다. 젊은이들은 기성세대의 권위주의에 저항하고 베트남전쟁에 반대하기 위해 분연히 일어섰다. 체코의 프라하의 봄과 중국의 문화혁명도 폭발했다. 인터넷은 다수 대중의 힘을 강화할 수 있다. 냉전 시대 인터넷은 미국 국방성 프로젝트에서 출발했지만, 히피 문화와 사회의식을 가진 해커의 세례를 받아 전혀 다른 성격으로 탈바꿈했다. 그러나 인터넷이 곧바로 대중의 힘이 되는 것은 아니다. 러시아 인터넷 전문가 예브게니 모로조프는 정보기술이 발전하면서 오히려 민주주의와 자유를 억압하는 수단이 되는 현실을 보며 경악했다 (Morozov, 2012). 실제로 소셜 미디어가 전 세계에 확산되었지만 모두 아랍과 같은 정치적 격변이 발생한 것은 아니지 않은가? 2009년 이란의 대통령 선거에서 부정행위에 맞선 청년들의 시위가 발생하자 이란 정부는 시위에 참여한 사람을 색출하기 위해 웹에 올린 사진과 동영상을 이용했다. 독재정부에서 정보통신기술이 민주화를 추진할 것이라는 생각은 지나치게 순진하다. 모든 독재정부는 대중매체와 인터넷을 장악하여 대중을 통제할 수 있다. 소셜 미디어도 마찬가지다.

우리는 한 사회의 변화를 알기 위해서 그 안에 있는 사람들의 생각과 생활을 먼저 이해해야 한다. 아랍 혁명은 사회인구적 변동에 따른 구조적 위기와 밀접한 관련을 가진다. 특히 젊은 층의 인구 증가와 경제위기가 결합되면서 정치적 갈등으로 촉발되었다. 정치적 갈등이 맨 먼저 발생했던 이집트는 젊은 층 인구 비율이 52.3%에 달했다. 튀니지는 42.1%, 리비아는 47.4%에 달했다. 더 심각한 문제는 경제위기가 심각하고 청년 실업률이 매우 높다는 사실이다. 이집트는 24%, 튀니지는 30%가 넘었다. 젊은이들의 교육수준은 지속적으로 높아졌지만, 일자리를 구하기는 매우 어려웠다. 당연하게도 상당수의 대졸 실업자들이 시위에 참가했다. 이들의 요구는 권위주의 정부의 장기집권에 대한 분노로 표출되었다.

반면에 다른 아랍 국가인 알제리에서는 급격한 사회 변동이 발생하지 않았다. 알제리 정부는 수십 년 전부터 급진세력의 사회운동을 미리 경험하면서 민주주의제도를 도입했다. 올해 1월 알제리에서 반정부 시위가 발생했지만, 정부는 공권력 사용을 자제했다. 1992년 테러와의 전쟁에서 시작한 국가비상사태를 야당의 요구에 따라 해제했다. 또한 청년고용을 창출하고 창업을 지원하는 정책을 발표했다. 주택난 해소를 위한 정책도 추진했다. 사회 혼란을 막기 위한 정치적 타협을 효과적으로 추진했던 것이다. 실제로 아랍 혁명이 촉발한 계기는 소셜 미디어가 아니라 청년실업이었다.

스페인, 그리스 등 남유럽 국가들의 시위도 마찬가지이다. 스페인의 청년 실업률은 45%가 넘는다. 최근 월가 시위 확산의 배경도 일자리 부족과 높은 청년실업률이라는 분석이 제기됐다. 미국의 비농업 부문 취업자 수는 2008년 위기 이전 수준과 비교해 약 687만 명이 감소했다. 전 세계적으로 실업이 심각한 상황이다. 미국의 실업률은 2007년 4.6%에서 2011년 8월 9.1%로 상승한 반면, 고용률은 2007년 63%에서 2011년 8월 58.2%로 낮아졌다.

중국 사회에서도 소셜 미디어가 점차 큰 위력을 발휘하고 있다. 노벨평화상 수상자 류샤오보는 "인터넷이 자유를 쟁취할 가장 유용한 도구가 될 것"이라고 주장했다. 그런데 왜 중국에서는 1989년 천안문 사태 이후 민주화운동이 등장하지 않는 것일까? 아직까지는 중국의 고도성장이 유지되고 있기 때문이다. 물론 중국 정부의 철저한 인터넷 감시망도 영향을 미쳤다. 그러나 중국 사회가 불안해질 위험은 점점 커지고 있다. 중국의 빈부 격차가 심각해지고 있다. 높은 교육열에 따라 고임금의 직장을 선호하는 고학력 젊은이들이 증가하고 있다. 어느 사회에서나 교육수준의 상승과 실업률의 증가가 동시에 발생하면 사회의 불안은 증폭될 수 있다. 결국 인터넷이 곧 자유를 이끄는 것이 아니라, 자유를 원하는 사람들이 마음을 모아 행동에 나서야 하는 것이다.

크게 보아 젊은이들의 저항운동과 소셜 미디어를 둘러싸고 두 가지 견해가 대립한다. 먼저, 소셜 미디어가 사회변혁의 토대가 될 것이라고 보는 견해가 있다. 클레이 셔키 교수는 튀니지, 이집트, 리비아 등지에서 일어난 중동 시민혁명의 근본적 원인을 인지 잉여(cognitive surplus)로 설명한다. "1조 시간을 가진 새로운 대중이 극적인 변화를 끌어낼 수 있다"고 예상했다. 다음으로, SNS가 쓸데없는 잡담이나 늘어놓고 유언비어나 퍼트리는 도구에 불과하다는 정반대의 평가가 존재한다. 실리콘밸리의 기업가 앤드루 킨은『아마추어 숭배』에서 인터넷에 참여하는 대중이 아마추어 지식을 퍼트리면서 질 나쁜 정보를 확산하고 있다고 비판했다(Keen, 2007). 누가 맞는가? 분명한 것은 SNS 자체는 두 가능성 모두를 가지고 있다는 점이다. 진정 중요한 것은 젊은이들의 삶 자체이다. 그들이 어떻게 살고 있고, 어떤 조건이 그들을 불행에 빠트리는지, 자신들의 미래를 어떻게 생각하는지, 보다 나은 사회를 만들기 위해 어떻게 싸우려 하는지 이해해야 한다. 오늘날 수많은 젊은이들은 SNS를 통해 그저 그런 오락과 소일거리를 찾고 있다. 하지만 언제 그들이 스마트폰을 들고 거리와 투표장으로 몰려나올지 알 수 없다. 대학 등록금은 치솟고 일자리는 찾기 힘든 현실 속에서 젊은이들의 분노가 커져만 가기 때문이다. 물론 세상을 바꾸려는 열정과 행동이 없다면 누구도 튀니지 거리, 마드리드 광장, 월가에 모이지 않았을 것이다. 이제 젊은이들의 손에 있는 기계를 보지 말고 그들의 삶을 읽어야 한다.

더 읽을거리

느뵈, 에릭, 2015, 『사회운동』, 손영우 옮김, 이매진.

스코치폴, 테다, 1979, 『국가와 사회혁명』, 한창수 옮김, 까치.

아렌트, 한나, 2004, 『혁명론』, 홍원표 옮김, 한길사.

임희섭, 1999, 『집합행동과 사회운동의 이론』, 고려대학교출판부.

틸리, 찰스, 1995, 『동원에서 혁명으로』, 진덕규 옮김, 학문과사상사.

홉스봄, 에릭, 1989, 『혁명의 시대』, 정도영 외 옮김, 한길사.

9. 지구화 시대의 정치

유엔의 총회의장. 유엔에는 많은 국가가 참여하지만, 강대국은 안전보장이사회의 상임이사국으로 강력한 힘을 가지고 있다. 국제통화기금과 세계은행 등 국제 경제기구도 부유한 국가의 입장을 대변한다. 지구화 시대에 걸맞은 지구적 민주주의 모델이 시급하다.

나는 아테네 사람이 아니고 그리스 사람도 아니다. 나는 세계의 시민이다.

- 소크라테스

지구화(globalization)가 진행되면서 세계의 특정한 장소에서 일어난 사건이 멀리 떨어진 사람과 사회에도 영향을 끼치고 있다. 나비의 날갯짓이 지구 반대편에서 태풍을 일으킬 수도 있다는 '나비 효과'는 지구화되는 세계를 극적으로 표현한다. 실제로 지구화는 다양한 차원에서 인류에게 영향을 미치기 시작했다. 1960년대 이후부터 전화, 텔레비전, 해외투자, 초국적 시민운동, 국제항공의 이용, 외환시장의 거래를 통한 지구화가 급속하게 진행되었으나, 1990년대에 와서야 성숙한 단계로 발전했다. 인터넷의 급속한 확대가 가장 대표적 사례이다. 지구상 어느 곳에서나 자신이 살고 있는 집에서 백악관, 바티칸 교황청에 이르기까지 전 세계 웹사이트와 즉각 소통할 수 있다. 이메일은 불과 한 세대 전만 해도 상상할 수 없었던 커뮤니케이션 방법을 도입했다. 인공위성을 이용한 텔레비전 송수신 방식이 등장하면서 '전자세계사회'가 형성되었다. 그뿐 아니다. 맥도날드, 코카콜라, 피자헛, 스타벅스와 같은 세계적인 식품 프랜차이즈, 국제엠네스티, 그린피스, 옥스팜과 같은 새로운 사회운동은 국제적 현상이 되었다. 기후 변화, 광우병, 조류독감, 에이즈의 전파, 국제테러리즘, 이민, 난민도 지구화의 과정에서 두드러진 사회적 사건이다. 이러한 변화는 단지 사회적 관계의 양을 확대한 것만이 아니라 질적인 차원을 변화시키고 있다(김윤태, 1999).

지구화라는 용어는 1990년대 이후에 널리 사용되기 시작하였다. 일반적으로 지구화는 세계의 모든 개인, 집단, 사회가 하나의 지구 안에서 서로 긴밀하게 상호 작용을 하는 것을 가리킨다. 앤서니 기든스는 지구화를 "사회들 사이의 상호 연결성이 확대되는 과정"이라고 압축적으로 표현했다(Giddens, 1990). 국제화(internationalization)가 국가 간 상호 연결성을 표현한 개념이라면, 지구화는 국가들 사이의 국경을 초월하여 상호 작용과 상호 의존이 심화되는 과정을 의미한다. 실제로 지구화된 세계는 정치적, 경제적, 문화적 사건들이 갈수록 서로 연결되고 서로 영향을 미치고 있다(벡, 2000). 결국 지구화는 국가와 사회 내에서, 또한 국가와 사회 사이에서 상호 작용과 상호 관련성의 수준을 강화한다(Held et al., 1999). 모든 차원에서 세계는 점점 작아지며, 사람들은 더욱 긴밀히 연결되고 있다.

급속한 지구화 과정이 세계사의 중대한 전환점을 제공한다는 사고는 널리 확산되고 있다. 하지만 지구화에 대한 논쟁은 서로 반대되는 주장들이 대립하여 매우 복잡하다. 지구화를 무조건 긍정적으로 평가하거나 심지어 찬양하는 견해가 있는가 하면, 지구화를 반대하고 지구화가 모든 문제의 근원인 것처럼 바라보는 입장도 제시되고 있다. 토머스 프리드먼의 『지구는 평평하다』가 낙관론이라면, 한스 페터 마르틴과 하랄트 슈만의 『세계화의 덫』은 비관론에 가깝다(프리드먼, 2013; 마르틴·슈만, 2003). 스위스 다보스에서 개최되는 세계경제포럼(World Economic Forum)은 전자의 입장에 가까운 반면, 브라질 포르투알레그리에서 열린 세계사회포럼은 후자의 입장에 치우쳐 있다. 자유무역과 자유시장을 지지하는 사람들은 '국경 없는 세계'의 형성이 자유, 번영, 평화를 가져올 것이라고 낙관한다. 하지만 지난 수십 년 동안의 지구화 과정을 보면 정반대의 결과가 만들어졌다. 지구화의 혜택은 일부 국가만 누리는 데 비해 그 외의 많은 나라는 불공평한 현실에 직면하고 있으며, 빈곤에서 벗어나지 못하고 있다. 산업화 과정에서 인간이 만든 환경 파괴는 그 어느 때보다 심각하고, 지구온난화는 해결될 기미가 보이지 않고 있다. 이처럼 지구화가 곧 지상낙원을 가져다줄 것이라는 순진한 생각은 전혀 현실적이지 않다. 반면에 지구화가 모든 악의 근원인 것처럼 평가하는 것도 일방적인 견해에 불과하다.

지구화를 지지하는 사람들은 지구화가 새로운 차원의 민주주의를 발전시킬 수 있으리라 기대한다. 지구화가 진행될수록 경제가 성장하고 더 많은 사람들이 부의 혜택을 받을 수 있을 것이라고 예상한다. 실제로 지구화가 진행되면서 수출 주도 경제를 선택한 '아시아의 네 마리 용'이 신흥 공업국으로 부상하고 중국 경제가 급상승한 점은 주목할 만하다. 매우 적극적인 외부 지향적 경제정책을 추진한 중국에서는 1978년 38%에 달한 빈곤율이 1998년에 9% 수준으로 감소했다. 다른 한편으로 지구적 시민운동의 네트워크가 발전하면서 사회운동의 국제적 연대가 발달하고 인권과 환경을 지키기 위한 지구적 차원의 자발적 행동을 조직할 수 있다고 기대한다(Anheier et al., 2002).

반면에 지구화를 회의적으로 생각하는 사람들은 지구화가 민주주의를 근본적으로 위협하고 있다고 본다. 이들은 지구화의 급속한 진행이 계층 간 불평등을 심화시키고 사회 통합을 약화시킨다고 지적한다(Hirst and Thompson, 1996; Gilpin, 2001). 지구화의 효과가 매우 불균등하다는 반론은 세계의 주변 지역을 보면 상당히 설득력이 있다. 오늘날 인터넷으로 모든 사람이 연결되었다고 말하지만, 사실 인터넷에 접속할 수 있는 사람은 주로 선진국에 살고 있다. 아프리카, 아시아, 남미의 가난한 국가에는 인터넷뿐 아니라 전화조차 가지고 있지 못한 사람들이 태반이다. 무엇보다도 지구화를 비판적으로 보는 사람들은 지구화가 진행되면서 경제적 패배자가 발생하고 있다는 점을 우려한다. 시장자본주의의 확산과 함께 경제적으로 성공한 집단이 있는가 하면, 아직도 빈곤의 늪에서 빠져나오지 못한 사람들도 많다.

지구화는 긍정적 측면과 부정적 측면을 동시에 가지고 있다. 급속한 경제성장, 경기 상승, 상품·자본·기술·노동의 자유로운 이동은 지구화의 긍정적 측면이다. 또한 지구화 과정을 통해 자유민주주의가 지구적 차원으로 확산되어 세계시민사회가 등장하는 방향으로 나타나고 있다. 그러나 다른 한편으로 지구화는 투기자본의 변덕스러운 이동, 경기 하강, 국제경제의 격화, 기업의 해외 이전, 빈부 격차의 확대, 국제적 불평등의 심화 등 부정적 측면을 가져온 것도 사실이다. 무엇보다도 뉴욕의 월가와 초국적기업이 전 세계에서 패권을 행사하고 있으며, 이에 따라 많은 나라에서 환경 기준, 근로조건, 민주주의 등에 위협을 가하게 된 것은 커다란 문제가 되고 있다. 이처럼 지구화는 어느 한 방향을 향해 변화하기보다 서로 모순적 특징을 동시에 만들면서 복잡하게 이루어지는 과정이라고 볼 수 있다(Bauman, 2000; Urry, 2003).

이 장에서는 지구화에 관한 논쟁을 검토하면서 지구화가 민주주의에 미치는 영향을 다양한 차원에서 살펴볼 것이다. 먼저 지구화가 국민국가에 미치는 영향을 살펴볼 것이다. 19세기와 20세기에 중요한 역할을 담당했던 국민국가는 지구화의 영향으로 점차 쇠퇴하는 것처럼 보이지만, 반면에 국가의 역할을 다시 강화하여 민주주의의 보루로 삼아야 한다는 주장도 있다. 둘째, 지구적 차원의 거버넌스(governance)에 참여하는 주요 행위자인 초국적기구, 국민국가의 하부단위, 초국적기업과 금융기업, 시민조직의 역할에 대해 조사할 것이다. 또한 지구적 행위자가 증가하면서 지구적 차원의 거버넌스가 변화하는 주요 특징을 평가할 것이다. 마지막으로 지구적 차원의 민주주의를 확립하기 위한 다양한 제도적 장치의 가능성을 평가하여 지구화 시대의 새로운 민주주의의 전망을 검토할 것이다.

지구화와 국가 주권의 변화

지구화가 성숙한 단계로 접어들기 이전에 1648년 베스트팔렌 조약의 원칙에 의해 유럽의 국경이 형성되었다. 베스트팔렌 체제는 국가의 주권을 기반으로 하는 국제 체제이다. 19세기와 20세기를 거치는 동안 세계는 국민국가의 형태를 가진 국제 체제로 변화되었다. 베스트팔렌 체제가 제시한 핵심 요소는 국가와 주권의 원칙이다. 국가는 일정한 영토를 기반으로 구분되고, 그 영토 내에서 주권을 행사하는 독자적 정부를 가진다. 이러한 현대 국가는 공식 권위를 가진 중앙집권적 조직을 만들고, 영토 내부의 폭력수단을 배타적으로 독점한다. 이는 국가가 자신의 영토 내에서 최고의 주권을 가진 기구라는 점을 의미한다. 다른 국가는 다른 영토에서 일어나는 일에 개입할 수 없으며, 오로지 개별 주권국가만 통치의 권한을 행사할 수 있다 (Baylis and Smith, 2001).

20세기 중반 이후 지구화가 심화되면서 베스트팔렌 주권 체제는 서서히 약화되기 시작했다. 현재의 지구화 과정에서는 그 어떤 국가도 배타적인 주권을 실현하기 어렵다. 먼저, 특정 영토의 경계를 초월한 다양한 사회적 관계의 형성과 지식과 정보의 자유로운 이동은 사실상 주권국가의 영토적 기반을 붕괴시키고 있다. 둘째, 경제적 지구화가 급속하게 진행되면서 사실상 개별 국가는 지구적 기업의 활동과 지구적 금융 거래에 대한 통제력을 상실했다. 각국 정부의 경제정책은 이제 국제사회의 조율과 조정을 거쳐야 한다. 실제로 한 나라의 정책으로 완전히 분리할 수 있는 영역은 매우 드물다. 셋째, 인터넷을 통한 자료 공유, 스마트폰과 위성방송의 자유로운 확산은 언어와 문화에 대한 주권국가의 통제력을 약화시켰다. 이러한 기술적 변화와 함께 지구화 과정은 국가 주권의 정당성의 토대였던 국민적 정체성과 연대의식을 약화시켰다. 사람들이 국가 주권의 기반이 될 수 있는 민족적 소속감과 충성심보다 경제성장, 민주주의, 인권, 환경, 건강, 식품안전, 문화적 가치, 예술적 취향, 개인적 정체성을 훨씬 더 중요하게 생각하는 경향이 커지고 있다.

지구화의 급속한 진행이 전통적 국민국가의 능력을 제한하면서 거버넌스의 근본적 변화를 야기하고 있는 것처럼 보인다. 무엇보다도 경제의 자유화와 지구화가 확대되면서 서유럽 산업국가에서 케인스주의 경제관리와 복지국가를 지지하던 정치적 합의에 균열이 발생하였다. 생산, 유통, 금융 분야에서 기업의 초국적 활동이 확대되고, 국민경제의 주요 부분이 점차 국제시장의 논리에 종속되기 시작하였다. 국가가 소유하던 기업은 민간기업으로 환원되고 시장 역량의 규모와 범위는 급속하게 팽창하여 국가의 경제 개입과 정부정책의 영역은 급속하게 감소되었다(Prasad, 2006). 전통적인 케인스 경제학, 복지국가, 코퍼러티즘을 통해 형성된 '합의의 정치'라는 거버넌스의 토대가 약화되었다. 이에 지구화가 국민국가의 역할과 능력에 미치는 영향에 대한 학계의 논쟁이 다양하게 전개되었다(조희연·지주형, 2009).

첫째, 국가주의 이론은 세계가 경제적 차원에서 하나로 통합되고 있지만, 국민국가가 계속적으로 주권을 가지고 있어 국가정책을 결정하는 중요한 역할을 한다고 본다. 지구화에 대해 회의적으로 평가하는 학자들은 지구화의 실체가 과대평가되었고, 국민국가가 아직도 독립적인 사회정책을 결정할 수 있다고 주장한다(Hirst and Thompson, 1996). 국가 중심적 현실주의 이론가들은 국민국가의 영토적 주권과 국민적 시민권의 중요성을 강조하고, 국민국가가 지구적 세계에서 공공정책의 기본 조건을 형성한다고 본다. 이들은 주권국가가 가장 강력한 사회적 행위자 중 하나라고 주장한다. 그러나 경제 영역에서는 국민국가가 쇠퇴하고, 동시에 국제 관계에서는 주권의 궁극적인 기원으로서의 국민국가를 제시하는 것은 다소 모순적인 주장으로 보인다.

둘째, 지구주의 이론은 국가가 지구화의 영향을 받았으며, 국가의 활동도 이제 지구적 차원에서 전개된다고 본다. 마르크스주의 학자들은 경제정책을 지도하는 국민국가의 가능성은 심각하게 약화된 반면, 초국적기업이 개별 국가에서 고용과 투자의 상당 부분을 지배한다고 지적한다. 국가의 법률과 세금에서 벗어나려고 애쓰는 초국적기업이 경제를 주도하고 있다. 우편, 경찰, 교도소, 심지어 군대의 역할도 민간용역업체가 맡고, 이라크에는 3만 명의 무장 사설경호원이 활동하고 있다. 다른 한편, 초국적기업들과 신자유주의를 지지하는 학자들은 세계경제의 통합으로 인해 근본적으로 국민국가의 역할과 가능성이 사라지게 될 것이라고 보았다. 일본 맥킨지 컨설팅 회사의 사장이었던 오마에 겐이치는 『국민국가의 종말』에서 국민국가가 사라지고 기업경제와 지역경제가 궁극적으로 국민국가를 대체할 것이라고 주장했다(Ohmae, 1995). 그의 주장에 따르면, 국가를 통한 사회정의와 복지국가는 이제 불가피하게 쇠퇴하는 것으로 보인다. 그는 국민국가가 없는 세계경제의 통합에 대해 순진하리만치 낙관적인 생각을 갖고 있다.

셋째, 전환주의 이론은 복합적 입장을 제시한다. 이 시각은 지구화를 역동적이고 개방적인 과정으로 보지만, 국가가 주권을 상실하기보다는 지역적 기반이 없는 새로운 경제적, 사회적 조직체들의 형성에 대응하여 재구성되고 있다고 본다. 국가가 단독으로 사회정책을 결정할 수 없는 것은 사실이지만, 정부는 지구화의 조건에서 더욱 적극적이고 외부 지향적인 태도를 갖게 된다고 보았다. 영국 정치학자 데이비드 헬드는 다양한 국민사회 간 연결을 통해서 국제정치의 차원에서 국민국가가 재구성된다고 주장한다. 다른 한편 국민국가 체계의 균열은 인권, 환경, 핵에너지, 발전과 불평등, 법과 질서, 테러리즘, 이민 등 지구적 문제의 해결을 위한 정치적 지구화의 가능성을 열어 놓았다. 최근에는 지구적 거버넌스(global governance)라는 개념이 광범위하게 사용되면서 지구적 공공재를 보호하고 확대하기 위한 초국적 실천의 개념이 등장하고 있다.

위에서 요약한 세 입장은 매우 다른 관점을 제시한다. 먼저 국가 중심적 현실주의 이론은 지구화 과정에도 불구하고 국가의 주권이 여전히 유효하다고 믿는다. 반면에 지구주의 이론은 주권뿐 아니라 국가 자체가 사라질 운명에 처했다고 주장한다. 지구화가 급속하게 전개되는 현실을 보면 지구화가 주권을 상당한 수준으로 제한하고 있지만, 그렇다고 국가 자체가 소멸하는 것은 아니다. 예를 들어 소련과 구공산권 국가의 정권이 일시적으로 붕괴되었지만 국가 자체가 붕괴되지는 않았다. 정권의 변화에 따른 혼란스러운 시기에 국가

간 국경은 변경되었지만 국가는 신속하게 복구되었다. 국가는 일정한 영토를 지배하는 행위자로 여전히 존재하고 있다. 오히려 지구화가 진행되는 동안에도 국가의 예산, 공무원의 수, 활동 범위, 사람들을 감시하는 능력은 지속적으로 증가했다. 물론 국가가 가지고 있는 주권의 범위와 영역이 과거와 같다고 볼 수는 없다. 다른 한편, 국민국가가 사라지고 지역 또는 도시가 그 자리를 대체하고 있다는 증거는 없다. 이처럼 국가 중심적 현실주의나 지구주의가 강조하는 주장은 현실적이지 않다. 국가가 지구화의 영향을 받지 않는다는 주장이나 지구화의 영향으로 국가가 해체될 것이라는 주장은 모두 지나치다. 최근 지구화에 대응하는 국민국가의 역할은 개별 국가의 거버넌스에 다양한 영향을 주고 있는 것으로 보인다.

지구적 거버넌스의 행위자

미국 사회학자 다니엘 벨(Daniel Bell)은 "국민국가는 큰 문제를 해결하기에는 너무 작고, 작은 문제를 해결하기에는 너무 크다"고 말했다. 이제 국가는 아무것도 제대로 해결하지 못하는 무용지물이 되는 것인가? 지구적으로 통합되는 하나의 세계가 더 이상 주권국가에 의해 좌우되는 것이 아니라면, 세계적 차원의 민주적 거버넌스는 어떻게 구성되어야 하는가? 앞에서 살펴본 것처럼 국가의 주권이 쇠퇴하면서 개별 국가의 성격, 역할, 범위는 변화했지만, 국가는 여전히 중요한 행위자이다. 이와 함께 초국적기구, 기업, 노동조합, 시민조직 등 국가 이외의 다른 행위자들도 국가만큼이나 거버넌스 과정에서 중요한 역할을 수행하고 있다. 이들은 지구적 거버넌스에서 국가의 활동을 지지하거나 보완하는 역할을 수행하기도 하지만, 때로는 경쟁하거나 갈등하기도 한다. 지구적 거버넌스에 참여하는 다양한 행위자들은 세계적 차원에서 민주주의를 운영하는 원리와 규칙을 새롭게 만들어야 한다고 본다. 대표적 행위자들로는 초국적기구, 국가 하부 단위의 조직, 기업, 시민조직을 꼽을 수 있다.

초국적기구

지구화가 진행되면서 국민국가가 독점하던 거버넌스의 일부 기능은 초국적기구로 상향 이동하게 되었다. 2차 세계대전 이래 초국적기구의 권한은 지속적으로 증가했는데, 특히 지난 수십 년 동안 초국적기구의 수, 규모, 예산, 활동 범위는 급속하게 확대되었다. 대표적인 조직은 유엔, 국제결제은행(BIS)과 같은 초국적기구이다. 초국적기구의 영향력이 커지고 있는 대표적 분야는 거시경제정책이다. 국제통화기금과 세계은행은 지속적 성장과 거시경제의 안정을 위해 다양한 경제정책을 제시하고 있다. 1995년 창설된 세계무역기구(WTO)는 관세와 무역에 관한 일반협정(GATT)보다 더 강한 권한을 가지고 세계적 차원에서 무역 자유화를 추진하기 위해 다양한 노력을 기울이고 있다. 선진국 클럽인 경제협력개발기구(OECD)는 1960년대 이후 초국적기업, 조세, 정보기술, 환경 보호를 포함한 거의 모든 분야의 정부정책에 중요한 지침을 제시하고 있다.

초국적기구는 일정한 지역의 국가연합으로 발전하는 경우도 있다. 유럽 각국이 참여하는 초국적기구인 유럽연합은 지역 단위의 정치적 통합을 보여 주는 대표 사례이다. 1957년 유럽경제공동체가 출범한 이후 단일 유럽법과 마스트리흐트 조약을 거쳐 유럽연합으로 발전했다. 유럽의 정치경제적 통합을 추진하는 유럽연합은 2만여 개의 규제 조치를 결정했다. 이에 비해 다른 지역에서 정치적 통합의 수준은 그리 높지 않다. 남미 지역에는 최근 남미국가연합(UNASUR), 남미은행, 남미안보협의회 등이 결성되는 등 지역 통합의 시도가 있었다. 아시아태평양경제협력체(APEC)는 아시아, 태평양 지역의 경제 협력 증대를 위한 역내 각료의 협의기구로, 무역과 투자의 자유화, 기업 지원, 경제와 기술의 협력을 추진하고 있다. 그러나 유럽중앙은행과 같은 아시아은행은 존재하지 않는다.

초국적 안보협력을 위한 국제기구로 유엔, 유럽안보협력기구(OSCE), 아프리카연맹기구(OAU), 남미안보협의회 등이 있다. 특히 원자력과 핵을 관리하는 국제적 협력은 중요한 외교 의제이다. 국제원자력기구(IAEA)는 원자력의 평화적 이용을 위한 연구와 국제적 공동 관리를 위해 설립된 유엔의 기구이다. 핵확산방지조약(NPT)은 핵무기의 확산 방지를 규정한 국제조약이다. 안보 분야 이외에도 다양한 초국적기구들은 인권, 환경, 여성의 권리, 문화적 다양성을 증대하기 위해 국제협력을 추진했다. 특히 1972년 '인간 환경에 관한 유엔회의' 이후 국제적 차원의 환경 보호를 위한 노력이 급속하게 확대되고 있다.

그러나 여전히 초국적기구를 중심으로 하는 거버넌스는 많은 한계를 가지고 있다. 다양한 초국적 규제에도 불구하고 금융시장, 노동 표준, 남녀 평등, 군비 축소 등의 분야에서 커다란 발전을 이루지 못했다. 초국적기구는 제한된 인원과 예산으로 효과적인 집행력을 갖지 못하는 경우가 많고 강력한 강제수단을 갖지 못하기 때문에 많은 한계를 보이고 있다. 하지만 이전에 주권국가가 담당하던 많은 분야의 정책 결정과 집행이 초국적기구로 이동하고 있는 것은 부인할 수 없는 사실이다.

초국적기업

2차 세계대전 이후 초국적 거버넌스의 변화 가운데 가장 주목할 만한 것은 경제 부문이다. 특히 전 세계적 차원에서 기업 활동을 전개하는 대기업은 훨씬 더 경쟁적이고 지구적이고 혁신적인 조직으로 변화했다(Reich, 2008). 1960년대 이후 초국적기업은 엄청난 수로 증가했는데, 그 양적 규모의 확대는 놀랄 만하다. 초국적기업의 자산과 연간 매출액은 세계 각국의 국내총생산(GDP)보다 훨씬 더 많다. 상당수의 초국적기업은 세계 대다수의 나라보다 더 큰 경제 규모를 운영하고 있다. 이러한 수치는 초국적기업이 대다수 국가보다 더욱 거대한 경제적 힘을 갖고 있음을 보여 준다.

지구적 금융시장은 초국적 규제장치가 가장 발전되지 못한 분야이다. 국제적 차원의 증권 거래를 위한 표준 절차와 행동 규칙은 국제증권거래연맹, 국제증권시장협회, 국제증권위원회기구와 같은 조직에서 만들어졌다. 국제통화기금과 별도로 많은 상업은행은 1980년대 이후 개발도상국가의 금융위기를 관리하는 데 주도적 역할을 수행하기도 했다. 선진국의 투자은행과 사모펀드는 지구적 금융시장에서 자유롭게 기업의 인수 합병에 참여한다. 특히 뉴욕의 월가와 런던의 시티(the City)에서 활동하는 금융기관들은 선진국 정부뿐 아니라 국제금융시장의 규제장치에 큰 영향을 미친다. 적절한 규제구조를 갖추지 않은 금융시장의 자유화는 경제적 불안정을 가져올 수밖에 없다(Stiglitz, 2006).

경제 부문이 지구적 정책 형성 과정을 주도하는 비중도 점점 커지고 있다. 1971년 스위스 다보스에서 처음 열린 세계경제포럼은 '지구적 공익을 위한 기업가 정신'이라는 구호를 내걸고 출범한 이래 세계적으로 약 900개의 기업을 회원으로 포함하고 있다. 세계경제포럼에는 기업인 이외에도 세계 강대국의 최고 지도자를 포함하여 다양한 지식인, 언론인 등 각국의 정책 결정에 큰 영향력을 행사하는 사람들이 참여한다. 이 외에도 초국적기업과 초국적 금융회사는 거대한 민간재단을 설립하여 다양한 영향력을 행사한다. 포드재단, 록펠러재단, 소로스재단이 대표적이다.

시민사회조직

최근 지구적 거버넌스의 변화 가운데 많은 사회학자와 정치학자가 주목하는 것은 시민사회조직(Civil Society Organization: CSO)의 역할이다. 정부나 기업과 구분되는 자발적 비영리조직(Non Profit Organization: NPO)이 광범위한 영역에서 출현하고 있다(Anheier et al., 2002; Kaldor 2003). 넓은 의미에서 보면 비정부조직은 정부에 속하지 않으면서 영리를 추구하지 않는 조직을 가리킨다. 유엔의 경우, 어떤 단체가 모국에서 비영리조직으로 등록되어 있고 2년 이상 존재하면서 민주적 의사 결정구조를 가지고 있으면 비정부조직으로 인정한다. 옥스팜, 그린피스, 국제엠네스티와 같은 단체들이 대표적인 비정부조직으로 알려져 있다. 하지만 소규모조직으로 정부에 등록하지 않고 상근자 없이 자원봉사로 운영하는 조직은 제외될 수 있다. 또한 노동조합, 문화단체, 교회 등 다양한 공동체가 그 범주에 포함되지 않는다는 지적을 받는다. 다음으로 비정부조직은 '국가의 역할을 최소화하고 국가의 권력을 억제하고, 국가의 기능을 대체하는 메커니즘'이라는 신자유주의적 비전을 가진 의미로 사용된다는 이유로 비판을 받는다(Anheier et al., 2002). 이런 의미에서 중립적이고 대안적인 용어로 시민사회조직(CSO)을 사용한다. 이 장에서는 시민사회조직과 비정부조직을 크게 구분하지 않는다.

시민사회조직의 전체 현황에 대한 포괄적 자료는 없지만, 최근 들어 조직의 숫자와 기반이 급속하게 확대되고 있다. 시민들은 자발적 결사를 통해 자신들이 추구하는 목표를 실현할 정책을 제시하고, 다양한 활동을 통해 정책 결정에 영향력을 행사하려고 한다. 초국적 시민사회조직은 풀뿌리 차원에서 환경, 인권, 복지 등 다양한 분야에 활동하고 있으며, 지구적 네트워크를 발전시키면서 지구시민사회(global civil society)를 형성하고 있다. 이러한 시민행동은 장기적, 계획적 전략과 프로그램을 추구하는 경우와 일시적, 산발적 행동을 추구하는 경우를 모두 포함한다. 국제앰네스티와 그린피스는 매우 체계적인 조직을 갖추고 있으며 거대한 예산과 회원을 운영하고 있다. 이러한 시민사회조직은 정부와 협력을 하는 경우도 있고, 정부와 절대 협력할 수 없다는 원칙을 고수하는 경우도 있다.

지구적 시민사회조직의 급속한 확산으로 초국적기구들은 새로운 형태의 거버넌스 모델을 추진했다. 유엔과 세계은행은 국제적 시민사회조직과 협력을 추구하고, 다양한 국제회의에서도 많은 시민사회조직이 정책 결정 과정에 참여한다. 비정부조직은 국민국가, 지방조직, 기업의 정책 결정에도 참여하며 자신들의 요구를 관철하기 위해 다양한 노력을 기울인다. 대부분의 시민사회조직은 의회 외부에서 활동하는 경향이 강하며 전통적 정치조직인 정당과는 매우 다른 전술을 채택한다. 시민사회조직에 참여하는 많은 사람들은 선거 이외의 수단으로 정책 결정 과정에 적극적으로 참여하려고 노력한다. 시민사회조직은 매우 수평적으로 조직을 유지하면서 상향식 의사 결정을 강조한다. 시민조직에 참여하는 사람들은 국가기구와 기업조직에 비하면 여성과 청년이 많다.

지구화 시대의 민주주의

국민국가 체제를 통한 거버넌스는 지구화 과정을 거치면서 국가 외에도 다양한 행위자가 참여하는 다층적, 복합적 체제로 변화했다. 이제 국가가 주요 정책 결정과 집행 과정을 독점하던 시대는 끝났다. 개별 국가의 다양한 정책 결정은 국가 이외에도 초국적기구, 지방조직, 기업, 시민사회조직의 영향을 받고 있다. 동시에 지구적 차원의 정책 결정에도 국민국가 이외의 기업, 시민사회조직 등 다양한 행위자들이 참여하고 있다. 이와 같이 지구적 거버넌스에 참여하는 행위자들이 증가하면서 지구적 차원의 민주주의의 성격에는 어떤 변화를 주는 것일까?

일반적으로 1970년대 이래 인간의 자유와 권리를 보장하는 민주주의는 전 세계적으로 확산되었다는 평가가 지배적이다. 1970년대 남유럽과 1980년대의 남미와 동아시아, 1990년대의 동유럽과 남아프리카의 민주화는 민주주의가 서유럽의 전유물이 아니라 세계적으로 확산될 수 있는 제도라는 사실을 잘 보여 주었다. 이러한 민주화의 확산 과정에서는 국가기구 외부에서 민주주의의 확대를 요구하는 다양한 시민사회조직의 역할이 중요했다(이정옥, 2008). 소련, 동유럽, 남아프리카의 민주화에는 초국적 정보 유통과 국제사회의 압력이 중요한 역할을 수행했다. 하지만 민주주의가 모든 나라에서 충분하게 정착한 것은 아니다. 법의 지배, 결사와 표현의 자유, 자유경쟁선거는 최소한의 조건임에도 아직까지 많은 나라에서 제대로 보장받지 못하는 경우가 많다. 대부분의 거버넌스는 참여와 접근, 토론과 심의, 책임성과 투명성을 충분하게 보장하지 못하고 있다(Dahl, 1989).

지구화가 이루어지면서 전 세계에 민주주의가 확산할 것이라는 낙관론이 한때 일세를 풍미했다. 프랜시스 후쿠야마는 1991년 발생한 소련의 붕괴가 단순히 '사회주의의 종말'이 아니라 '역사의 종말'을 의미하는 것이라고 주장했다(Fukuyama, 1992). 사회주의는 실패했으며 인류는 더 이상 미래의 대안을 가지고 있지 않다는 그의 주장은 시장자본주의와 미국식 자유민주주의의 영원한 승리를 의미한다. 많은 자유주의자들은 소련과 구공산권 국가에서 다당제와 보통선거가 도입된 것을 긍정적으로 평가한다. 그러나 선거 경쟁만이 민주주의의 완성이라고 볼 수는 없다. 대다수 자유민주주의 국가에서도 풀뿌리 차원의 정책 결정에 민중의 참여는 매우 제한적이다. 예를 들어, 금융 자본의 자유로운 이동에 대한 시민들의 의견을 확인하는 절차는 존재하지 않는다. 특히 자유로운 자본의 이동을 주장하는 워싱턴 합의가 지배하는 세계경제는 점점 누구도 통제할 수 없는 상태로 변화하고 있다. 1990년대 후반 동아시아의 외환위기와 2007년 월가에서 발생한 세계금융위기는 자유시장을 금과옥조처럼 떠받드는 시장근본주의의 이론적 파탄을 선고하였으며, 아무런 통제도 없는 자유시장이라는 환상은 세계를 무책임과 불평등의 현실로 몰아넣고 있다.

지구화는 인간의 생산과 소비 생활뿐만 아니라 사회생활을 근본적으로 바꾸고 있다. 세계시장이 확대되고 국제노동분업이 발달함에 따라 제조업 중심의 경제구조와 안정적인 고용구조가 변화되고 있다. 오늘날 지구화는 현대 사회의 인간 생활에 가장 큰 영향을 주는 현상이 되고 있다. 특히 1980년대 이후 정보기술혁명과 금융시장의 통합으로 급속하게 진행되는 지구화 과정은 일국 차원에서 조직된 거버넌스의 근본적 재검토를 요구하고 있다. 국경의 장벽도 새롭게 이해되고 있으며, 국민국가들 사이의 관계도 근본적으로 변화하고 있다. 지구화의 급속한 진행은 전통적 거버넌스에 커다란 영향을 미치고 있지만, 지구화가 곧 민주주의를 발전시키는지, 아니면 위협하는지 단정적으로 평가하기는 어렵다. 이를 위해 지구적 거버넌스의 이해가 필요하며 특히 초국적기구, 초국적기업, 지구적 시민사회의 새로운 역할이 중요하다.

초국적기구의 민주적 개혁

현재까지 초국적기구는 민주주의를 제대로 보장하는 장치를 제대로 갖추지 못하고 있다. 칸트의 『영구평화론』에서 제시된 세계공화국 같은 통합된 세계국가와 홉스의 『리바이어던』에 묘사된 '국제적 무정부 상태'의 양극단을 피하는 국제 체제가 필요한 것은 분명하다. 하지만 유엔, 세계은행, 국제사법재판소가 하나로 통합되어 세계연방제 국가가 등장할 가능성은 아주 적다. 연방제란 미국 정부처럼 중앙정부와 지방정부가 자유로운 계약을 통해 주권을 양도하고 기능적 분할이 헌법적으로 보장되는 체제를 가리킨다. 오늘날 국가들 사이의 부와 권력의 불평등을 고려하면 어떤 종류의 연방제도 도입하기 쉽지 않다.

국제기구의 운영 과정에서도 민주적 원리가 제대로 실현되지 못하고 있다. 유엔총회에서는 모든 국가가 1표의 권리를 갖기 때문에 인구 대국 인도와 브라질은 인구가 훨씬 적은 벨기에나 룩셈부르크와 동일한 권리를 갖는다. 하지만 유엔안전보장이사회는 미국, 영국, 프랑스, 러시아, 중국 등 5대 강국의 우월적, 차등적 권리를 인정한다. 유엔안전보장이사회 5개국이 보유한 영구회원권과 거부권은 민주적 절차라 볼 수 없다. 국제통화기금과 세계은행은 각국의 출연금의 비율에 따라 의결권을 가지기 때문에 선진국의 의사를 주로 반영한다. 출연금 비중이 큰 미국, 중국, 독일, 일본의 영향력이 지나치게 크다. 최근 G8 정상회의가 G20으로 확대되었지만, 국제회의에서 강대국의 영향력은 약소국에 비하면 지나치게 강력하다. 유엔안전보장이사회, 국제통화기금과 세계은행의 이사회는 모두 비공개로 회의를 진행하며 대다수 시민들은 어떻게 중요한 결정이 이루어지는지를 거의 모른다. 어떤 정책이 심각한 부작용을 만들어도 전문가들은 아무런 공식적 책임을 지지 않는다. 최근 국제통화기금과 세계은행은 정책평가 프로그램에 외부 심사제도를 도입했지만, 아직도 초국적기구에서 민주적 장치를 강화하려는 노력은 매우 제한적이다. 초국적기구의 민주적 개혁은 지구적 거버넌스의 핵심 요소이다.

초국적기업의 사회적 책임성

지구화되는 세계에서 민주주의에 위협을 주는 가장 심각한 문제는 거버넌스를 지배하는 시장의 절대적 우위이다. 이 때문에 현재 지구적 거버넌스 체제의 확립을 위해서 중요하게 검토해야 할 문제는 기업의 사회적 역할이다(Stiglitz, 2006). 세계시장에서 소비자와 생산자가 화폐가치를 극대화해야 한다는 논리는 인권의 존엄과 기회의 평등이라는 민주주의의 전통적 가치를 훼손한다. 시장경제에서 기업은 소비자에 대해 사회적 책임을 지지만, 대부분의 경우 소비자의 권리는 매우 제한적이며 소비자가 기업에 영향을 주는 경우는 매우 드물다. 결국 시장이 지배하는 거버넌스에서는 더 많은 부를 가진 사람들이 정책을 결정할 가능성이 더욱 커지는 반면, 대다수의 사람들은 체계적으로 배제된다. 기업이 지배하는 시장의 영향력이 증가함에 따라 노동자의 근로조건, 복지, 환경의 수준이 저하될 수 있다는 우려가 커지면서 기업의 사회적 책임(Corporate Social Responsibility: CSR)에 대한 관심이 커지고 있다.

기업의 사회적 책임의 강조는 글로벌 현상이다. 유엔, 국제노동기구(ILO), 세계은행, 경제협력개발기구 등 거의 모든 국제기구도 적극적으로 기업의 사회적 책임을 요구하고 있다. 2001년 엔론, 월드컴 등 미국 기업의 회계부정 및 파산사태가 커다란 충격을 주면서 기업의 사회적 책임과 사회적 책임투자(SRI)를 평가하기 위한 국제적 협력이 강화되었다. 경제적 수익성, 사회적 윤리성, 환경적 건전성 등 세 가지 기본 축으로 구성되는 '지속 가능 경영'이 새로운 대안으로 제시되었다. 기업의 사회적 책임에 대한 논의가 세계 각국으로 확산되면서 다양한 차원에서 체계적인 규범을 만들기 위한 시도가 있었다(OECD, 2001). 기업의 사회적 책임은 기업뿐 아니라 정부, 비정부조직, 그리고 지역사회 공동체와 소비자단체에서도 광범위한 관심을 얻고 있다.

20세기 초반부터 노동자의 권리를 보장하기 위해 국제노동기구에서 제정한 184개 협약과 194개의 권고는 근로자의 기본권과 기업의 노동 기준에 대한 내용을 담고 있다. 1990년대 후반 유엔과 유엔의 협력기구는 기업의 사회적 책임을 위한 국제적 기준을 만들기 위해서 노력했다. 기업의 사회적 책임은 국가 차원에서 정부정책의 중요한 이슈가 되고 있다. 또한 세계 각국의 주요 기업은 기업의 사회적 책임을 실행하기 위해서 통일된 기준을 만들고자 했다. 기업의 사회적 책임에 관한 국제적 협력은 법적으로 구속력이 없기 때문에 매우 제한적인 효과를 거둘 뿐이라는 비판도 많다(김윤태, 2011).

지구시민사회의 역동성

지구시민사회의 등장은 전 세계에서 일어나는 가장 중요한 변화 가운데 하나이다(Anheier et al., 2002). 전통적으로 시민사회라는 용어는 국민국가 체제와 밀접하게 관련되어 있다. 시민사회는 시민권의 확대, 국가권력의 제한, 시장경제의 규제의 기능을 수행했다. 현재 시민사회는 국가와 시장 사이에 위치한 공간으로, 국가와 시장을 감시하고 규제하는 강력한 힘을 가지고 있다. 상당수 학자들은 지구시민사회야말로 지구적 차원에서 민주주의를 강화할 수 있는 토대라고 강조한다. 초국적기업의 편의주의적 태도와는 달리 지구적 시민사회는 민주주의의 확대를 지지하는 경향이 훨씬 강하다. 세계 각국에 민주주의가 지속적으로 확산되면서 지역 차원에서 지구자본주의 체제의 부정적 측면을 비판하는 시민조직의 지구적 네트워크가 확대되었다. 지구화되는 세계에서 여성, 인권, 환경, 제3세계 발전을 위한 지구적 차원의 공동행동이 더욱 증가하고 있다.

1992년 6월 브라질 리우데자네이루 지구환경정상회담(Rio Earth Summit)은 지구시민사회의 출발점이라고 볼 수 있다. 전 세계 환경운동가들이 다수 참여하여 언론의 커다란 관심을 받으면서 환경적 가치를 전 세계에 확산시키는 계기가 되었다. 정부와 초국적기업의 환경단체가 정례적으로 협의하는 기회를 가지면서 지구적 시민사회운동에서 환경운동이 가장 성공적이라는 평가를 받았다. 그 후 환경운동은 정부 및 기업의 엘리트와 상호 작용하면서 영향력을 행사했다. 그러나 1997년 각국 정부가 기후 변화에 대응하기 위해 만든 교토 의정서와 2015년 파리 협정에 대해 미국 행정부가 의무조항 이행을 거부하면서 국제사회의 협력이 약화되었다. 한편 정부와 초국적기업이 시민조직에 대한 포섭 전략과 탈동원 전략을 추진하면서 환경운동의 근본적 취지가 약화되었다는 비판도 제기되었다.

2001년 1월 브라질의 포르투알레그리에서 개최된 세계사회포럼에는 1만 1000여 명이 참여했다. 스위스의 다보스에서 개최된 세계경제포럼과 같은 시기에 개최되었고, 명칭도 다보스 포럼에 대응하기 위해 고안되었다. 이들은 지방자치단체의 예산 편성 과정에서 참여민주주의를 실현한 포르투알레그리 시의 경험을 전 세계적으로 확산하려는 계획을 세웠다. 또한 지구적 의제로 빈곤, 불평등, 저개발, 기아, 환경 파괴, 전쟁, 인권 침해에 대한 대안을 마련하기 위하여 토론을 조직하고 참여했다. 세계사회포럼의 메시지는 "우리에게 대안이 있다"는 것이었다. 이 말은 1980년대 대처 영국 총리가 말한 "우리에게 대안은 없다(There Is No Alternative: TINA)"는 표현에 대응하려는 메시지를 담고 있다. 지구시민사회운동의 핵심 목표는 신자유주의 거부와 전쟁을 반대하는 것이었다. 수백 개 단체의 활동가들은 자신들의 운동을 '사회정의와 연대를 위한 지구적 운동'으로 규정했다. 이러한 국제적 행동은 지구시민사회가 대안적 정책을 제시하려는 시도로 평가할 수 있다.

위에서 볼 수 있듯이 지구화에 대응하는 지구적 시민사회조직의 활동은 정부와 협력하기도 하고 새로운 대안을 제시하려고 노력하기도 한다. 1990년대와 같이 무조건 지구화에 반대하거나 세계무역기구 등 국제기구의 회의를 방해하려는 행동은 점차 약화되고 있다. 다양한 지구적 시민사회조직들의 전략적 선택에는 차이가 있지만, 수많은 사람과 조직화된 집단이 주도하는 아래로부터의 지구화 운동은 점점 강해지고 있다. 그러나 지구시민사회가 아직 충분하게 발전한 것은 아니다. 기업의 급속한 지구화에 비해 시민조직은 충분히 지구화되지 못하고 있으며, 단지 소수의 사람들만이 이러한 지구적 시민행동에 참여하고 있다. 지구의 대다수 인구는 소득과 교육 수준이 낮은 취약계층으로서 시민행동에 참여할 조직, 재정, 통신수단을 제대로 갖추지 못하고 있다. 실제로 대다수 시민사회조직은 서양의 선진국에 살고 있는 교육받은 백인 중산층으로 구성되어 있으며, 아시아, 아프리카, 남미 등 개발도상국의 빈민층이 참여하는 경우는 매우 적다. 지구적 차원의 거버넌스는 아직도 매우 취약하다. 지구적 민주주의를 실현하기 위한 제도적 장치와 행동 규범을 만들기 위해서는 과거에는 찾아볼 수 없었던 새로운 상상력이 필요하다.

지구적 민주주의의 전망

앞에서 지적한 대로 지구화는 두 얼굴을 동시에 가지고 있다. 지구화는 민주주의에 새로운 기회를 주는 반면, 이전에 경험하지 못했던 위험을 만들기도 한다. 우리는 지구화가 가지고 있는 두 얼굴을 제대로 인식해야 한다. 일부 지구적 시민조직이 지구화 과정이 만들어 낸 현실에 대해 비판적으로 문제를 제기하고 있지만 지구화 자체를 막을 수는 없다. 카를도 세계화 자체를 비판하지는 않았다. 반세계화 시위처럼 지구화에 무조건 반대하는 것이 능사는 아니다. 우리는 산업사회 초기에 산업기술을 반대하고 기계를 파괴했던 영국의 러다이트 운동이 실패할 수밖에 없었던 것처럼, 현대 사회에서 정보기술의 발전을 막을 수 없다는 것을 잘 알고 있다. 이제 대부분의 이론가와 활동가는 지구화를 불가피한 대세로 받아들인다. 그러나 지구화를 무비판적으로 수용하자는 것은 아니다. 많은 사람들은 '인간의 얼굴을 한 지구화'를 원한다. 세계은행 부총재를 역임했던 미국 경제학자 조셉 스티글리츠가 말한 대로 "문제는 세계화에 있는 것이 아니라 그것을 어떻게 관리하느냐에 달려" 있다. 급속하게 진행되는 경제적 세계화를 관리하는 정치적 세계화가 필요하다. 지구화와 민주주의가 양립 불가능한 것은 아니다.

많은 학자들은 전통적인 국민국가의 역할이 달라지면서 민주주의제도의 근본적인 변화도 필요하다는 데 공감한다. 하지만 지구화되는 세계의 거버넌스에 참여하는 행위자들은 증가하는 반면, 아직도 지구화에 대응하는 새로운 민주주의의 모델을 만들지 못하고 있다. 대의민주주의는 현대의 요구에 맞는 새로운 형태의 정치양식으로 보완되어야 한다. 미래의 지구 민주주의 모델은 선거와 대의민주주의의 차원을 넘어 시민적 자유, 분권화, 참여민주주의가 확대된 형태로 발전해야 할 것이다. 무엇보다도 세계경제를 관리하기 위한 지구적 거버넌스를 강화하는 문제가 매우 시급하다. 수년 전만 해도 국제사회의 주류는 자유시장주의와 신자유주의였다. 하지만 이제 누구도 시장근본주의에 대한 경고를 무시하지 못하고 있다(Bourdieu, 1998). 1990년대 후반과 2008년 금융위기에서 나타나듯이 세계경제에서 자유시장이 모든 경제 문제를 해결하리라 기대하는 것은 지나친 환상이다. 국제경제협력은 세계경제의 안정과 번영이라는 원칙하에 경제위기에 신속히 대처할 수 있고, 지구적 빈부 격차를 완화할 수 있는 경제협력을 위하여 국제조직의 활동을 더욱 강화해야 한다.

지구적 민주주의 모델의 중요한 문제는 국제기구의 민주적 개혁이다. 지구화되는 세계에서 단순히 지방적 차원과 국민적 차원에서의 대응으로는 충분하지 않으며, 지구적 차원에서의 대응이 필요하다. 여기에는 지구적 민주화와 경제협력을 추구하기 위한 두 가지 중요한 방법이 존재한다. 먼저, 초국적 민주화의 추구는 세계적 차원에서 인권과 민주주의뿐 아니라 사회정의와 연대성을 강화하기 위한 국제적 협력을 강화해야 한다는 것을 의미한다. 우리는 소수의 강대국이 좌우하는 유엔안전보장이사회를 개혁해야 하고, 국제통화기금과 같은 국제경제조직에서 독단적인 이데올로기 대신 다양한 의견이 교환될 수 있도록 만들어야 한다. 선진국은 제3세계의 빈곤국과 대화하기 위해 더욱 노력해야 한다. 냉전이 사라져 버린 현재의 국제질서에서 공공선과 공적 영역을 강조하는 공화주의와 국민국가를 뛰어넘는 국제협력을 강조하는 국제주의의 전통을 재구성할 필요가 있다.

우리 앞에는 머나먼 길이 놓여 있다. 지구화 시대에 필요한 지구적 거버넌스는 아직까지 완성되지 못했다. 유엔 등 초국적기구의 힘은 제한적이다. 유럽연합, 아시아태평양경제협력체 등 지역 단위의 연합도 이제 시작 단계에 불과하다. 초국적기업과 금융 자본을 규제하는 장치는 아주 미약하다. 지구시민사회에 참여하는 수준은 매우 낮다. 더욱이 제도적 영역에서 필요한 개혁을 추구하는 사람들의 열정과 노력이 부족하다. 우리가 지구적 차원에서 개인과 집단의 자유, 안전, 평등을 위한 대중적 정치운동을 지속적으로 벌이지 않는다면, 어떠한 지구적 민주주의도 성취하지 못할 것이다.

더 읽을거리

김윤태·강수돌 편, 2011,『세계의 정치와 경제』, 한국방송대학교출판부.

베일리스, 존 외, 2015,『세계정치론』, 하영선 외 옮김, 을유문화사.

안하이어, 헬무트 외, 2004,『지구시민사회』, 조효제·진영종 옮김, 아르케.

헬드, 데이비드 외, 2002,『전지구적 전환』, 조효제 옮김, 창비.

참고문헌

기든스, 앤서니, 1997,『좌파와 우파를 넘어서』, 김현옥 옮김, 한울.

김동춘, 2006,『전쟁과 사회』, 돌베개.

김수진, 2008,『한국 민주주의와 정당정치』, 백산서당.

김연명 편, 2002,『한국 복지국가 성격논쟁 Ⅰ』, 인간과복지.

김연명 편, 2009,『사회투자와 한국 사회정책의 미래: 사회투자 담론이 한국사회의 복지발전과 사회발전에 유용한 전략인가?』, 나눔의집.

김영순, 2011, "한국의 복지정치는 변화하고 있는가?: 1, 2차 국민연금 개혁을 통해 본 한국의 복지정책,"『한국정치학회보』 45(1), 141~163.

김영순·여유진, 2007, "한국인의 복지태도: 탈계급성과 비일관성을 중심으로,"『경제와 사회』 91, 211~240.

김원섭·남윤철, 2011, "이명박 정부 사회정책의 발전: 한국 복지국가 확대의 끝,"『아세아연구』 54(1), 119~152.

김윤태, 1999, "지구화와 사회이론,"『경제와 사회』 43, 205~233.

김윤태, 2005, "영국 복지국가의 전환: 사회정책의 한계와 가능성,"『사회복지정책』 21, 189~216.

김윤태, 2007, "20세기의 민주주의," 민주화운동기념사업회연구소 편,『민주주의 강의 1: 역사』,

민주화운동기념사업회, 278~337.
김윤태, 2010, "복지담론과 사회투자의 다양성,"『사회와 이론』16, 241~270.
김윤태, 2011, "공공 담론과 기업의 사회적 책임,"『사회와 이론』18, 205~235.
김윤태, 2012a,『한국의 재벌과 발전국가: 고도성장, 독재, 지배계급의 형성』, 한울.
김윤태, 2012b,『변화하는 복지국가의 3가지 모델: 제3의 길 정치의 결과』, 복지국가연구회 엮음,『한국 복지국가의 정치경제』, 아연출판부, 119~147.
김윤태·서재욱, 2014, "한국의 복지제도와 복지태도: 경제활동인구의 복지태도에 관한 분석,"『동향과 전망』90, 331~376.
김윤태·이훈희·유승호, 2013, "한국의 복지태도의 정치적 역동성: 탈계급성과 정치적 기회의 재검,"『한국학연구』45, 183~212.
김종일, 2002,『복지에서 노동으로: 노동중심적 복지국가의 비판적 이해』, 일신사.
남찬섭, 2008, "한국 복지정치의 딜레마: 낮은 조세능력과 자가복지로 인한 한계에 중점을 두어,"『사회복지연구』38, 33~59.
다운즈, 앤터니, 1997,『민주주의 경제학 이론』, 전인권·안도경 옮김, 나남.
달, 로버트, 2009,『민주주의』, 김왕식 외 옮김, 동명사.
달, 로버트, 2011,『경제 민주주의에 관하여』, 배관표 옮김, 후마니타스.
라클라우, 에르네스토·샹탈 무페, 2012,『헤게모니와 사회주의 전략』, 이승원 옮김, 후마니타스.
레이코프, 죠지, 2007,『프레임 전쟁』, 나익주 옮김, 창비.
레이프하트, 아렌드, 1997,『선거제도와 정당제』, 서주실 옮김, 삼지원.
레이프하트, 아렌드, 2016,『민주주의의 유형』, 김석동 옮김, 성균관대학교출판부.
로베스피에르, 막시밀리앙, 2009,『로베스피에르: 덕치와 공포정치』, 배기현 옮김, 프레시안북.
로크, 존, 2012,『시민정부』, 남경태 옮김, 효형출판.
루소, 장 자크, 2003(1755),『인간 불평등 기원론』, 주경복 옮김, 책세상.
르 봉, 귀스타브, 2013,『군중심리』, 이재형 옮김, 문예출판사.
리오타르, 장 프랑수아, 1992,『포스트모던의 조건』, 이삼출 옮김, 민음사.
마넹, 버나드, 2004,『선거는 민주적인가』, 곽준혁 옮김, 후마니타스.
마르크스, 카를·프리드리히 엥겔스, 2002,『공산당선언』, 이진우 옮김, 책세상.
마르틴, 한스 페터·하랄트 슈만, 2003,『세계화의 덫』, 강수돌 옮김, 영림카디널.
마키아벨리, 니콜로, 2015,『군주론』, 강정인·김경희 옮김, 까치.
만하임, 카를, 2013,『세대 문제』, 이남석 옮김, 책세상.
맨더빌, 버나드, 2010(1714),『꿀벌의 우화: 개인의 악덕, 사회의 이익』, 최윤재 옮김, 문예출판사.

모슬러, 하네스 B., 2013, 『사라진 지구당 공전하는 정당개혁』, 인간사랑.
몰리뉴, 존, 2013, 『마르크스주의와 정당』, 최일붕·이수현 옮김, 책갈피.
몽테스키외, 샤를 드, 2006(1748), 『법의 정신』, 이명성 옮김, 홍신문화사.
무어, 베링턴, 1990, 『독재와 민주주의의 사회적 기원』, 진덕규 옮김, 까치.
미야모토 타로, 2003, 『복지국가의 전략: 스웨덴 모델의 정치경제학』, 임성근 옮김, 논형.
미헬스, 로베르트, 2015, 『정당론』, 김학이 옮김, 한길사.
밀, 존 스튜어트, 2018(1863), 『공리주의』, 서병훈 옮김, 책세상.
박근갑, 2009, 『복지국가 만들기: 독일 사회민주주의 기원』, 문학과지성사.
박동천, 2000, 『선거제도와 정치적 상상력』, 책세상.
박명림, 2011, 『역사와 지식과 사회』, 나남.
박상훈, 2009, 『만들어진 현실』, 후마니타스.
박지향, 2017, 『정당의 생명력』, 서울대학교출판문화원.
박찬욱·강원택, 2013, 『2012년 대통령선거 분석』, 나남.
버먼, 셰리, 2010, 『정치가 우선한다』, 김유진 옮김, 후마니타스.
버크, 에드먼드, 2017, 『프랑스혁명에 관한 성찰』, 이태숙 옮김, 한길사.

베른슈타인, 에두아르트, 1999, 『사회주의의 전제와 사민당의 과제』, 강신준 옮김, 한길사.
베버, 막스, 2007, 『직업으로서의 정치』, 전성우 옮김, 나남.
베버, 막스, 2009, 『경제와 사회: 공동체들』, 박성환 옮김, 나남.
벡, 울리히, 2000, 『적이 사라진 민주주의』, 정일준 옮김, 새물결.
보드리야르, 장, 2001, 『시뮬라시옹』, 하태환 옮김, 민음사.
보비오, 노르베르토, 1998, 『제3의 길은 가능한가: 좌파냐 우파냐』, 박순열 옮김, 새물결.
샤츠슈나이더, E. E., 2008, 『절반의 인민주권』, 현재호·박수형 옮김, 후마니타스.
서순, 도널드, 2014, 『사회주의 100년: 20세기 서유럽 좌파 정당의 흥망성쇠 1·2』, 강주헌 외 옮김, 황소걸음.
서순, 앤, 1984, 『그람시와 혁명전략』, 최우길 옮김, 녹두.
선학태, 2006, 『사회협약정치의 역동성』, 한울.
셔키, 클레이, 2008, 『끌리고 쏠리고 들끓다』, 송연석 옮김, 갤리온.
소렐, 조르주, 2007, 『폭력에 대한 성찰』, 이용재 옮김, 나남.
소로우, 헨리 데이비드, 2011, 『시민의 불복종』, 강승영 옮김, 은행나무.
송호근·홍경준, 2006, 『복지국가의 태동: 민주화, 세계화, 그리고 한국의 복지정치』, 나남.
신광영, 2012, "현대 한국의 복지정치와 복지담론," 『경제와 사회』 95, 35~66.

심지연, 2017,『현대 정당 정치사』, 백산서당.
아도르노, 테오도어 W.·M. 호르크하이머, 2001,『계몽의 변증법: 철학적 단상』, 김유동 옮김, 문학과지성사.
아이작슨, 월터, 2015,『스티브 잡스』, 안진환 옮김, 민음사.
양재진 외, 2008,『한국의 복지정책 결정과정』, 나남.
요시다 도오루, 2015,『정치는 감정에 따라 움직인다』, 김상운 옮김, 바다출판사.
웅거, 로베르토 M., 2012,『정치』, 김정오 옮김, 창비.
이정옥, 2008,『민주주의 지구화의 구상과 현실』, 민주화운동기념사업회.
이정우, 2010,『불평등의 경제학』, 후마니타스.
장하준·신장섭, 2004,『주식회사 한국의 구조조정』, 장진호 옮김, 창비.
재스퍼, 제임스·제프 굿윈·프란체스카 폴레타, 2012,『열정적 정치: 감정과 사회운동』, 박형신·이진희 옮김, 한울.
정무권 편, 2009,『한국 복지국가 성격 논쟁 II』, 인간과복지.
정병기, 2018,『정당 체제와 선거 연합』, 영남대학교출판부.
정영태, 2007,『한국 사회민주주의 정당의 역사적 기원』, 후마니타스.
조성대, 2015,『이념의 정치와 한국 선거』, 오름.
조현현, 2009,『한국 진보정당 운동사』, 후마니타스.
조희연·지주형 편, 2009,『지구화 시대의 국가와 탈국가: 비판사회과학과 탈국가적 상상력』, 민주화운동기념사업회, 비판사회학회, 한울.
지주형, 2011,『한국 신자유주의의 기원과 형성』, 책세상.
최성수, 2006, "민주화와 제도적 유산 그리고 복지정치: 의료보험 개혁운동, 1980~2003,"『사회연구』 12, 39~76.
최장집, 2002,『민주화 이후의 민주주의』, 후마니타스.
케인스, 존 메이너드, 2010,『고용, 이자, 화폐의 일반이론』, 이주명 옮김, 필맥.
토크빌, 알렉시, 2013,『미국의 민주주의』, 은은기 옮김, 계명대학교출판부.
파렐, 데이비드, 2017,『선거제도의 이해』, 전용주 옮김, 한울.
퍼트넘, 로버트 D., 2006,『사회적 자본과 민주주의』, 안청시 외 옮김, 박영사.
퍼트넘, 로버트 D., 2009,『나 홀로 볼링』, 정승현 옮김, 페이퍼로드.
페인, 토머스, 2004,『상식, 인권』, 박홍규 옮김, 필맥.
폴라니, 칼, 2015,『칼 폴라니, 새로운 문명을 말하다』, 홍기빈 옮김, 착한책가게.
푸코, 미셸, 2003,『광기의 역사』, 이규현 옮김, 나남.

푸코, 미셸, 2012,『생명관리정치의 탄생: 콜레주드프랑스 강의 1978~79』, 심세광 외 옮김, 난장.
푸코, 미셸, 2017,『담론과 진실』, 심세광 외 옮김, 동녘.
프리드먼, 토머스, 2013,『세계는 평평하다』, 이건식 옮김, 21세기북스.
플라톤, 2005,『국가』, 박종현 옮김, 서광사.
피어슨, 폴·제이콥 해커, 2012,『부자들은 왜 우리를 힘들게 하는가?』, 조자현 옮김, 21세기북스.
피케티, 토마, 2014,『21세기 자본』, 장경덕 외 옮김, 글항아리.
하버마스, 위르겐, 2006,『의사소통행위이론』, 장춘익 옮김, 나남.
하이에크, 프리드리히 폰, 2006,『노예의 길』, 김이석 옮김, 나남.
한국정치연구회, 1998,『동아시아 발전모델은 실패했는가』, 삼인.
허시먼, 앨버트 O., 2010,『보수는 어떻게 지배하는가』, 이근영 옮김, 웅진지식하우스.
헌팅턴, 새뮤얼, 2011,『제3의 물결: 20세기 후반의 민주화』, 강문구·이재영 옮김, 인간사랑.
홉스, 토머스, 2007,『리바이어던』, 신재일 옮김, 서해문집.
Abercrombie, Nicholas, Stephen Hill and Bryan S. Turner, 1990, *Dominant Ideologies*, Unwin Hyman.
Aberle, David F., 1991, *The Peyote Religion Among the Navaho*, University of Oklahoma Press.
Adorno, Theodor W., Else Frenkel-Brunswik, Daniel Levinson and Nevitt Sanford, 1950, *The Authoritarian Personality, Studies in Prejudice Series*, Volume 1, Harper & Row.
Almond, Gabriel A. and Sidney Verba, 1963, *The Civic Culture: Political Attitudes and Democracy in Five Nations*, Sage.
Althusser, Louis, 1969, *For Marx*, Vers. 루이 알튀세르, 2017,『마르크스를 위하여』, 서관모 옮김, 후마니타스.
Amsden, Alice, 1989, *Asia's Next Giant: South Korea and Late Industrialization*, Oxford University Press.
Anheier, Helmut, Mary Caldor and Marilies Glasius, 2002, *Global Civil Society Yearbook*, Oxford University Press. 헬무트 안하이어 외, 2002,『지구시민사회』, 조효제·진영종 옮김, 아르케.
Arendt, Hannah, 2007(1963), *On Revolution*, Penguin Group.
Bauman, Zygmunt, 2000, *Liquid Modernity*, Polity. 지그문트 바우만, 2009,『액체근대』, 이일수 옮김, 강.
Bauman, Zygmunt, 2007, *Consuming Life*, Polity.
Baylis, John and Steve Smith, 2001, *The Globalization of World Politics*, Oxford University

Press. 존 베일리스 외, 2015,『세계정치론』, 하영선 외 옮김, 을유문화사.

Berger, P. L. and H. H. M. Hsiao eds., 1988, *In Search of an East Asian Development Model*, Transaction Books.

Berlin, Isaiah, 1958, *Two Concepts of Liberty*, Oxford University Press.

Beveridge, William, 1945, "Why I am a Liberal," E. K. Bramsted and K. J. Melhuish eds., 1978, *Western Liberalism: A History in Documents from Locke to Croce*, Longman.

Bourdieu, Pierre, 1998, *Acts of Resistance: Against the Tyranny of the Market*, The New Press. 피에르 부르디외, 2003,『맞불』, 현택수 옮김, 동문선.

Braverman, Harry, 1974, *Labor and Monopoly Capital: the Degradation of Work in the Twentieth Century*, Monthly Review Press. 해리 브레이버먼, 1998,『노동과 독점자본: 20세기에서의 노동의 쇠퇴』, 이한주·강남훈 옮김, 까치.

Brookings Institution, 2006, *The Hamilton Project: An Economic Strategy to Advance Opportunity, Prosperity, and Growth*.

Bulmer, M. and A. M. Rees, 1996, *Citizenship Today*, Routledge.

Burnham, James, 1941, *The Managerial Revolution*, Penguin.

Castells, Manuel, 1985, *The City and the Grassroots*, University of California Press.

Cohen, J., 1989, "Deliberative Democracy and Democratic Legitimacy," A. Hamlin and P. Pettit eds., *The Good Polity*, Blackwell.

Crouch, Colin, 2004, *Post Democracy*, Polity.

Crozier, Michael, 1964, *The Bureaucratic Phenomenon*, University of Chicago Press.

Cusack, Thomas R., Torben Iversen and David Soskice, 2007, "Economic Interests and the Origins of Electoral Systems," *American Political Science Review* 101(3), 373~391.

Dahl, Robert A., 1971, *Polyarchy: participation and opposition*, Yale University Press.

Dahl, Robert A., 1989, *Democracy and Its Critics*, Yale University Press.

Domhoff, W., 1967, *Who Rules America*, Prentice Hall.

Driver, S. and L. Martell, 1998, *New Labour: Politics after Thatcherism*, Polity.

Duverger, Maurice, 1964, *Political Parties: Their Organization and Activity in the Modern State*, Science Editions.

Elgie, Robert, 2018, "The election of Emmanuel Macron and the new French Party system: a return to the ternel marais?," *Modern and Contemporary France* 26(1), 15~29.

Elster, Jon ed., 1998, *Deliberative Democracy*, Cambridge University Press.

Esping-Andersen, Gosta, 1990, *The Three Worlds of Welfare Capitalism*, Princeton University Press.

Esping-Anderson, Gosta, 1996, *Welfare States in Transition: National Adaptations in Global Economies*, Sage. 요스타 에스핑-안데르센, 1993,『변화하는 복지국가』, 한국사회복지학연구회 옮김, 인간과복지.

Esping-Andersen, Gosta, 1999, *Social Foundations of Postindustrial Economies*, Oxford University Press.

Esping-Andersen, Gosta, 2002, "Towards the Good Society, Once Again?," Gosta Esping-Andersen et al. eds., *Why we need a new welfare state?*, Oxford University Press. 요스타 에스핑-안데르센, 2006,『21세기 새로운 복지국가』, 유태균 외 옮김, 나남.

Evans, Peter, 1995, *Embedded Autonomy: States and Industrial Transformation*, Princeton University Press.

Evans, Peter, Theda Skocpol and Dietrich Rueschemeyer eds., 1985, *Bringing the State Back In*, Cambridge University Press.

Falk, Richard, 2000, "The Decline of Citizenship in an Era of Globalization," *Citizenship Studies* 4(1), 5~17.

Ferrera, Maurizio, 1996, "The Southern Model of Welfare in Social Europe," *Journal of European Social Policy* 6(1), 17~37.

Fishkin, James, 2011, *When the People Speak*, Oxford University Press.

Foucault, Michel, 1990(1976), *The History of Sexuality*, Vintage. 미셸 푸코, 2010,『성의 역사 1~3』, 나남.

Foucault, Michel, 1995(1975), *Discipline and Punish: The Birth of the Prison*, Vintage. 미셸 푸코, 2016,『감시와 처벌』, 나남.

Frank, Thomas, 2004, *What's the Matter with Kansas?: Middle America's Thirty-Year War with Liberalism*, Metropolitan Books. 토마스 프랭크, 2012,『왜 가난한 사람들은 부자를 위해 투표하는가』, 김병순 옮김, 갈라파고스.

Fraser, Nancy and Linda Gordon, 1992, "Contract versus Charity: Why is there no social citizenship in the United States?," *Socialist Review* 23(3), 46~66.

Friedman, Milton, 1962, *Capitalism and Freedom*, University of Chicago Press.

Fukuyama, Francis, 1992, *The End of History and the Last Man*, Free Press.

Gerschenkron, Alexander, 1962, *Economic Backwardness in Historical Perspective*, Harvard

University Press.

Giddens, Anthony, 1981, *Contemporary Critique of Historical Materialism*, University of California Press.

Giddens, Anthony, 1985, *The Nation State and Violence: Volume Two of a Contemporary Critique of Historical Materialism*, University of California Press. 앤서니 기든스, 1993, 『민족국가와 폭력』, 진덕규 옮김, 삼지원.

Giddens, Anthony, 1990, *The Consequence of Modernity*, Stanford University Press.

Giddens, Anthony, 1998, *The Third Way: The Renewal of Social Democracy*, Polity.

Giddens, Anthony, 2001, *The Global Third Way Debate*, Polity.

Giddens, Anthony and Patrick Diamond, 2005, *The New Egalitarianism*, Polity.

Gilbert, Neil, 1985, *Capitalism and the Welfare State: Dilemmas of Social Benevolence*, Yale University Press.

Gilbert, Neil, 2004, *Transformation of the Welfare State: The Silent Surrender of Public Responsibility*, Oxford University Press.

Gilpin, Robert, 2001, *Global Political Economy: Understanding the International Economic Order*, Princeton University Press.

Gitlin, Todd, 1978, "Media Sociology: The Dominant Paradigm," *Theory and Society* 6(2), 205~253.

Goldthorpe, John ed., 1984, *Order and Conflict in Contemporary Capitalism: Studies in the Political Economy of Western European Nations*, Oxford University Press.

Gorz, André, 1983, *Farewell to the Working Class*, South End Press.

Gramsci, Antonio, 1971, *Selections from the Prison Notebooks*, International Publishers. 안토니오 그람시, 1999, 『옥중수고』, 이상훈 옮김, 거름.

Gray, John, 1986, *Liberalism*, University of Minnesota Press. 존 그레이, 2007, 『자유주의』, 김용직·서명구 옮김, 성신여자대학교출판부.

Hall, Peter A. and David W. Soskice eds., 2001, *Varieties of Capitalism: Institutional Foundation of Comparative Advantage*, Oxford University Press.

Hall, Stuart, 1992, "The West and the Rest: Discourse and Power," Stuart Hall and Bram Gieben eds., *Formations of Modernity*, Open University Press.

Hayek, Friedrich A., 1960, *The Constitution of Liberty*, University of Chicago Press.

Held, David, Anthony McGrew, David Goldblatt and Jonathan Perraton, 1999, *Global*

Transformations: Politics, Economics and Culture, Polity. 데이비드 헬드 외, 2002, 『전지구적 전환』, 조효제 옮김, 창비.

Hicks, Alexander and Duane Swank, 1992, "Politics, Institutions, and Social Welfare Spending in the Industrialized Democracies, 1960~1982," *American Political Science Review* 86(3), 658~674.

Hirst, Paul and Graham Thompson, 1996, *Globalization in Question*, Polity.

Hobhouse, L. T., 1911, *Liberalism*, Oxford University Press. L. T. 홉하우스, 2006, 『자유주의의 본질』, 김성균 옮김, 현대미학사.

Honneth, Axel, 1996, *The Struggle for Recognition: The Moral Grammar of Social Conflicts*, Polity. 악셀 호네트, 2011, 『인정투쟁』, 문성훈·이현재 옮김, 사월의책.

Hout, M., 1993, "The Persistence of Classes in Post-Industrial Societies," *International Sociology* 8(3), 259~277.

Hout, M., C. Brooks and J. Manza, 1995, "The Democratic Class Struggle in the United States, 1948~1992," *American Sociological Review* 60, 805~828.

Huckfeldt, R. and C. W. Kohfeld, 1989, *Race and the Decline of Class in American Politics*, University of Illinois Press.

Hunter, F., 1953, *Community Power Structure*, University of North Carolina Press.

Inglehart, Ronald, 1990, *Culture Shift in Advanced Industrial Society*, Princeton University Press.

Iversen, Torben and David Soskice, 2006, "Electoral Institutions and the Politics of Coalitions: Why Some Democracies Redistribute More Than Others," *American Political Science Review* 100(2), 165~181.

Jameson, Frederick, 1991, *Postmodernism, or, the Cultural Logic of Late Capitalism*, Duke University Press.

Jessop, Bob, 1994, "The transition to post-Fordism and the Schumpeterian workfare state," R. Burrows and B. Loader eds., *Towards a Post-Fordist Welfare State*, Routledge.

Johnson, Chalmers, 1973, *Autopsy on People's War*, University of California Press.

Johnson, Chalmers, 1982, *MITI and the Japanese Miracle: The Growth of Industrial Policy; 1925~1975*, Stanford University Press.

Kaldor, Mary, 2003, *Global Civil Society: An Answer to War*, Polity.

Keen, Andrew, 2007, *The Cult of the Amateur: How Today's Internet Is Killing Our Culture*, Crown Business.

Kim, Yun Tae, 1998, "Neo-liberalism and the Decline of the Developmental State," *Journal of Contemporary Asia* 29(2), 441~461.

Korpi, Walter, 1983, *The Democratic Class Struggle*, Routledge and Kegan Paul.

Korpi, Walter, 2006, "Power Resources and Employer-Centered Approaches in Explanations of Welfare States and Varieties of Capitalism: Protagonists, Consenters and Antagonists," *World Politics* 58(2), 167~206.

Kwon, Soonman and Ian Holliday, 2007, "The Korean welfare state: A paradox of expansion in an era of globalization and economic crisis?," *International Journal of Social Welfare* 16(3), 242~248.

Lazarsfeld, Paul F., Bernard Berelson and Hazel Gaudet, 1948, *The People's Choice: How the Voter Makes Up His Mind in a Presidential Campaign*, Columbia University Press.

Lee, Junhan and Wonjae Hwang, 2012, "Partisan Effects of Voter Turnout in Korean Elections, 1992~2010," *Asian Survey* 52(6), 1161~1182.

Lipset, S. M., 1977, "Introduction," T. H. Marshall, 1977, *Class, Citizenship and Social Development: Essays by T. H. Marshall*, Chicago University Press.

Lipset, S. M., 1981(1960), *Political Man: The Social Bases of Politics*, Johns Hopkins University Press.

Lipset, S. M., 1996, *American Exceptionalism*, W. W. Norton and Company. 세이무어 마틴 립셋, 2006,『미국 예외주의』, 문지영 외 옮김, 후마니타스.

Lipset, S. M. and R. Bendix, 1959, *Social Mobility in Industrial Society*, University of California Press.

Lister, Ruth, 2004, *Poverty*, Polity.

Lister, Ruth, 2007, "Inclusive citizenship: realizing the potential," *Citizenship Studies* 11(1), 49~61.

Lukes, Steven, 1973, *Individualism*, Harper & Row.

Mahoney, James and Kathleen Thelen, 2010, "A theory of Gradual Institutional Change," James Mahoney and Kathleen Thelen eds., *Explaining Institutional Change: Ambiguity, Agency and Power*, Cambridge University Press.

Malloy, James M. ed., 1977, *Authoritarianism and Corporatism in Latin America*, Pittsburgh University Press.

Mann, Michael, 1993(1986), *The Sources of Social Power*, Vol. 1, 2, Cambridge University Press.

Mann, Michael, 1987, "Ruling Class strategies and citizenship," *Sociology* 21(3), 339~354.

Marcuse, Herbert, 1991(1964), *One Dimentional Man*, Beacon Press. 헤르베르트 마르쿠제,

1993, 『일차원적 인간』, 이희원 옮김, 육문사.
Marshall, T. H., 1963, *Citizenship and Social Class and Other Essays*, Cambridge University Press.
Marshall, T. H., 1977, *Class, Citizenship and Social Development: Essays by T. H. Marshall*, Chicago University Press. 토머스 험프리 마셜, 2013, 『시민권과 복지국가』, 김윤태 옮김, 이학사.
Marshall, T. H. and T. Bottomore, 1992, *Citizenship and Social Class*, Pluto Press. 토머스 험프리 마셜·톰 보토모어, 2014, 『시민권』, 조성은 옮김, 나눔의집.
Marx, Karl, 1978, "The Eighteenth Brumaire of Louis Bonaparte," Robert C. Tucker ed., *The Marx-Engels Reader*, W. W. Norton & Company.
McAdam, D., S. G. Tarrow and C. Tilly, 2001, *Dynamics of Contention*, Cambridge University Press.
Merkel, Wolfgang et al., 2008, *Social Democracy in Power: The Capacity to Reform*, Routledge.
Meyer, D. S., 2004, "Protest and Political Opportunities," *Annual Review of Sociology* 30, 125~145.

Miliband, David ed., 1994, *Reinventing the Left*, Polity.
Miliband, Ralph, 1969, *The State in Capitalist Society*, Basic Books.
Mills, C. W., 1956, *Power Elite*, Oxford University Press. 찰스 라이트 밀스, 2013, 『파워 엘리트』, 정명진 옮김, 부글북스.
Mishra, Ramesh, 1981, *The Welfare State in Capitalist Society: Policies of Retrenchment and Maintenance in Europe, North America and Australia*, Harvester Wheatsheaf.
Morozov, Evgeny, 2012, *The Net Delusion: The Dark Side of Internet Freedom*, Public Affairs.
Mosca, Gaetano et al., 1980(1896), *The Ruling Class*, Greenwood Press.
Mouffe, Chantal and Ernesto Laclau, 2001, *Hegemony and Socialist Strategy: Towards a Radical Democratic Politics*, Verso.
Murray, Charles, 1984, *Losing Ground, American Social Policy, 1950~1980*, Basic Books.
Noelle-Neumann, Elisabeth, 1984, *The Spiral of Silence: Public Opinion—Our Social Skin*, University of Chicago Press.
Nozick, Robert, 1974, *Anarchy, State and Utopia*, Basic Books.
O'Connor, James, 1973, *The Fiscal Crisis of the State*, St. Martin's Press.
O'Donnell, Guillermo, 1973, *Modernization and Bureaucratic-Authoritarianism*, University of

California Press.

O'Donnell, Guillermo et al. eds., 1986, *Transitions from Authoritarian Rule: Prospects for Democracy*, 4 Volumes, Johns Hopkins University Press.

OECD, 2001, *Corporate Social Responsibility: Partners for Progress*.

Offe, Claus, 1984, *Contradictions of the Welfare State*, Hutchinson.

Ohmae, Kenichi, 1995, *The End of the Nation State: The Rise of Regional Economies*, HarperCollins.

Olson, Mancur, 1965, *Logic of Collective Action: Public Goods and the Theory of Groups*, Harvard University Press.

Olson, Mancur, 1982, *The Rise and Decline of Nations*, Yale University Press.

Pareto, Vilfredo, 1961, "The Circulation of Elites," Talcott Parsons et al. eds., *Theories of Society: Foundations of Modern Sociological Theory*, 2 Volumes, The Free Press of Glencoe, Inc., 551~557.

Pierson, Christopher, 1991, *Beyond the Welfare State*, Polity.

Pierson, Paul, 1994, *Dismantling the Welfare State? Reagan, Thatcher, and the Politics of Retrenchment*, Cambridge University Press. 폴 피어슨, 2006, 『복지국가는 해체되는가』, 박시종 옮김, 성균관대학교출판부.

Pierson, Paul, 2000, "Path Dependence, Increasing Returns, and Political Science," *American Political Science Review* 94(2), 251~267.

Pierson, Paul, 2001, "Post-Industrial Pressures on the Mature Welfare State," Paul Pierson ed., *The New Politics of the Welfare State*, Oxford University Press.

Polanyi, Karl, 1957(1944), *The Great Transformation: The Political and Economic Origins of Our Time*, Beacon Press.

Poulantzas, Nicos, 1975, *Political Power and Social Classes*, Verso.

Prasad, Monica, 2006, *The Politics of Free Markets: The Rise of Neoliberal Economic Policies in Britain, France, Germany, & The United States*, University of Chicago Press.

Przeworski, A., 1985, *Capitalism and Social Democracy,* Cambridge University Press.

Przeworski, A. and J. Sprague, 1986, *Paper Stones: A History of Electoral Socialism*, University of Chicago Press.

Przeworski, A., Michaebl E. Alvarez, Jose Antonio Cheibub and Fernando Limongi, 2000, *Democracy and Development: Political Institutions and Well-being in the World*

1950~1990, Cambridge University Press.

Rawls, John, 1971, *A Theory of Justice*, Harvard University Press. 존 롤스, 2003, 『정의론』, 황경식 옮김, 이학사.

Reich, Robert B., 2008, *Supercapitalism: The Transformation of Business, Democracy, and Everyday Life*, Vintage.

Rodrick, Dani, 1998, *Has Globalization Gone Too Far?*, Institute for International Economics.

Roemer, John ed., 1986, *Analytical Marxism*, Cambridge University Press.

Rostow, W. W., 1960, *Stages of Economic Growth: A Non-Communist Manifesto*, Cambridge University Press.

Sachs, Jeffrey, 2015, *The Age of Sustainable Development*, Columbia University Press.

Sassen, Saskia, 2002, "The repositioning of citizenship: Emergent subjects and spaces for politics," *Berkeley Journal of Sociology* 46, 4~26.

Schmitter, P. C. and G. Lehmbruch eds., 1979, *Trends Toward Corporatist Intermediation*, Sage.

Sen, Amartya, 1999, *Development as Freedom*, Alfred A. Knopf, Inc. 아마티아 센, 2013, 『자유로서의 발전』, 김원기 옮김, 갈라파고스.

Skocpol, Theda, 1979, *State and Social Revolution*, Cambridge University Press. 테다 스코치폴, 1984, 『국가와 사회혁명』, 한창수 외 옮김, 까치.

Skocpol, Theda, 1992, *Protecting Soldiers and Mothers*, Harvard University Press.

Smelser, Neil, 1962, *Theory of Collective Behavior*, Free Press.

Standing, Guy, 2011, *The Precariat: The New Dangerous Class*, Bloomsbury Academic.

Stiglitz, Joseph, 2006, *Making Globalization Work*, W. W. Norton & Company. 조지프 스티글리츠, 2008, 『인간의 얼굴을 한 세계화』, 홍민경 옮김, 21세기북스.

Streeck, Wolfgang and Kathleen Thelen, 2005, *Beyond Continuity: Institutional Change in Advanced Political Economies*, Oxford University Press.

Swank, Duane, 2001, "Political Institutions and Welfare State Restructuring: The Impact of Institutions on Social Policy Change in Developed Democracies," Paul Pierson ed., *The New Politics of the Welfare State*, Oxford University Press.

Swenson, Peter, 2002, *Capitalists and Markets: The Making of Labour Markets and Welfare States in the United States and Sweden*, Oxford University Press.

Tarrow, S., 1998, *Power in Movement*, 2nd Edition, Cambridge University Press.

Tawney, R. H., 1952, *Equality*, 4th Edition, Allen and Unwin.

Taylor-Gooby, Peter ed., 2004, *New Risks, New Welfare*, Oxford University Press.

Thelen, Kathleen, 1999, "Historical Institutionalism and Comparative Politics," *Annual Review of Political Science* 2, 369~404.

Tilly, Charles and Louise Tilly, 1975, *The Rebellious Century: 1830~1930*, Harvard University Press.

Tilly, Charles, 1978, *From Mobilization to Revolution*, Mcgraw-Hill College.

Touraine, Alain, 1988, *The Return of the Actor: Social Theory in Postindustrial Society*, University of Minnesota Press.

Turner, Bryan, 1986, *Citizenship and Capitalism*, Allen and Unwin.

United Nations, 1948, *Universal Declaration of Human Rights*.

Urry, John, 2003, *Global Complexities*, Polity.

Useem, Michael, 1984, *The Inner Circle: Large Corporations and the Rise of Business Political Activity in the U.S. and U.K.*, Oxford University Press.

Wade, Robert, 1990, *Governing the Market: Economic Theory and the Role of Government in East Asian Industrialization*, Princeton University Press.

Wallerstein, Immanuel, 1974, 1980, 1988, *Modern World System*, Vols. 1~3, Academic Press.

Weber, Max, 1966, *The General Economic History*, Collier.

Weiss, Linda and John M. Hobson, 1995, *States and Economic Development: A Comparative Historical Analysis*, Polity.

Wilensky, Harold L. and C. N. Lebeaux, 1965, *Industrial Society and Social Welfare*, Russel Sage Foundation.

Williamson, Oliver E., 1985, *The Economic Institutions of Capitalism: Firms, markets and relational contracting*, The Free Press.

Wong, Joseph, 2004, "The adaptive developmental state in East Asia," *Journal of East Asian Studies* 4, 345~362.

World Bank, 1993, *The East Asian Miracle: Economic Growth and Public Policy*, Oxford University Press.

Wright, Erik Olin, 1978, *Class, Crisis and the State*, New Left Books.

Zald, Mayer N. and John D. McCarthy, 1979, *The Dynamics of Social Movements: Resource Mobilization, Social Control and Tactics*, Little Brown & Co.

찾아보기

ㅊ

ㅋ

ㅌ

학문의 이해
2